中国社会科学院创新工程学术出版资助项目

中国哲学社会科学学科发展报告·当代中国学术史系列

律师法学的新发展

NEW DEVELOPMENT OF STUDY
OF LAW OF ADVOCATE

冀祥德 ● 主编

中国社会科学出版社

图书在版编目(CIP)数据

律师法学的新发展/冀祥德主编.—北京:中国社会科学出版社,
2016.2

(中国法学新发展系列丛书)

ISBN 978 - 7 - 5161 - 5284 - 3

Ⅰ.①律⋯ Ⅱ.①冀⋯ Ⅲ.①律师法 - 法的理论 - 研究 - 中国
Ⅳ.①D926.5

中国版本图书馆 CIP 数据核字(2014)第 297407 号

出 版 人	赵剑英
责任编辑	任 明
责任校对	李 楠
责任印制	何 艳

出 版	中国社会科学出版社
社 址	北京鼓楼西大街甲 158 号
邮 编	100720
网 址	http://www.csspw.cn
发 行 部	010 - 84083685
门 市 部	010 - 84029450
经 销	新华书店及其他书店

印刷装订	北京市兴怀印刷厂
版 次	2016 年 2 月第 1 版
印 次	2016 年 2 月第 1 次印刷

开 本	710×1000 1/16
印 张	20.25
插 页	2
字 数	336 千字
定 价	58.00 元

凡购买中国社会科学出版社图书,如有质量问题请与本社营销中心联系调换
电话:010 - 84083683

总　序

　　当今世界正处于前所未有的激烈的变动之中，我国正处于中国特色社会主义发展的重要战略机遇期，正处于全面建设小康社会的关键期和改革开放的攻坚期。这一切为哲学社会科学的大繁荣大发展提供了难得的机遇。哲学社会科学发展目前面对三大有利条件：一是中国特色社会主义建设的伟大实践，为哲学社会科学界提供了大有作为的广阔舞台，为哲学社会科学研究提供了源源不断的资源、素材。二是党和国家的高度重视和大力支持，为哲学社会科学的繁荣发展提供了有力保证。三是"百花齐放、百家争鸣"方针的贯彻实施，为哲学社会科学界的思想创造和理论创新营造了良好环境。

　　国家"十二五"发展规划纲要明确提出："大力推进哲学社会科学创新体系建设，实施哲学社会科学创新工程，繁荣发展哲学社会科学。"中国社会科学院响应这一号召，启动哲学社会科学创新工程。哲学社会科学创新工程，旨在努力实现以马克思主义为指导，以学术观点与理论创新、学科体系创新、科研组织与管理创新、科研方法与手段创新、用人制度创新为主要内容的哲学社会科学体系创新。实施创新工程的目的是构建哲学社会科学创新体系，不断加强哲学社会科学研究，多出经得起实践检验的精品成果，多出政治方向正确、学术导向明确、科研成果突出的高层次人才，为人民服务，为繁荣发展社会主义先进文明服务，为中国特色社会主义服务。

　　实施创新工程的一项重要内容是遵循哲学社会科学学科发展规律，完善学科建设机制，优化学科结构，形成具有中国特色、结构合理、优势突出、适应国家需要的学科布局。作为创新工程精品成果的展示平台，哲学社会科学各学科发展报告的撰写，对于准确把握学科前沿发展状况、积极推进学科建设和创新来说，是一项兼具基础性和长远性的重要工作。

　　中华人民共和国成立以来，伴随中国社会主义革命、建设和改革发展的历史，中国特色哲学社会科学体系也处在形成和发展之中。特别是改革开放以来，随着我国经济社会的发展，哲学社会科学各学科的研究不断拓展与深化，成就显著、举世瞩目。为了促进中国特色、中国风格、中国气派的哲学社会科学观念、方法和体系的进一步发展，推动我国哲学社会科学优秀成果和优秀人才走向世界，更主动地参与国际学术对话，扩大中国哲学社会科学话语权，增强中华文化的软实力，我们亟待梳理当代中国哲学社会科学各学科学术思想的发展轨迹，不断总结各学科积累的优秀成果，包括重大学术观点的提出及影响、重要学术流派的形成与演变、重要学术著作与文献的撰著与出版、重要学术代表人物的涌现与成长等。为此，中国社会科学出版社组织编撰"中国哲学社会科学学科发展报告"大型连续出版丛书，既是学术界和出版界的盛事，也是哲学社会科学创新工程的重要组成部分。

"中国哲学社会科学学科发展报告"分为三个子系列："当代中国学术史"、"学科前沿研究报告"和"学科年度综述"。"当代中国学术史"涉及哲学、历史学、考古学、文学、宗教学、社会学、法学、教育学、民族学、经济学、政治学、国际关系学、语言学等不同的学科和研究领域，内容丰富，能够比较全面地反映当代中国哲学社会科学领域的研究状况。"学科前沿研究报告"按一级学科分类，每三年发布，"学科年度综述"为内部出版物。"学科前沿研究报告"内容包括学科发展的总体状况，三年来国内外学科前沿动态、最新理论观点与方法、重大理论创新与热点问题，国内外学科前沿的主要代表人物和代表作；"学科年度综述"内容包括本年度国内外学科发展最新动态、重要理论观点与方法、热点问题，代表性学者及代表作。每部学科发展报告都应当是反映当代重要学科学术思想发展、演变脉络的高水平、高质量的研究性成果；都应当是作者长期以来对学科跟踪研究的辛勤结晶；都应当反映学科最新发展动态，准确把握学科前沿，引领学科发展方向。我们相信，该出版工程的实施必将对我国哲学社会科学诸学科的建设与发展起到重要的促进作用，该系列丛书也将成为哲学社会科学学术研究领域重要的史料文献和教学材料，为我国哲学社会科学研究、教学事业以及人才培养作出重要贡献。

王伟光

"中国法学新发展系列"序

历史给了中国机会，而我们在场。历史正在给中国法治进步和法学繁荣以机会，而我们正好在场。回首历史，恐怕没有哪个时代会像当今那样，给了法学研究者这样多的可以有所作为也必须有所作为的机会与责任。社会发展需要法治进步，法治进步需要法学繁荣。我们真的看到，在社会发展和法治进步的期望与现实的交织作用下，在以改革、发展、创新为时代价值的理论生成机制中，中国法学的理论建树与学科建设均呈现出前所未有的成就，其具体表现是那样的明显以至于任何法学研究者均可随意列举一二。因此，在中国法学的理论形成与学科发展的场域中，我们有足够的与我们学术努力与事业贡献相关的过程与结果事例作为在场证明。

但是，我们作为法学研究者，是否对我们的理论创造过程以及这一过程的结果，特别是这一过程中的自己，有着十分清醒与充分准确的认识，这恐怕不是单靠态度端正或者经验丰富就能简洁回答的问题。在当前的学术习惯中，对法学研究成果的认识与评价缺乏总体性和系统性，往往满足于某项单一指标的概括标识和简要评述。对于法学研究成果，通常依赖著述发表载体、他引次数、获奖等级等指标进行衡量；对于法学研究过程，通常要在教科书的理论沿革叙述、项目申报书的研究现状描述中获得了解；对于法学研究主体，通常要靠荣誉称号、学术职务甚至行政职务予以评价。（当然，这种学术习惯并不为法学专业所专有，其他学科亦然。）这些指标都是有用的，作为一定范围或一定用途的评价依据也是有效的。但是，这些指标也都是有局限的，都是在有目标限定、范围限定和方法限定的体系中发挥着有限的评价功能。由于这些指标及其所在评价体系的分散运作，其运作的结果不足以使我们在更宏大的视野中掌握中国法学的理论成就和学科发展的整体状况，更不足以作为我们在更深入的层次上把握法学研究与学科建设规律性的分析依据。然而，这种对法学理论与学科现状的整体掌握，对法学研究与学科规律性的深入把握，都是十分重要的，因为这是法学研究者得以自主而有效地进行学术研究的重要前提。因其对法学理论与学科现状的整体掌握和对法学研究与学科建设规律性的深入把握，法学研究者才能在法学的理论形成与学科发展的过程中，明晰其理论生长点的坐标、学术努力的方向和能动创造的维度，从而作出有效的学术贡献，而不是兴之所至地投入理论形成机制中，被法学繁荣的学术洪流裹挟前行。为有效的法学研究助力，这就是我们为什么要撰写中国法学的学科新发展系列丛书的初衷。

在规划和撰写本系列丛书时，我们对"学术研究的有效性"予以特别的关注和深入的思考。什么是"有效的"学术研究，"有效的"学术研究有何意义，如何实现"有效的"学术研究，如此等等，是始终萦绕本系列丛书整个撰写过程的思维精灵。探求学术研究的有效性，不是我们意图为当今的学术活动及其成果产出设置标准，实在是为了本系列丛书选粹内容而设置依据，即究竟什么才是理论与学科"新发展"的判断依据。

首先，有效的法学研究是产生创新性成果的研究，而不是只有重复性效果的研究。学术研究的生命在于创新，法学研究的过程及其成果要能使法学理论得以丰富，使法治实践得以深入，确能实现在既有学术成果基础上的新发展。但由于读者、编辑甚而作者的阅读范围有限或者学术记忆耗损，许多只能算作更新而非创新的法学著述仍能持续获得展示机会，甚而旧作的迅速遗忘与新作的迅速更新交替并行。法学作为一门应用性很强的学科，观点或主张的反复阐释固然能加深世人印象并有助于激发政策回应，但低水平重复研究只能浪费学术资源并耗减学术创新能力，进而会降低法学研究者群体的学术品格。通过与最新的法学研究既有成果进行再交流与再利用，有助于识别与判定法学理论创新的生长点，从而提高法学知识再生产的创新效能。

其次，有效的法学研究是有真实意义的研究，而不是只有新奇效应的研究。法学应是经世致用之学，法学研究应当追求研究成果的实效性，其选题确为实际中所存在而为研究者所发掘，其内容确能丰富法学理论以健全人们的法治理念、法治思维与法治能力，其对策建议确有引起政策回应、制度改善的可能或者至少具有激发思考的价值。当然，法学研究不断取得发展的另外一个结果就是选题愈加困难，法学研究者必须不断提高寻找选题的学术敏感性和判断力以应对这种局面，而不是在选题的闭门虚设与故作新奇上下功夫。谁也不希望在法学研究领域也出现"标题党"与"大头军",无论是著述标题亮丽而内涵无着的"标题党",还是题目宏大而内容单薄的"大头军",都不可能成为理论创新的指望。力求真实选题与充实内容的质朴努力,才是推进有效的法学研究的主要力量。

再次,有效的法学研究是有逻辑力量的研究,而不是只有论断效用的研究。法学研究的创新并不止步于一个新理论观点的提出或者一个新制度措施的提倡,而是要通过严格的论据、严谨的论证构成严密的论点支撑体系,由此满足理论创新的逻辑自洽要素。法学创新的判断标准实质上不在于观点新不新,也不在于制度建议是不是先人一步提出,而是在于新观点、新建议是否有充分的逻辑支撑和清晰的阐发论述。因为缺乏论证的新观点只能归属于学术武断,而学术武断只能引起注意却不能激发共鸣。法学研究者常常以其学术观点或制度建议被立法采纳作为其学术创新及其价值的证明,其实在理论观点或制度建议与立法采纳之间,很难确立以特定学者为连接点的联系,即使能够建立这种联系,导致立法采纳的缘由也并不在于观点或建议的新颖性,而在于观点或建议的论证充分与表述清晰。

最后,有效的法学研究是有利他效应的研究,而不是只有自我彰显效能的研究。在法学研究的运作机制中,学术成果固然是学者个人学术创造力的结晶,其学术影响力是作品的学术质量与作者的学术声誉的综合评判,但学术成果的正向价值却是其学术影响力的本质构成要素。法学研究成果必须有益于法治进步、社会发展和人民福祉,也就是具有超越彰显个人能力与成就的利他效应。如果法学研究成果的形成目的只是在于作者的自我满足,或者其表达效果只有作者自己能够心领神会,其作用结果无益于甚至有损于法治进步、社会发展和人民福祉,那就绝不能视为有效的法学研究。所以,坚守学术成果的正向价值,提高具有正向价值的学术成果的可接受性,是实现法学研究有效性的根本要件。

本系列丛书最为主要的撰写目的,就是通过对一定时期我国法学研究成果的梳理与选粹,在整体上重构我国法学研究既有成果的表述体系,从中析出确属"新发展"的内容成分并再行彰显,以有助于对中国法学研究现状的整体掌握与重点检索,从而促使当今的法学研究能够实现如上所述的有效性。在此主要目的之外,还有一些期望通过本系列丛书达到的目的。诸如其一,有助于提高法学专业学生的学习效率与研读效果。本系列丛书将法学二级或三级学科在近期的知识积累和学术发展予以综合、梳理和评价，从而构成一般法学教科书之外并超越一般法学教科书的知识文本体系。通过阅读本系列丛书，可以更为系统准确地掌握中国法学某一领域的知识体系、学术重点、研究动态、理论沿革、实践效果以及重要学者。其二，有助于强化法学研究人员的学术素质养成。一个学者能够完成法学某个二级学科或三级学科新发展的撰写，就一定会成为这个法学二级学科或三级学科的真正专家。因为他或她要近乎被强迫地对该学科领域学术著述进行普遍阅读，由此才能谈得上对该学科领域新发展的基本把握；要深下功夫对该学科领域的各种学术事件和各家理论观点进行比较分析，由此才能做出是否确属法学新发展的准确判断。通过对法学某个二级学科或三级学科新发展的撰写，可以提高作者对法学研究成果的学术判断力和法学科研规律的认识能力。其三，有助于加强科研人才队伍建设。本系列丛书的主要作者或主编均为中国社会科学院法学研究所和国际法研究所的科研人员，通过本系列丛书的撰写，不仅使法学所和国际法所科研人员的个人科研能力获得大幅度提升，也使得法学所和国际法所的科研人员学科布局获得质量上的均衡，从而使法学所和国际法所的整体科研能力获得大幅度提高。说来有些自利，这也是法学所和国际法所何以举两所之力打造本系列丛书的重要原因之一。

本系列丛书以法学某个二级或三级学科作为单本书的撰写范围，基本上以《××学的新发展》作为书名，如《法理学的新发展》、《保险法学的新发展》等。如果不便称之为"××学的新发展"，便以《××研究的新发展》作为书名，如《商法基础理论研究的新发展》。本系列丛书的规划初衷是尽可能的涵括所有的法学二级学科或三级学科，但由于法学所和国际法所现有科研人员的学科布局并不完整，尤其是从事不同法学二级或三级学科研究的科研人员的素质能力并不均衡，即使联合外单位的一二学界同道助力，最终也未能实现本系列丛书涵括范围的完整性。这种规划上的遗憾再次提醒我们，加强科研队伍建设，既要重视科研人员个体科研能力的提高，也要重视一个机构整体科研能力的提高。我们希望，如果五年或十年之后再行撰写中国法学新发展系列丛书时，其所涵括的法学二级或三级学科将会更多更周延。

本系列丛书对各个法学二级或三级学科研究成果的汇集范围，限于2000 年至 2012 年间已发表的专业著述。既然阐释学科新发展，总得有一个适当的标定期间范围。期间太短，则不足以看清楚学科新发展的内容、要点、意义与轨迹；期间太长，则不便称之为学科的"新发展"。本系列丛书选萃材料的发表期间截至 2012 年，这是本系列丛书的撰写规划年份，也是能够从容汇集材料并析出其中"新发展"要素的最近年份；本系列丛书选萃材料的发表期间起始为 2000 年，倒不是因为 2000 年在法学研究的学术历史中有什么特别意义，只是因为前至到 2000 年能够确立一个易于阐释学科新发展的适当期间。当然，人们通常认为 2000 年是新世纪的起点，以 2000 年为起始年份，多少有些借助万象更新好兆头的意思。

本系列丛书中每本书的具体内容由其作者自行把握，在丛书规划上只是简略地做出一些要求。其一，每本书要从"史、评、论"三方面阐释一个法学二级或三级学科的新发展。所谓"史"，是指要清晰地描述一个学科的发展脉络与重要节点，其中有意义的学术事件的起始缘由与延续过程，重点理论或实践问题研究的阶段性结果，以及各种理论观点的主要内容与论证体系，特别是各种观点之间的起承转合、因应兴替。所谓"评"，是指对一个学科的学术事件和各家观点予以评述，分析其在学术价值上的轻重，在理论创新上的得失，在实践应用上的可否。所谓"论"，是指作者要对撰写所及的该学科重要理论或实践问题阐释自己的看法，提出自己的观点并加以简明论证。"史、评、论"三者的有机结合，可以使本系列丛书摆脱"综述大全"的单调，提升其作为学术史研究的理论价值。这里特别需要说明的是，因本书撰写目的与方法上的限定，"论必有据"中"据"的比重较大，肯定在重复率检测上会获得一个较高的数值。对属于学术史研究的著述而言，大量而准确地引用学界既有论述是符合学术规范的必要而重要之举。可见，重复率检测也是很有局限性的原创性判定方法，本系列丛书的重复率较高并不能降低其原创性。其二，每本书要做一个本学科的关键词索引，方便读者对本书的检索使用。现在的大多数学术著作欠缺关键词索引，不方便读者尤其是认真研究的读者对学术著作的使用。本系列丛书把关键词索引作为每本书的必要构成，意在完备学术规范，提高本系列丛书在学术活动中的利用价值。其三，每本书在其书后要附上参考资料目录。由于 2000 年至 2012 年间的法学著述洋洋洒洒、蔚为大观，在确定参考资料目录上只得有数量限制，一般是每本书所列参考资料中的学术论文限 100 篇，学术专著限 100 本，只能少列而不能多列。这种撰写要求的结果，难免有对该学科学术成果进行重要性评价的色彩。但因作者的阅读范围及学术判断力难以周全，若有"挂百漏万"之处，万望本系列丛书的读者海涵。

中国社会科学院正在深入推进的哲学社会科学创新工程，是哲学社会科学研究机制的重大改革。其中一项重要的机制性功能，就是要不断提高科研人员和科研机构的科研效能、科研效率与科研效果。深入系统地掌握具体学科的发展过程与当前状况，不仅是技术层面的学术能力建设，更是理念层面的学术能力建设。因为对既有科研过程和学术成果的审视与省察，可以强化科研人员的学术自省精神和学者的社会责任，从而提高理论创新的动力与能力。中国社科出版社以其专业敏锐的学术判断力，倾力打造学科新发展系列图书，不仅是"中国法学新发展系列丛书"的创意者，更是本系列丛书的规划者、资助者和督导者。正因法学所、国际法所与中国社会科学出版社之间的良性互动，本系列丛书才得以撰写完成并出版面世。可见，科研机构与出版机构之间的良性互动与真诚合作，确是学术创新机制的重要构成。

陈　甦

2013 年 7 月 1 日于北京

《律师法学的新发展》

课题主持人：

冀祥德　中国社会科学院法学研究所研究员、博士生导师，中国社会科学院研究生院法学系常务副主任、教授，中国地方志指导小组副秘书长，中国地方志指导小组办公室副主任，方志出版社社长、总编辑。策划本书主题，制定著作章节目，负责全书统稿。

课题组成员及其分工：

李晓丹　北京市第三中级人民法院法官，负责第一章拟稿。

刘晨琦　法学博士，中国社会科学院法学研究所法律硕士教学管理办公室副主任，负责第二章拟稿。

王嘉铭　中国社会科学院研究生院法学系博士研究生，负责第三章拟稿。

张　奇　中国社会科学院研究生院法学系博士研究生，负责第四章拟稿。

朱　嵘　北京市中伦律师事务所律师，负责第五章拟稿。

吕升运　法学博士，中国社会科学院法学所博士后研究人员，负责第六章拟稿。

董　洁　北京市门头沟区人民检察院检察官，负责第七章拟稿。

冀　放　北京大学法学院博士研究生，负责第八章拟稿。

王文远　法学博士，北京政法职业学院讲师，负责第九章拟稿。

陈　效　法学博士，方志出版社编辑，负责初稿统稿。

目　　录

第 一 章

律师性质与定位研究

　　律师和律师制度是商品经济和民主政治发展到一定程度的产物。从新中国成立到现在，我国律师制度经历了从初建到沉溺再到复兴的发展阶段。不同的历史时期、不同的法律环境、不同的立法规定，赋予了律师不同的定义。近年也有不少文章和著作对律师法、律师法学、律师的性质和定位等相关问题进行了专门研究，尤其是律师的性质和定位，更是研究者们讨论的热点。但是，即便如此，学术界长期以来对这些问题也未能达成一致的认识。中国特殊的国情决定了明确律师职业性质和定位这一问题的必要性和重要性。因为，律师职业产生和发展的过程、律师制度建构和完善的过程，其实就是不断发现和认识律师职业性质和社会定位的过程。如果不对律师的内在的性质及其社会地位作出准确的判断和定位，律师的权利保障、制度建设、职业管理等问题的解决就没有了正确方向的指引，即使建立了现代律师制度，也无法正常有效地发挥出律师职业应有的作用，甚至会阻碍律师职业的发展，并影响国家民主法治建设的进程。因此，准确地界定律师职业的性质与定位，是科学安排律师制度、合理设计律师行业发展方向的前提。

第一节　律师、律师法与律师法学

　　一般认为，律师及律师制度的起源可以追溯到古希腊和古罗马时期，那时在诉讼中就曾出现过"辩护士""保护人"，并逐步发展成为律师。而在中国，律师并非自古有之。虽然在中国古代也一直存在着"讼师""刀笔先生"等类似律师职业的社会角色，但受到几千年封建传统文化以及皇权专制统治的影响，现代意义上的律师职业和律师制度根本无法在中国的土壤上生根发芽。19世纪中叶，现代律师制度随着西方列强的坚船利炮渐渐植入中国，一直到新中国成立以后，律师制度才在中国逐步建立起来。律师职业经过几十年的发展，尽管历经曲折，但是还是取得了巨大的进步，突出表现在以下四个方面：其一，律师和律师执业机构性质发生了重大转变，从国家的法律工作者成为为当事人提供法律服务的执业人员。律师事务所已经从行政性机构的性质中脱离出来，由国家单一出资设立的律师事务所转变为合伙设立、个人设立、国家出资设立等多种组织形式并存。其二，律师业务范围的扩大和深入，律师从过去的单纯参与诉讼逐步扩大到非诉讼法律服务领域，其业务范围涉及政治、经济、文化等社会生活的各个方面。其三，律师法律制度逐步走向完善。1996年《中华人民共和国律师法》（以下简称1996年《律师法》）的颁布，标志着我国律师制度初步建立和完善，这是新中国律师制度发展史上的重要里程碑。2007年修订的《中华人民共和国律师法》（以下简称2007年《律师法》）更是总结了律师工作10年来的成功经验，吸收了先进的民主法治理念，对律师制度的一系列重大问题作出了新的规定。这对于完善律师制度，保障律师依法执业，规范律师行为，发挥律师作用都具有重要的意义。其四，律师的社会地位和政治参与度提高，伴随着律师制度的发展，"律师学""律师法学"也逐渐成长起来，成为学界探讨和研究的重点内容之一。

一 律师

（一）词典、法典对律师概念的界定

无论是要研究律师制度、律师学、律师法学还是律师法，科学地界定"律师"这一概念，是研究者们首先要讨论的问题。

《中国大百科全书》（法学卷）把律师的概念界定为，"律师是指接受国家机关、企业、团体或个人的委托，或者法院的指定，协助处理法律事务或代当事人进行诉讼的法律专业人员"。这一概念主要强调了律师服务的对象和内容，强调了律师是法律专业人员。

《苏联百科全书》第3版第1卷把律师的概念界定为，"律师是选择了提供法律帮助为自己职业的人。这一概念主要强调了律师的功能是提供法律帮助。在苏联，凡具有高等法律教育程度并从事专业工作两年以上的苏联公民，可以成为律师"。

美国《国际大百科全书》（1978 年第 1 卷）把律师的概念界定为，"律师或称为法律辩护人，是受过法律专业训练的人，他在法律上有权为其当事人于法院内外提出意见或代表当事人的利益行事"。这一概念强调了律师的专业性，并从权利的角度概括了律师的职能。

《法学辞典》（增订本）认为，"律师是指协助当事人进行诉讼或处理其他法律事务的专业人员"。这一概念与《中国大百科全书》对律师概念的界定基本相同，只不过是省略了律师接受委托或者指定的主体。

我国现行《律师法》第 2 条第 1 款规定："本法所称律师，是指依法取得律师执业证书，接受委托或者指定，为当事人提供法律服务的执业人员"。这一概念包含了三个方面，一是强调了律师必须是"依法取得律师执业证书"的人；二是律师执业必须是"接受委托或者指定"；三是律师的性质是"为当事人提供法律服务的执业人员"。

相对于百科全书和词典中对律师概念的界定，我国律师法中对律师概念的界定更为全面和科学。

（二）学界对律师概念的认识

对于律师的概念，我国学界有不同的认识。有学者认为，"律师"，并不单单是一个名词、一种职业的称谓，这一概念包含了很深刻的理论内涵。"律师"从字面上分开解释，"律"指法律，"师"指具有专门知识和技能的人，合在一起，就是指具有法律专门知识和技能的专业人员。[①]从行业上解释，律师是一种提供法律服务的职业，属于第三产业。从功能上分析，律者，均布也，规范人们行为之原则；师者，教人以道者之称也，律师是国家意志的布道者，法律法规的宣讲者，公平公正的捍卫者，民主和谐的倡导者。从立法上定位，律师是指依法取得律师执业证书，接受委托或者指定，为当事人提供法律服务的执业人员。在中国的政治语境中，律师是中国特色的社会主义法律工作者，律师学中的"律师"，不仅仅是个职业，它融入了律师的职业属性、职业精神、工作风格、思维方式、行为准则。[②]此外，"律师"一词，也可以从多重意义上来使用。律

---

① 陈卫东主编：《中国律师学》，中国人民大学出版社 2008 年 3 月第 3 版，第 27 页。

② 邓路遥：《律师学的理论范畴和学科构架探究》，载《广西民族大学学报》2012 年第 4 期。

师作为一种职业，它是社会分工的产物；律师作为一种身份，是社会对从事律师工作的人的泛称；律师还是一种称谓，是人们对具有律师身份的某个人的特称。①

还有一些学者跳出法律规定的框架，提出了自己对律师概念的认识。有论者认为，"律师是建设社会主义法治国家的重要力量，以维护当事人合法权益、维护司法公正、实现社会公平正义为使命，是相对独立的准司法人员"。该学者的理由主要有三：其一，律师制度的建立是一个国家文明法治建设的重要标志，更是我国社会主义法治建设的重要组成部分。律师作为司法制度的主体之一，是建设社会主义法治国家的重要力量，"律师与法官、检察官一道组成法律职业的共同体，是司法制度中不可替代的结构主体，是社会主义法治大厦的重要支撑"。其二，根据我国《律师法》第2条第2款规定，律师的使命是"维护当事人合法权益，维护法律正确实施，维护社会公平和正义"。当事人的委托是律师从业的前提条件，因此，维护当事人的合法权益，是律师不可推卸的责任，也是律师最基本、最直接的目的，也是律师区别于其他国家司法人员的最显著特点；作为推动社会主义法治建设的一分子，维护司法公正、实现社会公平正义，自然也是律师应当肩负的职责，这是律师职业的价值取向和道德标准。其三，律师是相对独立的准司法人员，主要表现在以下几方面：在律师的独立性上，律师独立于当事人，独立于法官，独立依法履行职责，不受任何单位、组织和个人的干预、限制；在主体资格上，律师与法官、检察官同为法律工作者，其资格要求是相同且是可以易换的；在执业理念和品质上，律师与法官、检察官的要求是相同的，都是为了维护社会公平正义、维护法律的权威；在司法运行机制中，律师具有与法官、检察官平等的地位和独立办案的权力。②

有学者提出了将律师定位为"司法公权力的制衡者"的观点，即"律师是依法参加司法活动的独立法律工作者"。在此定义中，"法律工作者"源于"律师是国家法律工作者"的定义，可视为行使审判、检察、侦查职权的公职人员与律师的通称，"独立"即指独立于司法职人员。他

---

① 田文昌主编：《律师制度》，中国政法大学出版社2007年6月第1版，第1页。

② 庞文：《关于律师制度改革的几点设想》，载《中国司法》2010年第4期。

们认为，现行《律师法》中关于律师的定义显然是"仅就律师的商业属性而言的，丝毫看不出律师的政治属性"，看不出律师在国家司法体制中的地位和作用。将律师定义为"提供法律服务的执业人员"，比1980年《律师暂行条例》规定的"国家法律工作者"还后退了一步，即律师由"法律工作者"变成了"法律服务者"。① 不过也有论者认为，依据以上对律师概念的定义，现在司法实践中存在的"公职律师、公司律师、军队律师，只能改称法律顾问——因为舍弃了独立性，就不能称其为律师了"。②

还有论者将律师定义为"是取得律师执业证书，根据委托、指定或法律授权提供法律服务的法律职业者"。③ 此概念的内涵、外延包括社会律师、公职律师、公司律师和军队律师。如此定义的理由有三：其一，将律师定义为"法律职业者"，有利于改变目前我国律师业非职业化现象，推动律师职业的发展。社会中任何一种职业都有其特定的从业群体，每种职业都有其特有的从业要求。其二，将律师定义为法律职业者，可以体现律师在建设法治国家中的作用，与律师担负的使命相一致。把律师定位为法律职业者即意味着律师作为法律职业阶层的组成部分，当然是法治内涵中的基本构成要素，也是推动法治进展的一支重要力量。同时，法治的内在要求与律师所肩负的使命是一致的。其三，将律师定义为法律职业者，有助于法律职业共同体的形成与发展。法律职业共同体是近年来新提出的一个概念，因为"法律职业共同体的形成和发展是中国建设社会主义法治国家、走向法治社会的必然和必需。中国走向法治社会必然要求有一个成熟的、强大的法律职业共同体，这样一个共同体也只能在法治社会中得以形成和壮大，有了这样一个法律职业共同体，依法治国、建设社会主义法治国家的目标才有望实现"。④

（三）律师的分类

对于律师的分类，也是仁者见仁，智者见智。

---

① 卜越：《律师：司法公权力的制衡者》，载《律师事业与和谐社会——第五届中国律师论坛优秀论文集》，中国政法大学出版社2005年版。

② 同上。

③ 杨云鹏：《律师的性质研究》，硕士学位论文，中国政法大学，2006年。

④ 张文显、信春鹰、孙谦主编：《司法改革报告：法律职业共同体研究》，法律出版社2003年3月第1版，第8页。

有论者认为，根据 2007 年《律师法》的规定，我国执业律师从注册类型上划分可分为两种：专职律师和兼职律师。专职律师就是取得律师资格证，领取律师执业证书并在律师事务所专门从事律师执业的人员。兼职律师指取得律师资格领取律师执业证书，但不脱离本职工作，按照规定兼做律师工作的人员。①

有论者认为，以律师是否专职从事法律事务为标准，可以把律师分为专职律师和兼职律师。专职律师是指取得律师资格，并在律师事务所专职从事律师工作的人员，是我国执业律师的主体。兼职律师是取得律师资格后不脱离本职工作，兼职做律师工作的人员，是我国律师的重要组成部分。

有论者认为，根据律师的身份及服务对象，可以将律师分为社会律师和政府律师。社会律师是指依法取得律师执业证书，为社会提供法律服务的专门人员。政府律师是指依法取得律师执业证书，且具有公务员资格，专门为政府提供法律服务的专业人员。②

还有论者认为，按服务对象的不同可以将律师分为社会律师、公职律师、公司律师和军队律师。第一，社会律师。社会律师是律师的主体，按工作时间的不同又分为专职律师和兼职律师。专职律师，是指取得律师资格后，领取律师执业证书，并在律师事务所专门从事律师工作的人员。兼职律师，是指取得律师资格和律师执业证书，不脱离本职工作从事律师执业的人员。第二，军队律师。在军队中设立律师，是依法治军、向规范化方向发展的需要。第三，政府律师。又称为公职律师。政府律师具有双重身份，即是政府的公务员。第四，公司律师。公司律师及在公司内部设立律师，是法治经济的要求。③

二 律师法

（一）律师法的概念

对于律师法的概念，研究者们也有不尽相同的说法。有论者认为，律师法是从属于宪法的专门法律，是律师的组织法。它既相对于实体法，又

---

① 石峰：《律师法学》，上海大学出版社 2007 年 8 月第 1 版，第 73—74 页。
② 贾海洋：《律师法学》，高等教育出版社 2007 年 11 月第 1 版，第 47—49 页。
③ 何悦：《律师法学》，法律出版社 2011 年 1 月第 1 版，第 6 页。

相对于程序法。律师法和法官法、检察官法、警察法、注册会计师法乃至人民法院组织法、人民检察院组织法一样，属于组织法的范畴。① 有论者则做了这样的定义：律师法是从属于宪法的部门法，它和法官法、检察官法、警察法等一样，属于组织法的范畴，是律师的组织法。从广义上讲，律师法属于程序法的范畴，它是国家制定的，规定律师、律师事务所和律师管理机构的法律地位及其互相关系，以及律师进行业务活动所必须遵循的行为规范的总称。②

笔者认为，律师法有广义和狭义之分。狭义的律师法是指以体系化为特征的制定于一个法律文件中的律师法典，如我国的《律师法》；广义的律师法是指国家各种法律、法规、规章等规范性文件中有关律师问题的规定。广义上的律师法主要由以下几部分组成：一是基本法律类。如《律师法》《刑事诉讼法》《民事诉讼法》《行政诉讼法》等有关律师工作的基本法律规范。二是司法解释类。如最高人民法院、最高人民检察院、司法部、公安部等颁布的有关律师执业的司法解释。三是国务院批转的有关律师业的规范性文件。如国务院批转的司法部《关于深化律师工作改革的方案》。四是行政规章类。指国务院部委发布的有关律师及律师业的规范性文件，主要是以司法部令形式发布的有关律师工作、律师业管理的规范，如《律师执业证管理办法》。五是地方性律师管理规范性文件。如《深圳经济特区律师执业条例》。六是中国参与的国际公约、国际条约和有关国际法律文件中关于律师制度的内容，如联合国关于囚犯的基本待遇的文件中涉及律师的规定。

（二）我国律师法的立法和修改状况

从 1979 年律师制度恢复和重建至今，我国律师法的立法经历了四个阶段：第一阶段是从 1980 年到 1996 年。1980 年 8 月 26 日，第五届全国人大常委会第十五次会议通过了《中华人民共和国律师暂行条例》（以下简称《律师暂行条例》），它规定了中国律师的性质、任务、权利、活动原则、律师机构的设置等内容，为中国律师制度的恢复提供了法律上的依据，对律师制度的推动和发展起到了积极的作用。作为中国第一部关于律师制度的法律，它的颁布是十一届三中全会精神的直接贯彻和体现，标志

---

① 贾海洋：《律师法学》，高等教育出版社 2007 年 11 月第 1 版，第 6 页。
② 谭世贵主编：《律师法学》，法律出版社 2008 年 4 月第 3 版，第 5—6 页。

着中国律师制度的建设进入了新的阶段。

第二阶段是从 1996 年到 2007 年。1996 年 5 月 15 日，第八届人大常委会第 19 次会议通过了我国历史上第一部《中华人民共和国律师法》，构筑了我国律师制度的基本框架，标志着有中国特色的社会主义律师制度基本形成。其进步性主要体现在以下几个方面：一是对律师性质进行了更为准确科学的定性。1996 年律师法把律师界定为"依法取得律师执业证书，为社会提供法律服务的执业人员"，将律师与法官、检察官等国家法律工作者和其他法律服务工作者区别开来，有利于体现律师的职业独立性。二是肯定了律师事务所多种形式并存的格局。1996 年律师法肯定了国家出资设立的律师事务所、合作律师事务所和合伙律师事务所三种基本形式，使律师事务所在人员编制、管理等方面拥有了更大的自主权，有利于律师业的发展。三是确立了严格的律师资格证书和律师执业证书取得制度，为建设一支高素质的律师队伍打下了基础。四是确立了司法行政机关监督指导和律师协会行业管理相结合的管理模式。这种管理模式，在很大程度上淡化了对律师的行政管理色彩，体现了律师业行业管理的特点。①

第三阶段是从 2007 年到 2012 年。2007 年 10 月 28 日，第十届全国人民代表大会常务委员会第三十次会议对《律师法》进行了较为全面的修订。这次《律师法》的修改有八个亮点：一是进一步明确和强调了我国律师制度的社会主义性质和党性原则；二是增加了关于律师职业法律属性的规定，明确了律师职业的使命和法律定位；三是完善了律师执业准入制度；四是调整和完善了律师事务所的组织形式；五是强化和改进了对律师和律师事务所执业的监督管理措施；六是调整、改进了司法行政部门对律师和律师事务所监管职能的层级配置；七是改进了对律师执业权利的保障措施；八是改进了律师"两结合"管理体制，强化了律师协会实行行业自律的地位和作用。②

第四阶段从 2012 年开始到现在。2012 年 10 月 26 日，第十一届全国人民代表大会常务委员会第二十九次会议通过了《全国人民代表大会常务委员会关于修改〈中华人民共和国律师法〉的决定》。为了与修改后的

---

① 王进喜：《中国律师法的演进及其未来》，载《西部法学评论》2008 年第 4 期。
② 张灵：《论新修订的〈律师法〉的科学精神》，载《中国司法》2009 年第 3 期。

2012 年《中华人民共和国刑事诉讼法》（以下简称 2012 年《刑事诉讼法》）相衔接，对《律师法》作出了以下几条改动：一是将第 28 条第 3 项修改为："接受刑事案件犯罪嫌疑人、被告人的委托或者依法接受法律援助机构的指派，担任辩护人，接受自诉案件自诉人、公诉案件被害人或者其近亲属的委托，担任代理人，参加诉讼。"二是将第 31 条修改为："律师担任辩护人的，应当根据事实和法律，提出犯罪嫌疑人、被告人无罪、罪轻或者减轻、免除其刑事责任的材料和意见，维护犯罪嫌疑人、被告人的诉讼权利和其他合法权益。"三是将第 33 条修改为："律师担任辩护人的，有权持律师执业证书、律师事务所证明和委托书或者法律援助公函，依照刑事诉讼法的规定会见在押或者被监视居住的犯罪嫌疑人、被告人。辩护律师会见犯罪嫌疑人、被告人时不被监听。"四是将第 34 条修改为："律师担任辩护人的，自人民检察院对案件审查起诉之日起，有权查阅、摘抄、复制本案的案卷材料。"五是将第 37 条第 3 款修改为："律师在参与诉讼活动中涉嫌犯罪的，侦查机关应当及时通知其所在的律师事务所或者所属的律师协会；被依法拘留、逮捕的，侦查机关应当依照刑事诉讼法的规定通知该律师的家属。"六是将第 38 条第 2 款修改为："律师对在执业活动中知悉的委托人和其他人不愿泄露的有关情况和信息，应当予以保密。但是，委托人或者其他人准备或者正在实施危害国家安全、公共安全以及严重危害他人人身安全的犯罪事实和信息除外。"

（三）《律师法》与《刑事诉讼法》在法律效力上的冲突

由于《律师法》与《刑事诉讼法》在一些规定上还有不少出入，在司法实践中到底如何适用这些法条，应该以哪部法律的规定为准，一直是学界讨论的重点。

有论者认为，在《刑事诉讼法》未修改前，即 2012 年刑事诉讼法未通过前，应当按照"新法优于旧法"的原则，在法条有冲突的时候优先适用《律师法》。主张这一观点的理由总结起来有以下三点：第一，我国《立法法》规定，宪法具有最高法律效力，《律师法》修正符合宪法精神，应承认其有效性。[①] 第二，关于两部法律之间的关系，根据《中华人民共和国立法法》第 88 条第 1 款规定："法律的效力高于行政法规、地方性法规、规章。"从立法

---

① 张文菊：《新〈律师法〉研讨综述》，载《中国检察官》2008 年第 5 期。

法的角度看，并没有基本法律与一般法律及其位阶之分，因此，不能够按照这个标准来评判《律师法》与《刑事诉讼法》二者的关系、位阶与效力。第三，虽然《刑事诉讼法》是由全国人民代表大会通过的，《律师法》是由全国人大常委会通过的，但是，根据全国人大常委会在全国人民代表大会闭会期间的职能来看，应该理解该两个法律属于同一立法机关制定的，其通过的法律应具有同样的效力。而根据《立法法》第92条规定："同一机关制定的法律、行政法规、地方性法规、自治条例和单行条例、规章，特别规定与一般规定不一致的，适用特别规定；新的规定与旧的规定不一致的，适用新的规定。"据此，2007年《律师法》的规定优于《刑事诉讼法》。①

有论者认为，根据上位法优于下位法的原则，《刑事诉讼法》法律效力应当高于《律师法》。持这一观点的理由是：第一，"《刑事诉讼法》与《律师法》按照法理学理论，我国法律体系中，宪法是根本法律，处于最高位阶，其次是全国人大制定的基本法律，由全国人大常委会通过的法律处于第三层级。基本法律的效力高于法律。"《刑事诉讼法》与2012年《律师法》属于上、下位法的关系，依据上位法高于下位法的法律适用规则，应当执行《刑事诉讼法》。第二，两个法律的宪制基础也不一样，《刑事诉讼法》是由全国人大制定的，而《律师法》是由全国人大常委会制定的。全国人大的地位高于全国人大常委会，全国人大制定基本法律，全国人大常委会制定一般法律。全国人大制定的法律经过了3000名代表的表决通过，全国人大常委会制定的法律是全国人大常委会一百多名委员表决通过的，从法律的位阶上来看，规则是基本法效力高于一般法。2007年《律师法》作为一般法不应当违背属于基本法的《刑事诉讼法》。因此，即使在《刑事诉讼法》尚未修订的情况下，《律师法》与《刑事诉讼法》冲突的解决也应遵照"上位法优于下位法"原则。②

还有论者认为，除非《律师法》和《刑事诉讼法》在法律修改中达到一致，或者相关部门出台有法律效力的权威性立法解释，否则很难确定哪部法律的法律效力更高，即效力待定论。这一观点的理由是：《律师

---

① 徐毅：《刑事诉讼视野下的新〈律师法〉适用问题研究》，硕士学位论文，中国政法大学，2008年。

② 蒋安杰、贾志军：《新律师法如何与刑事诉讼法衔接》，载《法制日报》2008年2月24日第3版。

法》对律师在刑事诉讼中的权利进行了调整，但并未修改《刑事诉讼法》的有关规定，《律师法》颁布后既无相应的与《刑事诉讼法》衔接的说明，也无相应的有权解释。有关部门用负责人答疑或接受记者采访的方式作出说明，缺乏法律效力，应启动立法解释或采用多部门联合发文的方式加以解决。①

三　律师法学

（一）律师法学的概念

律师法学的概念是在我国《律师法》制定和颁布后才正式提出的，在谭世贵主编的《律师法学》一书中首先使用。

有论者认为，律师法学是法学的一门分支学科，它研究的对象是律师法及其相关问题，即律师法学不仅研究律师法的产生和发展规律，研究律师制度、律师事务等有关问题，还研究律师制度和其他法律制度之间的关系。②

还有论者认为，律师法学，又称律师学，是研究律师制度与律师事务实务的一门律师科学。我国的律师法学是以马列主义、毛泽东思想、邓小平理论、三个代表重要思想为指导，是具有中国特色的社会主义律师法学，是随着我国律师制度和律师实务的不断发展而逐步建立起来的一个独立部门法学，具有很强的法律性和实践性。③

也有一些论者对"律师法学"和"律师学"这两个概念进行了探讨。自 1988 年徐静村出版的《律师学》一书开始，此后 30 年，法学学者、律师以及律师行政和行业管理人士为律师学学科的建设和发展做出过积极的努力，出现了一大批有关律师理论研究的著作、教材和论文，也举办过全国性的律师学学科建设研讨会，律师学理论已经成为中国法学理论的重要组成部分。尽管"律师学"作为一个学科概念早已为学界所认同，尽管律师学的理论研究已有长足的进步并取得了阶段性的成果，但律师学作为一门法律学科在国家技术监督局发布的《国家标准学科分类与代码》

---

① 王金贵：《律师权利的实现——新律师法实施在即》，载《检察日报》2008年4月3日第3版。

② 何悦：《律师法学》，法律出版社2011年1月第1版，第3页。

③ 石峰：《律师法学》，上海大学出版社2007年8月第1版，第6页。

中却无一席之地。尤其是该学科到底应定义为"律师法学"还是"律师学"等问题，在理论界仍存有分歧。①

第一种观点是，两者研究的侧重点不同，"律师学"的研究范围大于"律师法学"。有论者认为，"律师学"不同于"律师法学"。"当今世界上，多数国家的法制体系中有律师制度，因而律师法学受到各国法学家的普遍重视，成为法学研究的一个重要门类。但是，从业律师应当具备的学识远非至此。律师除了应当深刻理解国家的法律制度、熟谙律师的各项业务、遵循律师的职业道德之外，还应具备丰富的法律文化知识、经济科学和经济生活知识、科学技术知识和社会历史知识，特别应具有雄辩的表达能力、精湛的论证技巧、迅捷的应对能力，而这些，就不是律师法学所能完全包容的了。所以，有必要开辟律师法学这门新学科，以适应现代蓬勃发展的律师业的需要"。② 从这一论述来看，即使是狭义的律师学，其研究的范畴也不仅是律师法学所研究的律师制度的内容，还包含了作为律师从事业务活动的各种知识、能力、办案技巧等。因此，于"律师法学"而言，"律师学"的内容大于"律师法学"的范围。

第二种观点是，承认"律师法学"与"律师学"之间的差异，但应当用"律师法学"的提法代替"律师学"作为一门法学学科来研究。有论者认为，律师法学是一门以律师法及其相关问题为研究对象的法律学科。可以说"律师法学"是在"律师学"的基础上发展起来的，两者都研究律师问题，但又有一定区别。该论者认为，在我国只有《律师暂行条例》而无《律师法》的情况下，提出"律师学"无疑是一项重要的法学研究成果，但在国家正式颁布《律师法》以后仍沿用"律师学"的概念值得商榷。其理由是：第一，"律师学"以律师和律师职业为研究对象，因此是一个非常大的概念。要研究律师职业，除了研究律师的概念、特征、职能、业务、权利义务和法律责任等问题以外，还必须研究律师进行业务活动的手段、依据等问题，即还应当研究刑法、民法、行政法、经济法等实体法和刑事诉讼法、民事诉讼法、行政诉讼法、仲裁法等程序法，而这显然是"律师学"所无法解决的。正是基于律师职业的这一特点，目前有的政法院校开设了"律师学"专业或专业方向，这也说明

---

① 谭世贵：《律师法学》，法律出版社 2008 年 4 月第 3 版，第 9—10 页。
② 徐静村：《律师学》，四川人民出版社 1988 年第 1 版，第 1 页。

"律师学"与"会计学"一样，更适合作为一个专业，而不适合作为一门课程。第二，可以预见，《律师法》颁布后再编写《律师学》，也必然以律师法为主要研究对象。既然如此，应当说，"律师法学"的概念比"律师学"更为妥帖、准确和名副其实。①

第三种观点是，"律师法学"与"律师学"之间并无本质差别，但是"律师法学"比"律师学"这一称谓更为贴切。支持这种观点的理由有三：第一，即使以"律师学"命名的教材，也是将"律师学"视为法学学科加以研究论述；两者在学科性质上毫无疑义地定位于法学学科。第二，将学者们的观点比较后发现，两者在研究对象、研究内容、研究方法、学科体系方面并无本质差异，其涵盖的内容也大同小异，基本包含基础理论、律师、律师业、律师制度、律师事务等方面的内容。从这个意义上讲，使用"律师学"还是"律师法学"并无本质差异。第三，法律的发展反映着法律所调整的社会关系的发展变化，我国《律师法》颁布后进行了两次修改，每次修改都直接影响着律师在社会中的地位，影响着律师业的发展，影响着律师制度的健全和完善。从律师法律法规对律师、律师业、律师制度的关系而言，"律师法学"的概念更能全面涵盖本学科的研究对象。因此倾向于使用"律师法学"这一概念。②

（二）律师法学的体系

有论者认为，律师法学的体系主要包括两方面：一是研究和论述律师的基本问题及基本制度，包括律师的概念和特征、律师的性质和职能、律师制度的严格和比较、律师执业的基本原则、律师执业许可、律师素质、律师管理体制、执业律师的权利和义务、律师职业道德、法律责任等。二是研究和论述律师实务问题，包括律师业务与律师收费、刑事法律帮助、刑事辩护、刑事诉讼代理、民事诉讼代理、行政诉讼代理、申诉代理、仲裁代理、担任法律顾问、非诉讼法律事务、法律咨询与代书等。③

除此之外，还有论者提出，应将律师的参政议政以及我国港澳台地区的律师制度，也纳入律师法学的研究体系中来。律师的参政议政主要包括

---

① 谭世贵：《律师法学》，法律出版社 2008 年 4 月第 3 版，第 9—10 页。
② 何悦：《律师法学》，法律出版社 2011 年 1 月第 1 版，第 3 页。
③ 谭世贵：《律师法学》，法律出版社 2008 年 4 月第 3 版，第 11 页。

律师参政议政的意义和方式、律师参与立法的必要性和主要途径等。而我国港澳台地区的律师制度研究主要包括港澳台律师的分类、律师资格的取得、律师的行业管理机构以及法律援助等内容。①

第二节　律师的性质与定位

中国律师的性质与定位同中国社会的发展紧密相连，并随着中国法治社会建设的进程而发生着巨大的变化。在此背景下，我国现有的关于律师性质和定位的立法，已经与社会的需求和时代发展的要求不相适应。其弊端导致了实践中对律师职责及其定位的困惑，也导致中国的律师无法获得其应有的地位，不能充分发挥其应有的作用。由此，近些年来关于律师性质和角色定位问题的探讨一直没有中断过，关于这方面的理论研究也有了很多新的发展。

一　律师性质的概念

我国《律师法》第 2 条第 1 款规定："本法所称律师，是指依法取得律师执业证书，接受委托或者指定，为当事人提供法律服务的执业人员。"这虽然对律师的概念给出了一个定义，但是律师职业更为本质、内在的性质是无法从这一定义上完全体现出来的。而第 2 条第 2 款规定："律师应当维护当事人合法权益，维护法律正确实施，维护社会公平和正义"。这一规定则体现了律师的责任、功能和价值，对于界定律师的性质有着重要意义。

那么，何为律师的性质？有论者认为，律师的性质是指律师所具有的本质特征，是指律师在国家社会生活中的地位、所代表的阶层以及所发挥的作用。②

也有论者认为，所谓律师的性质，是指法律规定的律师职业区别于其他职业的本质属性。在一国律师制度中，律师的性质是一个根本性的问题，它体现在律师制度的各个方面，制约着律师的地位、权利、义务、作用、责任和律师制度的发展趋势。

---

① 何悦：《律师法学》，法律出版社 2011 年 1 月第 1 版，第 7 页。
② 石茂生：《律师法学》，郑州大学出版社 2004 年 4 月第 1 版，第 28 页。

还有论者提出，律师性质的概念，包含以下要点：第一，律师的形式是由一国法律所确定的；第二，律师的性质是指在特定社会制度中律师职业与其他职业的本质区别；第三，律师的性质体现在律师制度的各个方面；第四，律师的性质具有制约性。[①]

二　律师的特性

要想更深层次地了解律师的性质，很有必要弄清律师的特性。有论者将律师的特点总结为：社会性、专业性、资质性。一是社会性。律师的社会性是指律师作为一种职业，是一种社会性的、开放性的职业，它是面向全社会开放的、有选择的、全方位的法律服务职业，其活动范围不受地区、行业限制，具有广泛的社会性。主要表现在服务对象的社会性和服务领域的社会性。二是专业性。为公民、法人或其他组织提供法律服务，是律师工作的专业属性。主要表现在服务内容的专业性和服务技能和方式的专业性。三是资质性。资质性是指作为律师的必备资格条件，即律师必须经过国家的统一考核，合格者被有关机关授予律师资格，并依法取得律师执业证书。[②]

有论者认为，律师具有专业性、社会性、独立性、商业性。一是专业性。专业性是指律师是向当事人提供该法律服务的专业人员。二是社会性。社会性包括律师业务活动是服务性的。律师的服务领域和服务对象面向全社会。律师的权利来源与当事人的授权或个别法院指定，不具有强制力。律师与当事人之间是协商一致的平等合同关系。律师提供法律服务是有偿的。三是独立性。主要表现在律师业实行行业自治和律师自律；律师业务活动独立。律师对于当事人的委托，可以接受也可以不接受，接受委托后，律师独立地开展业务，不受委托人、律师事务所以及其他国家机关、团体和个人的左右。四是商业性。商业性是指律师业是社会商业服务业的一个行业。[③]

有论者认为律师具有专业性、服务性、受托性、公正性。一是专业

①　肖胜喜：《律师学》，高等教育出版社 1996 年 3 月第 1 版，第 33 页。

②　贾海洋：《律师法学》，高等教育出版社 2007 年 11 月第 1 版，第 2 页。

③　李军、薛少锋、韩红俊编著：《中国司法制度》，中国政法大学出版社 2009 年 9 月第 1 版，第 104—105 页。

性。取得律师职务都必须具备一定的条件，一般的要求是受过法律专业训练，具有法律专业知识。二是服务性。律师的天职是为当事人提供法律服务，而且这种服务一般来说是有偿的。三是受托性。律师的业务主要来自当事人的委托，而不是基于国家权力。四是公正性。由于律师是法律方面的专家，因此，人民自然而然地认为律师的意见是公正的。①

还有论者认为律师具有社会性、民主性、专业性、受托性、独立性、服务性与有偿性等特点。一是社会性。律师作为一种职业，是一种社会职业，是面向社会为社会上需要法律服务的人提供法律服务的。二是民主性。关于律师及律师职业的民主性，一方面主要表现在，律师产生于统治阶级民主管理国家的需要；另一方面还表现在，律师制度的确立表明了统治者管理国家和社会的一种民主态度。三是专业性。律师是处理当事人业务的专业人员，必须经过专门的教育培训，通过国家统一的司法考试，获得相应的专业资格。四是受托性。律师职业基于当事人的委托，当事人与律师之间是委托与被委托的关系。五是服务性与有偿性。律师的天职是为社会提供法律服务。律师为社会主体或当事人提供的法律服务，原则上应是有偿的。六是独立性。独立性是指律师法律服务活动的相对独立，律师组织的相对独立和律师工作形式的相对独立。②

这些说法都不无道理，且都无本质区别。总结起来，我国律师的特点可以概括为以下几点：

第一，律师职业的专业性与规范性。在任何一个国家，成为律师都必须具备一定的专业条件，受过法律专业训练，具有法律专业知识。在我国，则必须"依法取得律师执业证书"，而要取得律师执业证书，就专业条件而言，必须"通过国家统一司法考试"，一个人如果不具有相当的法律专业知识，就不能成为一名律师。因此，律师职业具有专业性。

由于法律服务不同于一般的为社会提供服务的行业，往往涉及司法公正及社会公平，律师的工作不仅对当事人的权益产生重大影响，而且，在某种程度上，其工作效果往往会产生很大的社会影响。因此，许多国家都明确规定，未经国家授予律师资格并发给律师执业证书，任何人都不得以

---

① 谭世贵：《律师法学》，法律出版社 2008 年 4 月第 3 版，第 2 页。
② 田文昌主编：《律师制度》，中国政法大学出版社 2007 年 6 月第 1 版，第 2—4 页。

律师的名义从事法律服务工作。可见，律师职业又具有严格的规范性。①

第二，律师工作的服务性和有偿性。律师职业产生的根源在于社会组织与公民个人对法律帮助的需求。律师的天职就是为当事人提供法律服务，律师与其委托人之间是契约关系，双方法律地位平等。这一契约的一项重要内容是律师为委托人提供需要的法律服务。律师的执业活动不具有行使公权力的性质，律师向当事人提供的是一种法律服务，而非执法行为。

律师的服务还具有有偿性。律师向当事人提供法律服务，是基于当事人与律师事务所签订的法律服务合同，这种合同从本质上讲属于劳务合同。其中一项重要内容则是委托人向律师支付报酬，也即律师提供法律服务的活动是有偿的。这也与法官、检察官的职务活动不同，职务活动是基于法定职责及特定法律事实的发生而展开，并非基于当事人的委托，法官、检察官的活动是行使权力，同时也是履行职责，他们和当事人并不平等，他们的活动不具有服务性，也不具有有偿性。②

第三，律师工作的受托性和服务范围的广泛性。律师的业务主要来自当事人的委托（也有少部分是来自法院的指定），而非基于国家权力。当事人与律师之间是委托与被委托关系，律师执业的种类与范围亦由当事人根据需要指定。如果没有当事人的委托，律师的业务活动便无从谈起。此外，律师的这种受托性是双向的。律师的法律服务必须以当事人的委托为前提；反之，当事人的委托必须以取得受委托律师及其所在律师事务所的同意为条件，即律师的法律服务活动是基于律师事务所和当事人之间的合同。法律调整的社会关系日趋复杂纷繁，客观上使社会产生了对法律服务的强烈需求，法律服务的社会领域日趋广泛，也决定了律师提供法律服务范围的广泛性。

第四，律师的独立性与自主性。律师不仅独立于法院、检察院、政府部门，而且独立于当事人。律师执业属个人劳动，不受当事人意志的约束，也不受律师协会等律师组织的指导，而是由律师本人自主决定办理委托事项的方式方法。独立自主性是律师一个重要的特点，也是律师与其他国家法律工作人员的最大区别。主要体现在以下几点：其一，它需要获得

---

① 何悦：《律师法学》，法律出版社 2011 年 1 月第 1 版，第 14 页。
② 谭世贵：《律师法学》，法律出版社 2008 年 4 月第 3 版，第 2 页。

统一的职业资格，需要获得律师职业的资格证书、律师执业证书。除非统一考试考核，任何其他形式都不能获得这样一个资格。其二，律师执业是独立的。律师自己决定是不是接受当事人的委托，接受哪一个当事人的委托，办理哪一种或者哪几种法律事务，办理这些事务需要什么方式，如何收费，如何保证工作质量，如何与客户打交道。所有这些事情只能是由律师和律师事务所独立来完成。他人，即使是律师协会甚至司法行政机关，也没有权力干涉律师接不接什么业务，怎么收费。其三，律师责任是独立的。律师为自己所提供的法律服务独立承担责任。当然，律师个人的责任可能会使所在的律师事务所受到处罚，但重要的是律师本人一旦出现了这样的问题，可能要在民事上承担巨大的赔偿责任甚至承担刑事责任，至少还要承担一些行业纪律责任或者是行政责任。从这一点上说，律师的责任必须要由自己来承担。因此，我们说律师是一个独立的职业。①

第五，律师的公正性和公义性。律师职业本身代表了一种法律和社会的公正。律师根据当事人的委托，以自己的法律知识和专业技能为当事人提供法律服务。由于律师是法律方面的专家，因此，人们自然而然地认为律师的意见是公正的。从我国《律师法》第 2 条第 2 款的规定也可以看出这一点。

此外，无论从法律规定还是道德要求上，律师都被赋予一种公共的义务。这个公共义务具体来讲，第一就是律师义务。律师作为一种职业，在依法执行职务的时候，提供法律服务的时候，就是在履行社会公共义务。律师应该按照职业的要求提供合格、高质量、符合社会公德的服务。如果不能尽职地提供法律服务，就会使这个社会的法律架构，包括法律质量、执法水平各方面受到非常大的削弱；就无法在国家公权力面前，维护作为当事人的普通百姓的权利。第二个公共义务是指义务法律帮助。作为一个律师，必须要提供法律帮助，在任何国家的律师法里，都规定了这样一条义务。②

三 律师的定位

(一) 研究律师定位的必要性

"角色定位是对自身或自身以外的某人或某团体的社会地位、社会身

① 王丽：《中国律师的走向》，载《中国司法》2005 年第 3 期。
② 同上。

份，以及由此而应对社会承担的责任和享有的权利的理解、认同和预期。"① 律师的定位是指律师对自身以及社会或民众对律师所应承担职责和应享有权利的评价和期望。

近30年来，中国的律师业发展迅速，一方面，律师队伍逐渐壮大，律师的业务范围更加广泛；另一方面，律师同社会的联系更加紧密，民众对律师的需求越来越大，律师在社会中的地位也逐渐提高。虽然从整体上来看，我国律师业发展的形势良好，但是，律师行业的发展仍然面临很多问题，如律师政治地位低，商业化严重，独立性不充分，社会认可度不高等。社会的发展需要律师在社会中扮演更加多元化的角色，但是当前我国律师角色定位具有很大的模糊性，与社会需求之间也存在较大的偏差，这直接导致了律师发展所面临的以上种种问题。因此，要解决律师发展困境，必须要认真反思律师的定位问题。

律师定位是律师制度的基本问题。明确律师定位，有利于促进律师业的发展，并且推动法治建设的进程。从律师角色定位的定义，我们可以看出，律师的定位关系到社会对律师的评价，准确的定位有利于改变公众对律师的错误看法，形成关于律师角色的正确认识，因此，律师的准确定位对于提高律师在社会中的地位和形象具有重要意义。另外，律师的准确定位还可以促进法律职业共同体的形成。一直以来，律师都被视为法律职业共同体的异类，遭到司法工作人员的排挤，只有对律师进行正确定位，摆正律师在法律职业共同体的地位，才能使律师与司法工作人员进行平等的对抗，从而实现司法的公平和正义。

总之，对律师进行正确定位，不仅能使律师正确履行职责，促进律师业健康运行和良性发展，还能使律师获得应有的社会地位，在社会法治建设中发挥其应有的作用，因此研究律师定位问题具有必要性和重要意义。

（二）我国律师定位的立法变迁

1. 国家法律工作者

新中国成立之后，我国1954年《宪法》第76条规定："被告人有权获得辩护"，被告人的辩护权利被宪法予以确定，在确定辩护制度的基础上，我国开始根据苏联的经验建设律师队伍。从1957年"反右"斗争扩

---

① 孙文胜：《论我国律师的角色定位》，载《河北法学》2005年第4期。

大化到"文革"时期，中国法制建设停滞不前并遭到严重破坏，新生的律师制度也随之夭折了。直至 1979 年十一届三中全会之后，律师制度才得以重建，但恢复法制与重建律师制度面临着巨大的压力与社会阻力。在此历史背景下，1980 年 8 月 26 日第五届全国人大常委会第十五次会议通过的《律师暂行条例》第一条规定："律师是国家的法律工作者。"

"国家法律工作者"的定位意味着律师被视为国家公职人员，属于司法行政机关的内部编制，代表国家利益，行使一定的国家权力。赞同此定位的论者认为：其一，律师与公检法工作人员都是从事法律工作，他们的目标一致，都是为了保障国家法律的正确实施，维护法律的尊严，维护当事人的合法权益，其差别只是分工不同；① 其二，"律师与公检法工作人员相比，地位不高，将其作为国家法律工作者看待，可使律师的社会地位提高，并有利于促进法律职业共同体的形成"；② 其三，赋予律师国家法律工作者的身份，能够起到方便律师履行职能，保障律师的权利，提高律师的社会地位，迅速恢复律师制度并壮大律师队伍的作用。

与之相对，对律师"国家工作人员"的定位，也招致了很多学者的批判，其一，有论者认为，律师"国家法律工作者"的定位只是特定历史条件下的产物，沿用此定位已经难以满足建设法治社会和保障人权的社会发展的要求。其二，有论者指出律师具有服务性，其业务活动是有偿的，律师是向社会提供由当事人自愿选择的法律服务，而法官、检察官等"国家法律工作者"的职责是向社会提供强制性的法律保护。其三，还有论者提出，律师无论是担任辩护人行使的辩护权，还是担任代理人行使的代理权，本质上都是属于"私权"的范围，如果将律师定位为"国家的法律工作者"，那么，在律师国家工作人员的身份与维护当事人合法权益的使命之间，就会出现无法解决的冲突，作为维护当事人合法权益的代理制度和辩护制度，就会失去其存在的必要性。其四，还有论者认为，把律师定义为国家法律工作者的观点强调了律师的阶级属性，未能进一步解释律师职业与法官、检察官职业的不同特殊性，此定位会导致实践中出现很

---

① 参见刘彤海《关于〈律师法〉的逻辑结构与部分内容的修改语境》，载《河北法学》2002 年第 2 期。

② 马宏俊主编：《律师法修改中的重大理论问题研究》，法律出版社 2006 年版，第 27 页。

多难题和弊端，例如，社会公众会对律师产生种种疑虑，无法产生信任感，另外，律师之间缺乏竞争，也不利于律师事业的发展。①

2. 为社会服务的专业法律工作者

1992 年邓小平南方谈话，提出要进一步解放思想、深化改革开放，建设社会主义市场经济。随着中国经济的不断发展，企事业单位、民众以及日益增多的涉外案件对律师提供法律服务的需求越来越多，而律师以国家法律工作者的身份在实践中面临着诸多难以克服的困难，这种形势迫切地要求建立起与社会主义市场经济体制相适应的现代律师制度。在此历史背景下，1993 年 12 月 26 日经国务院批复，司法部《关于深化律师工作改革的方案（送审稿）》提出，"律师是为社会服务的专业法律工作者"。

有论者认为，对律师的这一定位是由律师工作的社会性所决定的，这种社会性首先体现为律师提供法律服务的劳务有偿性，对律师的这一定位比"国家法律工作者"的定位更能准确揭示律师的特性。一些论者认为，该定位用"社会服务"一词取代"国家"一词，强调了律师职业的社会性和服务性，使得律师的服务对象和业务范围变得更广泛，律师可以为政府、企业、事业单位以及公民个人提供法律服务，律师执业不再受地域和行业的限制。还有论者认为，对律师的这一定位，也将律师与作为国家法律工作者的法官和检察官区别开来，律师可以不受行政编制和经费的限制，从而有利于律师队伍的扩大和律师业的发展。②

当然，也有论者认为，虽然这种定位比"国家法律工作者"的定位更科学，但是却没有揭示出律师性质的本质内涵，即没有说明律师究竟是什么性质的法律工作者，这种定位显然无法将律师与其他社会法律工作者区别开来。③

3. 社会中介人员

随着中国市场经济的进一步发展，中国的律师制度也逐步地进行了改革："法律顾问处"脱胎而成的"律师事务所"开始推行自收自支的经营管理体制，"合作制律师事务所"也进行了试点工作，1997 年 10 月召开

---

① 参见张善燚主编《中国律师制度专题研究》，湖南人民出版社 2007 年版，第 74 页。

② 参见何悦主编《律师法学》，法律出版社 2011 年版，第 19 页。

③ 同上书，第 20 页。

的党的十五大的报告中，将律师事务所定位为"社会中介组织"，2000年开始的脱钩制改革使得各地律师事务所纷纷与当地司法行政部门脱钩，律师彻底脱去了"国家"的外衣，被全部推向了社会，推向了市场。

随着律师机构被定位为社会中介组织，为经济建设提供法律服务。有人据此认为，律师也就自然而然地成为社会中介机构的工作人员。很多论者认为，无论从法律依据上，还是从律师工作的任务和宗旨上来看，把律师事务所定性为中介机构都是错误的。有论者提出，首先，到目前为止，我国没有任何一部法律法规有关于律师事务所为中介机构之定性的规定，从《律师法》对于律师为社会提供法律服务的工作人员的定义中，也不能推导出律师所从事的业务是中介业务的性质；其次，中介机构之提法与我国律师的任务、宗旨不符。另外，一些论者认为，社会中介机构人员的定性只会对律师地位产生消极影响。其一，"中介组织及其人员在人们心目中地位较低，此定位不仅使律师遭到有关国家机关的歧视，而且也受到社会的歧视，律师在刑事辩护中的地位再度降低，根本无法保证刑辩质量；其二，此定位不利于法律职业一体化，更不利于律师的参政议政，这对中国民主法治的建设毫无疑问是不利的"。①

4. 为社会提供法律服务的执业人员

1996年5月15日第八届全国人民代表大会常务委员会第十九次会议通过了《中华人民共和国律师法》，并决定于1997年1月1日起实施。根据1996年《律师法》的规定，律师是依法取得律师执业证书，为社会提供法律服务的执业人员。2007年10月28日，第八届全国人大常委会第三十次会议修订的《律师法》对律师的性质做了进一步的明确，将律师界定为"依法取得律师执业证书，接受委托或者指定，为当事人提供法律服务的执业人员"，同时，《律师法》进一步增加了关于律师职业使命的规定，即"律师应当维护当事人的合法权益，维护法律的正确实施，维护社会的公平和正义。"

支持此定位的论者认为，该定位准确体现了律师向社会提供法律服务的职业特点，从而使律师区别于国家工作人员；另外，执业人员的界定表明律师必须依法取得执业证书，才能执行业务活动，这表明我国律师不同

---

① 参见韩荣营《论律师及律师事务所的定位——兼驳律师事务所为中介机构之定性》，载《广西政法管理干部学院学报》2005年第4期。

于自由职业者，同时也将律师与其他法律服务人员区别开来。还有其他论者认为，这一定位从法律制度上保障了律师为社会提供法律服务的职责，有利于律师依法、公正地自主执业；有利于壮大律师队伍，提高律师素质并树立律师良好的形象，充分发挥律师在社会主义法制建设中的积极作用。①

与此同时，一些论者也对这一定位进行反思：有论者认为，将律师定位为法律执业人员，只是从技术层面对律师服务、中介属性的一种功能描述，没能反映出律师应当具有的政治、社会、公益、司法等其他属性。还有论者认为，这一律师角色定位偏重于商业化，仅仅反映了律师有偿服务的市场属性，导致一些律师在为社会提供法律服务的同时，偏重追逐个体利益，从而造成其社会责任感的缺失和对法律价值追求的丧失。另外，一些论者指出，"现行'为社会提供法律服务的执业人员'的定位意味着律师就是为委托人提供法律服务的民间执业人员，偏重律师以其专业化的匠技能力对社会需求的某种适应，律师没有政治地位和前途，律师在维系和改善'政治—社会'结构方面的潜在功能也就无法发挥"。②

对律师角色的定位，从最早的"国家法律工作者"到"社会法律工作者"的转变，是个明显的进步，因为律师的服务对象及律师维护个人权利的职能更加明确。但是，有关"社会法律工作者"的认识，显然不能反映出律师的应有属性，也已经不能全面体现律师所肩负的使命，也就无法适应在法治社会和市场经济浪潮中的发展。

（三）我国律师定位理论发展

1. 自由职业者

有很多论者将律师定位为提供法律服务的自由职业者。其一，有论者提出，律师权利既不是国家权利也不是社会权利，而是公民个人权利的延伸，中国社会正在从政治社会向政治国家和市民社会二元分立的社会转型，从市民社会的角度来看，将律师角色应定位为提供法律服务的自由职

---

① 参见程荣斌主编《中国律师制度原理》，中国人民大学出版社 1998 年版，第 46 页。

② 苏越、戴隆云：《从中西方律师社会角色比较中看中国律师定位》，载《理论与现代化》2010 年第 2 期。

业者更加准确。① 其二，有论者认为，市场经济强调身份平等、意志自由和经济交往中的等价有偿，律师作为市场经济的主体之一，也必须以独立、自由的身份，才能和其他市场主体订立契约，进行等价交换，律师应具有社会性和商业性，所以定位为自由职业者更合适。其三，还有论者认为，律师具有的独立于司法机关与行政机关的地位及执业自由，对于律师职业的生存和发展至关重要，律师的这种独立性对于公民维护自身权利以及维护现代自由社会的架构也具有重要价值，因此独立性是律师职业的最主要特征，而独立性特征的最佳表述莫过于自由职业者，所以律师界定为自由职业者具有正当性。② 其四，另有一些论者认为，自由职业者的定性表明了律师区别其他法律职业者的特质，比如业务性、独立性、自主性以及自治性，这种定位有利于律师充分发挥能动性和积极性。

"自由职业者"的定位招来了一些论者的反对，持批评态度的观点有以下几个方面：其一，"自由职业者"这一定位虽然强调了律师的独立性，但没有明确律师所具有的政治、公益等其他属性，因而无法将律师同医生等其他被认为是自由独立执业的专业人员区分开。其二，"在我国目前的状况下，这种角色定位，很难提高律师的社会地位，不能充分实现律师的功能，充其量只能使律师在法律技术层面上发挥优势，而难以使律师直接进入国家政治生活，在更深层次的制度层面上有所作为"。③ 其三，还有论者担心，这种称谓容易将律师引入商业化的深渊，一方面律师会以商人自居，一味追求金钱利益，甚至为了金钱利益而不择手段，另一方面当事人会把律师作为商人看待，其结果只能是损害律师在人们心目中的地位和形象。其四，另外有一些论者指出，实行律师的自我管理是保持律师职业独立和发展的最佳方式，而我国目前的律师自治状况较差，律师协会发展很不完善，就目前来讲将律师定位为自由职业者还不太现实。

在"自由职业者"的观点基础上，有论者提出，将律师定位为"自由法律职业者"的观点，这种观点认为律师是特殊的自由职业者，律师

① 参见陈兴良《七个不平衡：中国律师业的现状与困境》，载《中国司法》2005 年第 3 期。

② 参见陈卫东主编《中国律师学》，中国人民大学出版社 2006 年版，第 31 页。

③ 孙文胜：《论我国律师的角色定位》，载《河北法学》2005 年第 4 期。

有权进行自治性管理，独立自由地进行执业活动，与此同时，律师作为法律人，也应在执业活动中维护法律公正及促进社会公共福祉，国家也要为具有法律职业者身份的律师创造良好的执业环境。①

2. 司法辅助人员

有的论者提出"司法辅助人员"的概念，也有论者称为"相对独立的准司法人员"。所谓"司法辅助人员"是指参与司法活动的进程，发挥自身在司法活动中的价值，协助司法目标实现的人员。有持此观点的论者认为："律师虽不是司法人员，但属于司法活动的重要组成部分，是司法程序运作过程中不可缺少的一环，制约监督着司法程序的正常运转；律师虽不主导司法程序进程，但参与司法过程，有助于协助司法公正的实现。"②"司法辅助人员"与"在野法曹"的概念相近似，"法曹"一词最早发源于中国，是古代官职名称的一种，现在这一名词在日本、韩国等东亚成文法体系国家中还保存着，"在野法曹"也可称为"民间司法人员"，其作为法律职业共同体中的一员，与法官、检察官共同践行法治。

另外论者提出了"自由职业者"和"司法辅助人员"双重定位的观点，该论者认为，根据法治社会的要求，律师职业定位要符合"法律至上"和"权利优位"的法理，所以律师除了独立执业外，还承担着维护法律正确实施的责任，"自由职业者"和"司法辅助人员"的双重定位既能反映律师的本质属性，又能体现律师所肩负的使命，此定位既有利于律师独立执业，又有助于提高律师的社会地位，彰显律师在法治国家建设中的独特作用。③

3. 社会法律监督者

有论者提出，现代社会中律师的基本定位应是社会法律监督者，即律师作为现代社会中一支独特的法治力量，正确表达权利、制衡权力滥用。该论者认为，"自由职业者论"或是"行业论""职业论"都没有体现律

---

① 参见陈卫东主编《中国律师学》，中国人民大学出版社2006年版，第33页。

② 陈海：《律师职业的本质属性与律师职业定位的应然性思考》，载《内蒙古农业大学学报》2010年第1期。

③ 参见陈海《律师职业的本质属性与律师职业定位的应然性思考》，载《内蒙古农业大学学报》2010年第1期。

师的本质属性，有效的司法监督不仅包括检察监督，还应包括社会监督，其中律师监督具有重要的价值，将律师作为社会法律监督者，有助于更好地保障权利，制约权力。社会法律监督者的定位使得律师提供法律服务的行为有了一个基本的立场，有利于提高律师的地位，充分发挥律师对司法权力的制约作用。①

4. 社会正义的工程师

有论者将律师定位为社会正义的工程师。该论者提出，律师面临着职业道德和社会道德的冲突，虽然制度合乎道德地要求律师去做在社会公众看来不合道德的事，但律师也应当进行道德自省，在执业活动中平衡公私利益，恪守道德底线，在加强律师独立性、更好地维护委托人的利益和促进社会正义的实现等方面作出努力。②

对此，有论者提出了不同看法，其认为，律师的定位是由一系列客观现实条件决定的，如果抛开客观现实情况，"律师是社会正义的工程师"这一论断便无从谈起。该论者进一步指出，律师的定位要关注律师与法律、律师与其他法律职业之间的关系，由于我国现行法律无法为律师提供足够的保护，所以在我国，理想中的律师形象还远不能实现。③

5. 社会主义法律工作者

2008 年 10 月 25 日，第七次全国律师代表大会在北京召开。该会议要求，中国律师要做中国特色社会主义的法律工作者，忠实履行中国特色社会主义法律工作者的职责。

持支持态度的一些论者从理论和实践上对此定位进行了论证：首先，由于我们是社会主义国家，我们的法律是社会主义国家的法律，在社会主义制度条件下依靠社会主义国家法律工作的中国当代律师，只能是社会主义的法律工作者，不可能是资本主义的或封建主义的法律工作者，所以从

---

① 参见韦群林、林莉华《社会法律监督者——和谐社会构建中我国律师的基本定位》，载《法治研究》2007 年第 7 期。

② 参见熊秋红《律师与社会正义》，载中国法学网，http：//www.iolaw.org.cn/showarticle.asp？id＝2088，2013 年 3 月 4 日访问。

③ 参见冀祥德、孙远《律师是"社会正义的工程师"——看上去很美》，载中国法学网，http：//www.iolaw.org.cn/showArticle.asp？id＝2162，2013 年 3 月 4 日访问。

理论上看，这个社会主义法律工作者的定义是完全正确的。其次，从实践角度来看，律师是依社会主义国家法律的规定，通过国家司法考试取得资格，通过实习经国家批准成为执业律师，律师是以其全部的精力和工作维护社会主义法律制度的尊严，是天然的国家法治建设的维护者。最后，还有一些论者指出，律师不是国家、社会和法律的异己力量，是地地道道的社会主义法律工作者，应该受到国家、社会和人们尊重，我们应该很好地维护律师制度及律师的尊严，以推进国家法治建设的健康发展。① 然而，也有不少论者认为，这一定义虽然不再认为律师是国家法律工作者，但是由于社会主义是一种社会性质，因而将其与律师联系在一起，容易使律师的性质变得模糊不清。②

笔者认为，单纯地将律师定位为"自由职业者""司法辅助人员""社会法律监督者"等是不准确的，单一的定位不利于律师向更高更广的层次发展。"律师这一职业角色并不是单纯的法律人角色，而是兼有法律人、经济人、政治人、文化人等多重角色"，③ 律师除了自身的职业属性外，还有政治、社会、司法等属性；律师除了自身的法律执业活动外，还应更多地参与政治、社会公益等活动，在践行法治、维护公民权益方面发挥更大的作用。有论者曾说："律师兴则法治兴，法治兴则国家兴"，律师在维系和改善"政治—社会"结构方面的潜在功能正得到越来越多的关注，人们也开始更多地从律师职业的品格和理想层面，反思律师的角色定位问题。不可否认的是，我国的律师普遍缺乏对社会公益以及政治的热情，这也是导致中国律师地位偏低以及形象不佳的重要原因。当然，受制于当前中国政治、经济体制，理想的律师定位在中国还远不能实现，但是中国走向法治却是一个不可逆转的趋势。笔者认为，在法治视野之下的法律职业共同体中，公、检、法、律是推进社会法治进程不可或缺的四个车轮，此即所谓的"车轮说"——意在形象地说明律师在我国法治建设过程中作为法律职业共同体构建的不可或缺的地位与作用。笔者相信，作为法律职业共同体的一员，律师在国家法治建设中必将会发挥越来越重要的

① 参见王公义《律师是什么——新中国律师业 60 年五个发展阶段的理性思考》，载《中国司法》2009 年第 12 期。
② 参见谭世贵《律师法学》，法律出版社 2008 年 4 月第 3 版，第 4 页。
③ 赵锡龙：《律师定位初探》，载《法制与社会》2011 年 2 月刊（下）。

作用，也必将与公、检、法一起，成为推动我国法治进程的不可缺少的重要力量。

小　　结

回顾新中国成立六十多年来，律师的定义从笼统到全面，律师的性质和定位从不确定到逐步清晰，律师制度从无到有，律师法从粗糙到逐步完善，律师法学从零星散乱到相对系统专业，可以说，我国的律师制度取得了飞跃性的发展。在我国，律师肩负着维护法律的正确实施、维护公平正义和维护当事人合法权益的特殊历史使命。通过接受当事人委托或者依法指定为当事人提供法律服务，律师得以在诉讼或其他业务开展的过程中维护法律的正确实施，进而促使社会公正的实现和当事人合法利益的最大化。如何根据我国政治、经济、文化的发展状况，相应地完善律师制度，发展律师法学，明确界定符合我国国情的律师性质和定位，是我国律师制度发展过程中所必须重视的重要问题。只有这样，才有可能充分发挥律师制度在我国社会主义法治建设中的重要作用。

第 二 章

律师素质与律师资格制度研究

律师素质与律师资格制度是研究律师法学的基础内容。广义上的律师资格，包括法律职业资格、律师从业条件、律师执业的门槛以及律师的职业素质等内容。由于律师行业的专业化特征，使得律师资格制度具有了与医师资格制度一样的不容置疑的正当性。从本质上看，律师职业与医生职业具有很大的相似性。首先，二者所服务的对象都是面临着一定的困难或危险而且需要专业人士来帮助的人。病人面临的是疾病对健康的威胁，通常病人自己无法医治，需要具有专门医学知识和技术的医生的帮助；委托人面临或者已经受到人身、财产利益等的损失或者是面临国家刑事指控的危险，其由于专业知识或者心理素质的原因，往往不能有效为自己代理或者辩护，需要由具有法律专业知识和技巧娴熟的人帮助其参与诉讼。其次，二者的行为都涉及重大的私人利益和公共利益。医生的专业水平和医德直接关系到病人的健康和生命，并且间接地影响到国家卫生事业的发展和国民素质的提高，所以，需要建立医生资格准入制度，对从事医疗行为的主体设定严格的资格限制；律师的代理或者辩护行为直接影响到委托人的合法权益的保障，进而影响到司法公正与社会安全。因此，同样需要对律师的素质要求以及律师资格予以规定。

第一节 律师素质

自 21 世纪以来，专门针对律师素质的研究并不多见。有论者将律师素质界定为一种"职业素质"，认为律师素质具有职业化的特点，是一个专业性概念。律师素质反映了国家和社会对律师职业的基本要求，制约着律师在社会生活中发挥作用的程度，也是律师赢得人民群众信赖与尊重的关键所在。① 律师素质与律师的性质及其角色定位密不可分，同时，其内涵和外延又与律师执业条件、律师职业道德等概念有所区别。一方面，律师素质在内涵上更加深刻，是一种内在的标准；另一方面，其在外延上更加丰富，是一种综合性的条件。研究律师素质是研究律师准入和退出制度发展的基础和前提。

一 律师素质的基本含义

有论者认为，律师素质是作为一名律师所应具有的政治理论水平、个人道德修养、律师执业能力和职业技巧等多方面的综合条件，② 是从事律师执业所需要具备的多处的自身条件，包括生理、心理、气质、智力、知识、能力、品质等各种要素的总和。③ 律师素质与律师执业的条件、标准或者律师职业道德准则等概念的含义均有所不同，区分律师素质与这些概念的关系，有助于更好地理解律师素质的内涵，提高对律师素质的认识，研究提升律师素质的途径和方法，进而促进律师事业的发展。

(一) 律师素质与律师执业条件

有论者认为，律师素质与取得律师资格所应具备的条件是有区别的。取得律师资格的条件是一种更加明确、硬性的标准，是对于那些准备从事律师执业的人的最低要求。④ 符合这些条件的人，只能说明其具备了从事律师职业的基础，而并不能全面反映其素质达标。以律师的业务素质为例，有论者认为，律师的业务素质主要体现在对法律的认知、理解和运用方面；国家司法考试作为成为执业律师的先决条件，其较为广泛地考查了应试者的法律知识，通过司法考试者具备了执业的基本业务素质。然而记得好"法条"并不等于运用好"法律"，准确而灵活地综合运用法律的能力才更能体现律师的业务素质的要求。⑤ 因此，律师素质是一种内在的条件，较之执业条件具有更为广泛丰富的内容，标准也更加严格，并带有鲜

① 谭世贵主编：《律师法学》，法律出版社 2008 年 4 月第 3 版，第 40 页。

② 同上。

③ 陈磊：《律师素质谈》，载《法制博览》2012 年第 11 期。

④ 谭世贵主编：《律师法学》，法律出版社 2008 年 4 月第 3 版，第 40 页。

⑤ 聂长建等：《律师素质浅议》，载《中国司法》2012 年第 6 期。

明的实践检验特性。①

（二）律师素质与律师职业道德

有论者认为，律师的职业道德大致是指从事律师职业的人所应信奉的道德准则，以及在执行律师职务过程中所应遵守的道德规范。② 由此不难看出，相较律师素质，律师职业道德是一个范围更小、更加具体的概念。

就两者的关系而言，有论者指出：提倡和遵守律师职业道德，有利于提高律师素质。律师要履行自己的职责，必须要具备多种素质，如政治理想、道德品质、专业知识、工作经验等，这些素质可以归纳为思想素质与业务素质，缺一不可。思想素质作为一个人的精神境界不但在一定条件下制约着业务素质，决定着业务素质的方向，而且它向律师提出了更高的标准和要求，倡导律师要有为人民服务和敬业奉献的精神，强调律师的社会责任，这无疑有助于律师提高自身素质，尽心尽责。③ 可见，律师职业道德是影响和评判律师素质的一个重要因素。

二　律师素质的主要内容

关于律师素质的主要内容，观点不一。其一，律师素质二元说认为，律师素质主要包括业务素质与道德素质两个方面。④ 也有论者将这里的"业务素质"进一步解读为"专业素质"，专业素质相比于业务素质包含了更多层面的要求。该论者认为，律师素质应当是道德素质与专业素质的有机组合；道德素质是律师素质的基础，它包括思想道德素质与职业道德素质两个方面，其中职业道德要求是律师道德素质要求的核心；而专业素质是律师素质的核心，是律师执业的根本。律师的专业素质与道德素质是互相促进、相辅相成的。律师有德无才可能会误事，但有才无德则会坏事。⑤ 其二，律师素质三元说认为，律师素质问题主要包括律师的政治素

---

① 谭世贵主编：《律师法学》，法律出版社 2008 年 4 月第 3 版，第 40 页。

② 同上书，第 100 页。

③ 同上书，第 102 页。

④ 聂长建等：《律师素质浅议》，载《中国司法》2012 年第 6 期。

⑤ 蔡科云：《新〈律师法〉背景下的律师基本素质刍议》，载《湖北第二师范学院学报》2009 年 10 月版。

质、业务水平以及职业道德素质的问题。① 其三，律师素质四元说认为，其主要包括政治素质、业务素质、心理素质与作风素质几个方面。② 也有论者认为，一名合格的律师应当具备良好的政治素养、优秀的道德素质、过硬的业务素质与良好的心理素质四个方面。③

综观论者关于律师素质的讨论，我们认为，律师素质的内容可以归纳为思想政治素质、职业道德素质、业务素质、心理素质、作风素质五个方面。

（一）思想政治素质

有论者认为，一段时间以来，部分律师存在着自由化、商业化、个体化的思想认识，表现为理想信念动摇、社会责任感不强、片面追求经济利益、商业化趋势严重，对权力、金钱、地位的过度关注，亦可能导致高质量的法律服务无法服务于保障多数中低收入者的利益。因而对律师的思想道德素质的"强制性"要求，成了律师能够在纷繁复杂的利益冲突的环境中保持清醒的头脑、理性的方向判断的应有之义。④ 律师具备基本的政治素质，是其抵御职业风险、确立正确的价值观、职业观与树立正面形象、扩大积极影响的前提条件。

有论者认为，思想道德素质与政治素质是有机的整体，他们都要求律师具有强烈的爱国主义精神，坚持马列主义、毛泽东思想、邓小平理论和"三个代表"重要思想，坚持科学发展观，具有构建和谐社会的思想，树立社会主义法治理念，全心全意为当事人服务的思想，参政议政以及坚持真理，主持正义。第一，要求律师具有强烈的爱国主义精神，一方面要求律师关心祖国的前途和命运，作为法律职业共同体的重要成员，律师应将个人的得失成败与祖国的前途命运紧密联系在一起，积极投入到全面建成小康社会的伟大事业中去；另一方面还要求律师在涉外业务活动中坚定不移地维护国家主权和利益。⑤ 第二，要求律师坚持正确的政治方向，要有

① 李天昊：《律师在我国法治建设中的作用》，中国社会科学院研究生院 2009 年硕士学位论文。

② 谭世贵主编：《律师法学》，法律出版社 2008 年 4 月第 3 版，第 41—50 页。

③ 陈磊：《律师素质谈》，载《法制博览》2012 年第 11 期。

④ 蔡科云：《新〈律师法〉背景下的律师基本素质刍议》，载《湖北第二师范学院学报》2009 年 10 月版。

⑤ 谭世贵主编：《律师法学》，法律出版社 2008 年 4 月第 3 版，第 41 页。

坚定的政治立场和高度的鉴别力、政治敏锐性；要坚持三个至上的总要求。既然我国的律师制度是社会主义司法制度的重要组成部分，律师就是社会主义的法律工作者。① 律师应当能够贯彻执行党的路线、方针、政策，党员律师还应在律师工作中发挥模范带头作用，如能够按照司法部提出的《加强新形势下律师队伍党建工作的指导意见》的要求。第三，要求律师能够坚持科学发展观，理论联系实际，积极主动抓住重点，抓住要点，开展法制研究，提供法律服务。比如中华全国律师协会《为应对金融危机，保持经济平稳较快发展，提供优质法律服务的意见》（2009），鼓励律师克服困难、服务发展，围绕金融、外商投资、证券、银行等业务，提供法律服务并积极拓展为"三农"提供法律服务，以配合政府推进关键环节和重点领域的改革。第四，要求律师能够始终一贯地坚持四项基本原则，有大局意识和社会责任感，更好地为改革开放和社会主义民主与法制建设服务，比如中华全国律师协会《关于律师办理群体性案件指导意见》（2006）就要求，律师办理群体性案件（土地征用征收、房屋拆迁、库区移民、企业改制、环境污染以及农民工权益保障等方面案件），除应该恪守职业道德、执业纪律和其他行业规则外，还应遵循该《指导意见》，应接受司法行政机关的监督与指导，而律师协会则要监督、规范和保护律师依法办理群体性案件。第五，要求律师能够培养和树立正确的人生观和价值观，不受金钱、利益的引诱或权力的不当干预，有强烈的正义感和使命感。对律师来说，最根本的价值是为公众服务的精神。如司法部《关于开展法律援助工作的通知》中要求，为了使经济困难或特殊案件的当事人享受平等公正的法律保护、完善社会保障制度、健全人权保障机制，每名律师都应按规定承担法律援助义务，② 等等。司法部部长吴爱英曾指出，"律师制度是国家法律制度和司法制度的重要组成部分，律师工作具有很强的政治性、法律性，广大律师作为社会主义法律工作者，必须具备良好的政治素质"。"牢固树立并自觉践行社会主义法治理念"，"自觉抵御西方错误政治观点、法学观点的影响，以实际行动建设和捍卫

---

① 李永成等：《关于律师政治素质与社会责任问题的思考》，载《政法论丛》2011 年 12 月第 6 期。

② 蔡科云：《新〈律师法〉背景下的律师基本素质刍议》，载《湖北第二师范学院学报》2009 年 10 月版。

中国特色社会主义事业"。①

（二）职业道德素质

有论者认为，律师职业道德素质的重要性，可以通过这个假设来说明：如果律师职业道德素质低下，那么"所谓'圣职'的光环势必消失殆尽，部分律师将堕落成浑身散发着铜臭气的奸商或者趋炎附势的政治掮客"。②

有论者指出，律师职业的特殊性决定了对其道德提出了与社会普遍认识的道德相比更高的要求，这指的就是律师的职业道德素质。

有论者认为，《律师法》第3条规定律师应"恪守律师职业道德和执业纪律"，实际上就是对律师得到素质的要求。③

多数论者认为，律师承担着重要的社会责任，应以维护当事人的合法权益、维护法律的正确实施，维护社会公平与正义为使命。④ 职业道德素质的具体表现主要包括"服务于当事人"和"遵守执业纪律"两部分内容：服务于当事人，要求律师将维护当事人的合法权益作为首要职业道德内容，同时还要求在尊重事实和法律的基础上对当事人忠心不二；职业道德素质的另一部分，便是严格按照《律师法》的有关规定遵守执业纪律。"每个律师应以高尚的道德标准要求自己，模范遵守宪法和法律，诚信执业，尽职执业，积极参加律师文化建设，努力形成中国特色社会主义律师执业精神，不断提高自身的社会公信力。"⑤ "律师应该敢于坚持真理、勇于主持正义，不畏强暴，不惧权贵，扶助弱小，保护无辜。"⑥ "律师既是当事人的卫士，又是法律人的组成部分，律师的一言一行不仅要维护当事人的权益，还要维护法律的公信力和司法公正。"⑦

---

① 吴爱英：《广大律师要努力为夺取全面建设小康社会新胜利建功立业》，载《中国律师》2009年第1期。

② 季卫东：《律师的重新定位与职业伦理》，载《中国律师》2008年第1期。

③ 聂长建等：《律师素质浅议》，载《中国司法》2012年第6期。

④ 谢增毅：《提高职业素质·完善法律制度——首届"法律职业高层论坛"综述》，载《中国社会科学院院报》2006年4月18日第2版。

⑤ 吴爱英：《广大律师要努力为夺取全面建设小康社会新胜利建功立业》，载《中国律师》2009年第1期。

⑥ 谭世贵主编：《律师法学》，法律出版社2008年4月第3版，第44页。

⑦ 聂长建等：《律师素质浅议》，载《中国司法》2012年第6期。

　　可以说，只有具备了良好的思想政治素质和职业道德素质，律师才能在我国法治建设中发挥切实有效的作用。

　　（三）业务素质

　　有论者认为，律师在法律职业的内部结构中处于基础的位置，律师的业务范围总体来说超过了法官和检察官，律师应当掌握法律职业最基本、最全面的专业知识和职业技能。[①] 普通法国家有从律师中选拔法官的传统，这是普通法国家的法官具有较强专业素质和实务经验，法官队伍保持极强的生命力和价值的原因所在。

　　有论者认为，律师的业务素质是指律师所必须具备的在实践中解决问题的知识和能力，[②] 包括具备相应的知识体系、科学的思维方式、较强的文字表达能力、精确的语言表达能力、雄辩的才能、较强的应变能力以及良好的人际交往能力。首先，相应的知识体系包含扎实的法学专业知识，如及时更新的法律法规以及新出现的法律问题，以及广博的复合知识结构——一位高素质的律师必须知晓相关自然科学和社会科学的内容，[③] 要懂得政治学、经济学、社会学、心理学、科学技术等以及国内外的重大形势等等，专业律师还要懂得本专业的常识或者流程的知识[④]。中国加入世贸组织后，律师界掀起一阵提高自身素质、努力适应新形势的风潮，律师社会责任意识的不断增强与律师在经济与法治建设中作用的提高，成为当时对律师素质提出的新要求。[⑤] 而随着中国对外贸易的不断发展与中国企业在国际贸易中的竞争力不断提高，全国律协拟订了 2012—2015 年人才培养规划，将在 4 年间着力培养 300 名左右精通相关领域业务和国际规则、具有全球视野、有着丰富执业经验的一流律师人才。同时，全国律协将建立律师人才库，积极推荐库内专家律师参与国际组织合作项目或到国际组织、区域组织担任职务；与相关机构沟通协调，探索配合有关部门推荐优秀涉外律师进入国际经济、贸易组织的专家机构、评审机构、争端解决机

　　① 谢增毅：《提高职业素质·完善法律制度——首届"法律职业高层论坛"综述》，载《中国社会科学院院报》2006 年 4 月 18 日第 2 版。

　　② 谭世贵主编：《律师法学》，法律出版社 2008 年 4 月第 3 版，第 44—48 页。

　　③ 陈磊：《律师素质谈》，载《法制博览》2012 年第 11 期。

　　④ 谭世贵主编：《律师法学》，法律出版社 2008 年 4 月第 3 版，第 45 页。

　　⑤ 刘健：《社会责任与执业自由：入世后律师业面临的两难选择》，载《中华全国律师协会国际专业委员会 2001 年会论文集》。

构等，争取确立全国律协人才库的权威推荐权，加大中国律师在国际法律服务市场中的影响力和话语权。① 这里提到的精通国际业务、具有全球视野和丰富职业经验，便属于对涉外律师业务素质的新要求。其次，科学的思维方式要求律师具备分析判断、综合推理的严密的逻辑思维能力；较强的文字表达能力，要求律师在制作法律文书时做到字迹工整、用词贴切、表述准确、条理清楚、层次分明；精确的语言表达能力，要求律师在执业活动中具有正确、流利地表达自己看法和观点的才能；雄辩的才能，要求律师在参与谈判以及法庭辩论中，做到有理有节、动之以情、晓之以理、据之以法；较强的应变能力，要求律师在开展业务的过程中，对于发生的新情况、新问题，能够以马列主义基本原理为指导，以法律为准绳，果断地作出相应而妥善的处理；良好的人际交往能力，是指律师在人际交往中坚持平等、互利、诚实信用、宽容等原则。② 此外，市场经济的竞争性、开放性、国际性决定了律师法务的开放性、国际性和多层次性。这样对律师语言的要求也是综合性的。外向型律师业务，需要律师懂得多国语言。专业领域的律师业务，需要律师懂得该专业的话语系统。这亦是新形势下对律师执业语言能力的新要求。③ 以上这些能力对一名律师来说，皆乃专业素质过硬的表现。

还有论者指出，律师的业务素质要求律师既要把握法律原则，又要熟悉法律历史，还会运用法律智慧。④ 前两者则是指法律的知识体系和实践经验，法律智慧从广义上讲，则包括了以上提到的各方面的能力。此外，律师还应当具备对世事透彻的洞察力和领悟力。⑤

（四）心理素质

良好的心理素质是律师得以正确履行职责的保证之一。有论者提出，心理素质包括凛然的正气、坚强的意志、高度的责任感和强烈的正义感以

---

① 参见李娜、曾敏《着力培养高素质涉外律师人才》，载《法制日报》2012 年 9 月 1 日第 5 版。

② 谭世贵主编：《律师法学》，法律出版社 2008 年 4 月第 3 版，第 45—48 页。

③ 蔡科云：《新〈律师法〉背景下的律师基本素质刍议》，载《湖北第二师范学院学报》2009 年 10 月版。

④ 聂长建等：《律师素质浅议》，载《中国司法》2012 年第 6 期。

⑤ 马宏俊主编：《〈律师法〉修改中的重大理论问题研究》，法律出版社 2006 年 12 月版，第 190 页。

及理智、外向、沉稳等心理因素。此外，一名合格的律师应该注意克服狭隘的胜败观和错误的荣辱观，尽可能地避免心理失误，以适应律师职业的需要。①

笔者认为，律师自身的人生观、世界观、价值观的正确树立与心理素质密切相关。从这一点来看，律师的心理素质一方面与思想政治素质和职业道德素质的形成有直接的关系。另一方面，它也是专业素质的一种体现和要求。

（五）作风素质

有论者认为，作风素质是指律师在执业活动中的工作态度和精神风貌，只有赢得委托人的充分信任，才能保障业务活动的顺利开展。这是律师具备优良的专业素质的直观外在体现。具体而言，认为作风素质包括文明礼貌、不亢不卑，遵守时间、讲究效率，仪容整洁、举止高雅，等等。②

第二节　律师资格

律师资格作为成为律师的前提条件之一，在《律师法》中有专门的规定，是律师法学研究的基础组成部分。根据 2012 年《律师法》的规定，律师是依法取得律师执业证书，接受委托或者指定，为当事人提供法律服务的执业人员，承担着维护当事人合法权益、维护法律正确实施、维护社会公平和正义的重要使命。律师能否完成其被赋予的使命，很大程度上取决于律师素质的高低。因此，国家对于律师行业设立了行业准入的标准，律师资格便是律师准入的起始要素。在律师资格制度上，主要存在两种类型：一种是法律职业资格与律师执业资格具有合一性，即取得法律职业资格的同时便获得了以律师身份执业的资格和许可；另一种是法律职业资格与执业资格相分离，即取得职业资格并不意味着能够直接以律师身份从事法律事务，而是还须符合法律规定的其他条件。我国现行的律师资格制度采用的是第二种类型。

---

① 谭世贵主编：《律师法学》，法律出版社 2008 年 4 月第 3 版，第 48—49 页。
② 同上书，第 49—50 页。

一 律师资格制度的发展

（一）我国法律职业资格制度的发展状况

2012 年《律师法》第 5 条规定了法律职业资格与律师执业资格相分离的制度，即申请律师执业的条件除了通过国家统一司法考试以外，还要求拥护宪法，品行良好，在律师事务所实习满一年并达到合格要求等。

相较一些法治发达国家，我国法律职业资格制度的历史发展较晚。新中国成立后，我国效仿苏联建立了"新律师制度"，把律师纳入国家公职范围统一领导、统一工作；① 律师资格的授予采取律师事务所申报，地方司法行政机关审核批准，司法部备案制度。这种制度的积极作用在于，其有利于迅速建立一支律师队伍以满足当时社会的需要；其消极作用表现为，行政机关的审核方式主观随意性强，不利于保证律师队伍整体素质和质量以及发挥律师"维护当事人合法权益，维护法律正确实施，维护社会公平和正义"的作用。② 2001 年 6 月 30 日，全国人大常委会通过的关于修改《检察官法》《法官法》的决定中明确规定，初任检察官、初任法官须从通过国家统一司法考试取得资格的人员中选拔。同年 7 月，司法部根据上述全国人大常委会的两个决定，废止了其颁布实施的《律师资格考试办法》，同时最高人民法院、最高人民检察院、司法部联合发布公告，不再单独组织律师资格、初任法官、初任检察官考试，将举办首次国家统一司法考试，每年一次。③

有论者认为，从新中国成立至今，我国律师职业资格经历了"招录阶段""废除阶段""考核阶段""以律师资格考试为主、考核为辅阶段"，直至当前的"以统一司法考试为主、特许考核为辅阶段"。④ 也有论者认为，自 1979 年律师制度恢复以来，律师资格制度大致经历了三个发展阶段：第一阶段（1980—1986），法律人才相当匮乏，仅靠考核即取得律师资格阶段；第二阶段（1986—2000），律师队伍逐渐壮大，考试获

---

① 茅彭年、李必达：《中国律师制度研究》，法律出版社 1992 年版，第 28 页。

② 何悦主编：《律师法学》，法律出版社 2011 年 1 月第 1 版，第 84 页。

③ 同上书，第 85 页。

④ 谭世贵等主编：《律师权利保障与律师制度改革》，中国人民公安大学出版社 2010 年 11 月第 1 版，第 162 页。

得律师资格阶段；第三阶段（2002 年至今），取消律师资格考试，改为统一的全国司法考试，报考学历提高到本科。① 需要说明的是，在第二阶段国家统一采取律师资格考试之前，1984 年、1985 年江西省和北京市等地区，分别率先组织了区域内的统一律师资格考试，取得了良好的社会效果。

（二）法律职业资格的取得与丧失

一般认为，法律职业资格的取得条件包括积极条件和消极条件。积极条件是取得法律职业资格的条件。根据《国家司法考试实施办法》，积极条件包括：（1）具有中国国籍；（2）拥护宪法、享有选举权和被选举权；（3）具有完全民事行为能力；（4）是高等院校法律专业本科毕业或者高等院校非法律专业本科毕业并具有法律专业知识；（5）品行良好。消极条件是不能取得或者丧失法律职业资格的条件，包括：①因故意犯罪受过刑事处罚；②曾被国家机关开除公职或者曾被吊销律师执业证、公证员执业证的；③被处以两年内不得报名参加国家司法考试期限未满或者被处以终身不得报名参加的。

此外，考虑到我国地区发展的不平衡，司法部 2008 年发布的《国家司法考试办法》还规定，在一定时期内对民族自治地方和经济欠发达地区的考生，在报名学历条件、考试合格标准等方面采取适当的优惠措施。② 司法部还对港、澳、台的居民参加司法考试作了特殊的规定。③

二　律师资格制度的反思

2000 年前后，正值国家统一法律职业资格考试制度的前夕，有关律师资格以及律师资格考试制度的研究较多，关于律师资格制度的问题研究主要集中在以下几个方面：

（一）特许律师资格制度

我国对于律师资格的取得规定有考试取得和考核取得两种。律师资格

---

① 马宏俊主编：《〈律师法〉修改中的重大理论问题研究》，法律出版社 2006 年 12 月版，第 174—175 页。

② 谭世贵等主编：《律师权利保障与律师制度改革》，中国人民公安大学出版社 2010 年 11 月第 1 版，第 168 页。

③ 何悦主编：《律师法学》，法律出版社 2011 年 1 月第 1 版，第 86—88 页。

考试制度后来改革为国家司法考试制度；而对于通过考核获得律师资格制度即特许律师资格制度，则一直备受诟病。有论者指出，考核制度或称特许律师执业资格制度，是我国改革开放伊始律师制度重建的产物，其目的是解决当时律师数量短缺问题而设立的。① 特许律师资格制度的产生有其合理性。而无论是在 2007 年《律师法》修改过程中，抑或是 2012 年 3 月 5 日国务院法制办公布《特许律师执业考核条例（征求意见稿）》向社会征集意见时，对于该制度存废，始终存在着不同的意见。

支持者认为，设立该制度是解决统一司法考试制度局限性的有效途径。司法考试便于统一选拔一般性的人才，而不利于某些特定专业的专家进入律师队伍。就目前而言，我国律师队伍中能够提供国际金融、法律、证券、知识产权等国际专业及法律外语服务的人员仅 2000 人左右，难以满足社会需求。设立特许执业制度作为统一司法考试的补充，以便解决法律服务相关专业人才缺乏的问题。②

反对者认为，该制度存在以下弊端：第一，对于不经统一的国家司法考试而准予执业的情况，有损于司法考试的严肃性与权威性，违反了资格授予的公平性原则；法律的重要功能就是维护社会的公平正义，对从事法律工作的专业人员却存在不公平的选择办法，很容易让社会公众对法律执行者的法律素质产生疑虑，从而影响法律的公信力。③ 第二，根据《行政许可法》的精神，涉及公民资质、资格的许可项目，应当根据国家统一考试的结果来确定；《律师法》关于考核制度的规定与《行政许可法》规定相冲突的部分，应当根据新法优于旧法的一般原则，自动失效。第三，现有的考核制度，程序不公开，过程不透明，人为因素较多，极易滋生腐败，④ 不利于提高律师队伍的整体素质。许多反对特许律师制度的学者给出的一个重要理由是，该制度有可能会在司法领域滋生新的腐败。基于司法考试豁免而取得律师资格，不管设置什么样的条件，都存在大量的主观

---

① 马宏俊主编：《〈律师法〉修改中的重大理论问题研究》，法律出版社 2006 年 12 月版，第 176 页。

② 何悦主编：《律师法学》，法律出版社 2011 年 1 月第 1 版，第 94 页。

③ 赵发中：《"特许律师"能否在争议中坦然前行》，载《中国商报》2012 年 3 月 20 日第 3 版。

④ 马宏俊主编：《〈律师法〉修改中的重大理论问题研究》，法律出版社 2006 年 12 月版，第 176 页。

操作空间，难以让公众排除滋生腐败的疑虑。

（二）国家司法考试制度

关于现行的国家统一司法考试制度，学界及实务界人士褒贬不一。就该制度的积极作用而言，有论者指出，国家司法考试制度的建立，有利于推动我国的司法体制改革，为保证和提高法律职业人员的素质，加强法律职业人员的管理，保障法律职业人员依法履行职责以及保障司法公正奠定了制度基础。[1]

就该制度存在的问题，有论者早在 2000 年律师资格考试尚未改革为统一的法律职业资格考试时，便提出律师资格考试制度的三大弊端：其一，参加律师资格考试的专业化资质存在缺陷。这主要表现在两个方面：一是以高等院校法学专科学历作为律师资格考试的最低准入线，无法有效地保证执业律师具有较高的法学综合素质；二是以高等院校其他专业本科以上学历作为律师资格考试的补充性准入条件，不利于律师行业专业化水准的提升。其二，律师资格考试的价值取向与考试方式不相吻合，认为传统的闭卷考试使得考生在浩瀚如烟的法条记忆中殚精竭虑，无法考察其真实的法律综合素质。其三，律师资格考试的内容设计尚待完善，认为考试内容是单纯的法律知识，忽略了文字表达能力、逻辑思维能力等的考察。[2] 就司法考试的内容上的问题，许多学者持有相似的观点。如有论者认为，律师资格考试"重笔试，轻面试"；与现代化发展不相适应，缺乏外语测试；覆盖面太广，重点不突出；等等。[3] 还有论者认为，司法考试内容有些片面，忽视对法学理论、应用技能等方面的全面测试，知识面过于狭窄；由此选拔的人才强于记忆弱于思辨、创新，强于法律知识和能力的"通"，弱于律师、法官、检察官等不同职业所需知识和能力的"专"[4]。甚至有论者毫不客气地指出，"司法考试以偏题、怪题作为拉出差距的手段，使受过正常法学教育的人反而难以通过考试，违背了考试应当选拔具有法律素养的人的初衷，从这个意义上来讲，它是失败的。司法

---

① 何悦主编：《律师法学》，法律出版社 2011 年 1 月第 1 版，第 86 页。

② 陈卫东：《我国现行律师考试资格中存在的问题》，载《中国律师》2000 年第 10 期。

③ 沈红卫：《论我国律师资格考试制度》，载《河北法学》2000 年第 1 期。

④ 陈明华：《关于法律教育与我国统一司法考试的几点思考》，载中国法学教育研究会 2001 年年会文集网络版。

考试应当反映司法工作应当具备的能力，考查死记硬背的东西没有实际意义"。①

与上述观点认为律师资格考试的专业化资质存在缺陷相类似，有论者认为，法律职业资格考试的学历和选拔标准不统一。《律师法》规定了一定条件下学历条件放宽到法律专科；司法部的规章又规定放宽学历地区的合格线可以降低5—30分。虽然其立法目的是保证少数民族地区和贫困地区的法律职业队伍建设和促进经济发展，但是这样做不仅承认了我国不同地区法律人才水平上的差异要求，也违背了法律面前人人平等的原则。

还有论者认为，我国《律师法》规定非法律专业本科学历者可以参加司法考试是不符合规律的，一方面给法科学生就业和进入律师队伍增加了许多压力。另一方面，非法律专业本科学生缺乏系统的法律知识训练、明确的法律信仰以及法律人之间的身份认同感和共同的价值追求，不利于产生专业化的律师人才。②

有论者总结，从我国司法考试的学历要求可以看出，司法考试的总体导向是：轻视法律教育素养和司法经验，通过高难度的考试试题选拔决定是否授予司法资格。这种做法实际上把法律职业当作一般的专业技术，忽视了人文素养和法律经验，应当加以改革。③

（三）律师执业资格制度

针对我国长期以来地区间律师业发展不平衡、西部地区法律人才短缺的状况，国家司法考试制度采取了放宽报考条件和降分录取的两项措施。然而西部地区的司考通过率仍然远低于东部沿海地区，导致西部地区的法律职业队伍建设及法治建设受到严重影响。对此，有论者提出应当在全国"统一考试、分区划线"，以确保每个省份都有充足的律师人才队伍。但是有论者指出，这从根本上违背了司法考试的同一性、公平性与权威性。④

此外，学界普遍认为，律师执业资格申请的实习期间较短，如有论者

---

① 高一飞：《中美律师资格制度比较》，载《法治论丛》2006年1月第1期。

② 马宏俊主编：《〈律师法〉修改中的重大理论问题研究》，法律出版社2006年12月版，第178、186页。

③ 高一飞：《中美律师资格制度比较》，载《法治论丛》2006年1月第1期。

④ 谭世贵等主编：《律师权利保障与律师制度改革》，中国人民公安大学出版社2010年11月第1版，第192页。

指出，各国律师执业资格取得前的实习期间至少有两年，而我国现行法学教育体制本身不是职业教育，实习时间过短，不利于实习人员对法律专业知识和技能的全面系统掌握。①

三　律师资格制度的完善

对于律师资格制度的完善研究，主要集中于特许律师资格制度的存废与完善、国家统一司法考试制度的改革以及律师执业资格取得等方面。

（一）考核制度的存废与完善研究

支持保留考核制度的观点有：有论者认为，从当前法律服务行业的状况来看，允许一定数量特许律师的存在并非完全不合理，但是，必须从程序和范围上，都进行严格限制。② 全国人大常委会对《律师法》修订草案第三次审议过程中，有人提出完善建议，特定职业人员应当经国务院司法行政部门考核并应当最大限度地予以控制，应本着坚持急需、严格控制、确保规范的原则，制定相关法规，严格特许执业条件、实施程序和管控措施，防止这一制度被滥用，以保证其发挥预期作用，不对司法考试制度造成影响。③ 有论者提出了更加具体的方案，认为在目前我国律师结构还不够合理、律师整体素质仍比较低的情况下，不宜采取一刀切的办法，在原则上禁止考核的同时，设立律师特许执业制度。这一制度不涉及法律职业资格的授予，而是对于那些急需的专业领域具有特定较高条件（如具有高级专业技术职称或者具有该专业硕士以上学历，且具有高校法律专业本科以上学历）的人员给予"特许"。

主张取消考核制度的论者则提出，"紧缺领域"的法律服务正在得到改变。随着各法律院校加大了对"紧缺领域"法律人才的培养，律师协会也正在加大对执业律师在"紧缺领域"的业务培训，特别是近几年来律师学院的设立，对律师进行各类业务的专项培训，已储备了大量的后备

---

① 王进喜：《律师执业条件的完善》，载《中国律师》2001 年第 11 期。
② 赵发中：《"特许律师"能否在争议中坦然前行》，载《中国商报》2012 年 3 月 20 日第 3 版。
③ 王胜明、赵大程主编：《中华人民共和国律师法释义》，法律出版社 2007 年版，第 24—27 页。

力量，未来将有更多的律师培训以适应律师群体从事各领域的法律服务。①

（二）司法考试制度的改革与完善研究

1. 关于参加司法考试的条件

有论者认为，司法考试选拔的应当是法律精英，应当统一司法考试的参加条件，统一对学历的要求和授予法律职业资格的标准。如有论者提出，在目前规模较大的法律教育背景之下，完全有条件通过立法规定，只有取得正规法律院校法学专业本科毕业文凭的人，才能参加司法考试。②就非法律专业本科生可否报考问题，有论者认为，应当接受一定时间的系统法学教育或者修完规定的法学理论课程。③还有论者认为，一方面禁止最后学历为非法律专业本科生报考法律职业资格考试；另一方面，如果取得非法律专业学历后，又继续学习法律专业并取得法学学士、硕士、博士或者法律硕士的文凭，这样的复合型人才可以吸收到律师队伍中来。④

2. 关于考试形式与考试内容

关于考试的次数由一次变为两次的主张，实际上有两种截然不同的观点：一种观点认为，每年举行两次法律职业资格考试，以对应试人员的基本素质和专业知识分别进行考试；另一种观点认为，第二次司法考试应当安排在第一次考试通过者接受两年职业培训后进行，第一次考试针对通识教育，考查知识较为基础，通过率在 20%—30%，而第二次考试针对的是职业教育，包括笔试和口试，考查内容涉及职业道德、实务能力以及逻辑思维等，通过率在 80%—90%。这就涉及在我国建立与国家司法考试相适应的职业培训制度。此外，有论者对于命题专家的范围以及命题形式，提出应当加以严格限制的主张。⑤

关于考试内容，有论者建议，将内容划分为法律知识、文字表达、逻

---

① 赵发中：《"特许律师"能否在争议中坦然前行》，载《中国商报》2012 年 3 月 20 日第 3 版。

② 高一飞：《中美律师资格制度比较》，载《法治论丛》2006 年 1 月第 1 期。

③ 陈卫东：《我国现行律师考试资格中存在的问题》，载《中国律师》2000 年第 10 期。

④ 谭世贵等主编：《律师权利保障与律师制度改革》，中国人民公安大学出版社 2010 年 11 月第 1 版，第 163—188 页。

⑤ 同上书，第 182—183 页。

辑思维能力以及口才能力等测试部分。① 还有论者提出，增设法律文书考试卷、增加口试，将考试科目分为必修科目和选修科目，选修科目可根据我国的法律部门设定，要求考生根据自身的专业主攻方向选择 1—2 门，等等。② 更有论者建议，对司法考试应当分为两个部分，一部分是可以由机器阅卷的客观题考试，占 50%；另一部分是法律实务与写作能力的考试，占 50%，参加这个考试时，应当允许考生在考试时间带司法考试管理机构指定的法律汇编书籍入场并查阅。③

3. 关于律师资格的取得标准

为了保障国家司法考试制度的统一实施，同时切实解决西部地区法律人才短缺的问题，有论者提出，应当实行"全国统一降分，促使东、中部地区法律人才向西部流动"的措施，具体做法是确定两个通过分数线，以 360 分为甲类证书的分数线，该证书在全国通用；以 330 分为乙类证书的分数线，该证书仅适用于西部 12 省区。此外，有论者建议，在纳税方面给予西部地区律师以适当的减免政策。由此在保障司法考试制度统一性的前提下，促进律师人才的流动。④

4. 关于配套措施

有论者提出，为维护国家司法考试的权威性，促进法律职业的互动，应尽早建立国家司法考试的配套措施，包括：第一，通过国家司法考试的人员不必再参加公务员考试，在报名人数少于录用人数的情况下，在对报名人员进行有关资格审查后应当直接录用；第二，对于公务员考试及其他任用考试，如果该人员已经通过司法考试的，其中相应的法律科目部分应当免考；第三，建立法律职业共同体之间的职业互动机制，通过司法考试的人员在满足一定条件后，应当允许其在律师、法官、检察官三者之间自由流动，不宜形成有尊有卑的局面。⑤

---

① 陈卫东：《我国现行律师考试资格中存在的问题》，载《中国律师》2000 年第 10 期。

② 沈红卫：《论我国律师资格考试制度》，载《河北法学》2000 年第 1 期。

③ 高一飞：《中美律师资格制度比较》，载《法治论丛》2006 年 1 月第 1 期。

④ 谭世贵等主编：《律师权利保障与律师制度改革》，中国人民公安大学出版社 2010 年 11 月第 1 版，第 191—192 页。

⑤ 同上书，第 188 页。

小　结

"法律是一门艺术，它须经长期的学习和实践才能掌握，在未达到这一水平前，任何人都不能从事案件的审判工作。"① 这对于律师业务也同样适用。法律是一门科学，它具有高度的复杂性和技术性。律师的职务活动必须依赖于法律专业知识与技能，并非任何人都能胜任的，只有那些经过特殊的专业训练并达到一定程度的专门人员，才有资格从事律师业务。②

自 1979 年恢复律师制度以来，中国的律师制度已经走过了三十多年的发展历程。律师素质与律师资格制度作为律师制度的基础内容，从一定意义上代表着律师制度的兴衰与变迁。③ 律师职业的专业性决定了律师应该是受过高等教育、接受过严格的专业训练的专门人才，他们不仅应具备完备的法律专业知识、娴熟的法律业务操作能力、缜密的思维能力和敏锐的分析判断能力，还应具有崇高的职业道德，并受到严格的执业纪律的约束。而这些要求和条件，并非对律师职业群体妄加的苛刻限制，而是作为个体的被追诉人以及作为整体的国家司法对律师的客观要求，也是律师完成其在诉讼或者非诉业务中应承担的职责所必需的。

---

① Catherine Drinker Bowen, *The Lion and The Throne — The Life and Times of Sir Edward Coke*, Little Brown & Co（P）（April 1990），p. 305.

② 谭世贵等：《律师权利保障与律师制度改革》，中国人民公安大学出版社 2010 年 11 月第 1 版，第 181 页。

③ 冀祥德等：《建立中国刑事辩护准入制度理论与实证研究》，中国社会科学出版社 2010 年 10 月第 1 版，第 2 页。

第三章

律师权利与义务研究

律师制度是刑事司法制度的重要组成部分，笔者将公安机关、法院、检察院和律师，喻为国家法治建设所不可或缺的四个车轮①，以此来形象地揭示律师在整个刑事司法制度乃至整个国家的法治事业中的重要地位与作用。律师作为一个"法律人"，在为社会提供法律服务和为法治社会的发展出谋划策的同时，也应该享有与其身份、地位相一致的权利，之所以要强调这一点，是因为对律师权利的尊重和保障正是保障犯罪嫌疑人、被告人人权的需要，并且，只有有效地保障律师权利，才能保障律师职业抱负的实现，发挥律师应有的作用。因此，对律师权利进行研究非常具有现实意义。与此同时，没有无权利的义务，也没有无义务的权利，律师在执业过程中享有权利的同时，也应当承担相应的义务。全面理解和正确对待律师的权利和义务，是律师法学研究的重要课题。

第一节　律师权利

律师的权利是指律师在执业过程中依法享有的权利。对于执业律师的权利，可以从以下几个方面理解：首先，从内涵来看，它包括了三个方面：一是律师依法可以为一定行为；二是律师依法可以请求他人为一定行为或不为一定行为；三是律师依法执业受法律保护。其次，从律师权利的本质来看，它应当是一种职务性的权利，是律师以其职业人员的职务身

---

① 冀祥德：《公、检、法、律四轮缺一不可》，载于《中国律师》2007 年第 9 期。

份，向社会提供法律服务时所享有的特殊权利。律师如果不从事法律规定的业务活动，则不享有法律赋予的权利。最后，从律师权利的范围来看，它可以分为法定权利和继受权利。法定权利是律师从事业务活动所固有的权利，由法律直接赋予；继受权利是律师在业务活动中由当事人授予的权利。而单纯从权利角度来分析，权利是一个多种元素的集合体，对它的分类也是多种多样。从存在状态这个角度对权利进行分类，它可以分为应有权利、法定权利和实有权利（法定权利和实有权利也可以并称为已有权利）。律师作为权利的主体，自然也存在已有权利和应有权利之分。笔者认为，从现实法律层面来说，已有权利可以表述为现行法律规定的权利，而应有权利则可以归纳为现行法律未予规定且亟待增加或者完善的权利。本部分内容将从制度发展和理论研究两条主线进行论述。

一　律师权利的制度发展——以刑事辩护律师权利为例

从 1980 年的《律师暂行条例》到 1996 年的《律师法》，再到 2007 年和 2012 年两次对《律师法》的修改，以及在我国《刑事诉讼法》的制定与修改中，可以看出，律师权利是一个不断扩张的过程。概括来说，主要表现在以下几方面：

1. 接受辩护委托权。根据 2012 年《刑事诉讼法》规定，犯罪嫌疑人自被侦查机关第一次讯问或采取强制措施之日起，有权委托辩护人；在侦查期间，只能委托律师作为辩护人。被告人有权随时委托辩护人。侦查机关在第一次讯问犯罪嫌疑人或者对犯罪嫌疑人采取强制措施的时候，应当告知犯罪嫌疑人有权委托辩护人。同时，人民检察院自收到移送审查起诉的案件材料之日起 3 日内，应当告知犯罪嫌疑人有权委托辩护人。人民法院自受理案件之日起 3 日以内，应当告知被告人有权委托辩护人。犯罪嫌疑人、被告人在押期间要求为委托辩护人的，人民法院、人民检察院和公安机关应当及时转达其要求。犯罪嫌疑人、被告人在押的，也可以由其监护人、近亲属代为委托辩护人。辩护人接受犯罪嫌疑人、被告人委托后，应当及时告知办理案件的机关。这是 2012 年《刑事诉讼法》较之以往法律规定给刑辩律师赋予的新权利，有论者对此给予了肯定，认为将辩护律师介入诉讼的时间提前，可以让辩护人更广泛、更深入地行使辩护权，防止侦查阶段的司法不公，为有效、充分的庭审辩护提供条件，从而更好地保障犯罪嫌疑人、被告人的诉讼权利。

2. 拒绝辩护或代理权。2012 年《律师法》第 32 条第 2 款规定，律师接受委托后，无正当理由，不得拒绝辩护或者代理。但是，委托事项违法、委托人利用律师提供的服务从事违法活动或者委托人故意隐瞒与案件有关的重要事实的，律师有权拒绝辩护或者代理。对于刑事诉讼程序而言，刑事辩护和代理，既是律师的一项义务，也是律师的一项权利。就义务而言，律师接受当事人的委托后，就应该认真地履行自己的辩护职责，会见被告、查阅案卷材料、调查取证、发表辩护或代理言论等。但就权利而言，在此之前，律师有接受和拒绝辩护或者代理的权利。即便是在辩护或者代理的过程中，如果律师发现委托人委托的事项违法、委托人利用律师提供的服务进行违法活动，或者委托人故意隐瞒与案件有关的重要事实，律师均可以拒绝辩护或代理。

有论者指出，根据刑事诉讼法和律师法的有关规定，行使拒绝辩护权主体是被告人和辩护律师。在理论研究方面，律师的拒绝辩护权一直没能引起学界的关注。沸沸扬扬的贵州习水性侵犯幼女案引起了社会莫大的关注，其中，一些原本由司法部门为被告指定的辩护律师，以我不愿为这种人辩护为理由，拒绝为本案几名被告辩护。由此，律师的拒绝辩护权也引起了社会的重视，各界对该案律师的拒绝辩护褒贬不一，持肯定态度的主要是社会的普通公众，持否定态度的主要是学界和律师界的论者。

该论者进一步认为，由于我国在律师的拒绝辩护权方面的立法简单化，拒绝辩护的理由不科学，拒绝辩护程序和救济问题的法律空白，因而导致在实践中律师很难合理地利用拒绝辩护权甚至极易滥用此权利，该论者结合立法和实践现状，总结出几方面的缺陷，主要包括拒绝辩护的理由不科学、律师行使程序的规定空白、当事人救济问题的规定空白以及律师拒绝辩护后续权利的规定空白等几个方面。进而也提出，应当从完善"正当理由"的标准、规定行使的程序以及规定救济问题和明确律师拒绝辩护的后续权利等几个方面来进行补充性规定。

3. 会见权。根据 2012 年《律师法》第 33 条规定，犯罪嫌疑人被侦查机关第一次讯问或者采取强制措施之日起，受委托的律师凭律师执业证书、律师事务所证明和委托书或者法律援助公函，有权会见犯罪嫌疑人、被告人并了解有关案件情况。律师会见犯罪嫌疑人、被告人，不被监听。律师会见权是刑事在押犯罪嫌疑人或被告人获得律师帮助的重要组成部分，律师充分行使会见权，对在押人员的人权保障具有重要的意义。我国已经签署加入的联合国法律文件《关于律师作用的基本原则》第 8 条规定中赋予了律师充分的会见权，即遭受逮捕、拘留或者监禁的所有人应有充分机会、时间和便利条件，毫无迟延地在不被窃听、不经检查和完全保密的情况下接受律师来访和与律师联系协商。这种协商可以在执法人员看得见但听不见的地方进行。

有论者对会见权在我国相关法律中的规定进行了总结归纳，主要表现在以下三个方面：其一，"与犯罪嫌疑人会见"被明确定位为律师所享有的法定权利。刑事诉讼法和 1996 年律师法关于律师与犯罪嫌疑人会见的规定都是"可以会见"，而在语言学上，"可以"的语词强度不大，其中不包括"该当性"的含义，因而职权机关可以裁量决定是否允许其会见。2012 年《律师法》第 33 条规定律师"有权"会见犯罪嫌疑人。由此，"与犯罪嫌疑人会见"成为辩护律师的一项权利。这样根据《刑事诉讼法》第 16 条和 2012 年《律师法》第 36 条的规定，职权机关有义务保障律师依法享有会见权利。其二，会见的时间提前。2012 年《刑事诉讼法》第 33 条将律师有权会见犯罪嫌疑人的时间从犯罪嫌疑人被侦查机关第一次讯问后提前至犯罪嫌疑人被侦查机关第一次讯问时，从而使辩护律师会见犯罪嫌疑人的时间得以提前。其三，会见的限制减少。根据 1996 年《刑事诉讼法》的规定，律师会见在押的犯罪嫌疑人，侦查机关根据案件情况和需要可以派员在场。而依据 2012 年《律师法》第 33 条的规定，受委托的律师凭律师执业证书、律师事务所证明和委托书或者法律援助公函，就有权会见犯罪嫌疑人、被告人并了解有关案件情况。而且特别强调律师会见犯罪嫌疑人、被告人，不被监听。

4. 查阅案件材料和申请司法机关证据展示权。受委托的律师自案件审查起诉之日起，有权查阅、摘抄和复制与案件有关的诉讼文书及案卷材料。受委托的律师自案件被人民法院受理之日起，有权查阅、摘抄和复制与案件有关的所有材料。查阅、摘抄、复制案卷及有关的材料，是律师全面、详细地了解案情的手段，是相关法律赋予执业律师的基本诉讼权利之一，辩护律师在审查起诉阶段和审判阶段都依法享有阅卷的权利。《关于律师作用的基本原则》第 21 条规定了这种基本权利，即主管当局有义务确保律师能有充分的时间查阅当局所拥有或管理的有关资料、档案和文件，以便使律师能向其委托人提供有效的法律协助，应该及早在适当的时机提供这种查阅的机会。

5. 调查取证权。调查取证权，是指律师办理法律事务，有权向有关单位、个人进行调查，收集有关证据资料。2012 年《律师法》第 35 条第 2 款规定，律师自行调查取证的，凭律师执业证书和律师事务所证明，可以向有关单位或者个人调查与承办法律事务有关的情况。调查取证权是律师执业过程中的一项重要的权利，世界各国的程序法或者律师法以及相关的国际性文件均赋予了律师自行调查取证权，并强调了被调查机关和个人的积极配合之义务。有些国家的相关法律甚至还规定了被调查机关或个人不予配合的相关责任。2012 年《律师法》对于律师调查取证权的发展主要表现在以下两个方面，其一，没有像《刑事诉讼法》那样规定律师向被害人或者其近亲属、被害人提供的证人调查取证，须经人民检察院或者人民法院许可的规定。其二，2012 年《律师法》第 35 条明确规定律师可以申请人民法院、人民检察院调查取证。《刑事诉讼法》中有这方面的规定，但 2007 年《律师法》对此没有明确规定。

6. 阅卷权。2012 年《律师法》第 34 条对律师的阅卷权作了明确规定。这一规定对辩护律师阅卷权的发展主要体现在以下两个方面：其一，"阅卷"被明确定位为律师所享有的法定权利。《刑事诉讼法》第 38 条关于律师阅卷的规定是"可以阅卷"，如前述，"可以"不包括"该当性"的含义，职权机关可以裁量决定是否允许其阅卷。而 2012 年《律师法》第 34 条对律师阅卷的规定是"有权阅卷"，表明"阅卷"被明确定位为律师所享有的法定权利，这样职权机关就有义务保障辩护律师这项权利的实现；其二，有权查阅实质性案卷材料的时间提前。根据 2012 年《刑事诉讼法》第 38 条的规定，辩护律师自人民检察院对案件审查起诉之日起，可以查阅、摘抄、复制本案的诉讼文书、技术性鉴定材料。而这些材料并非实质性的案卷材料，对律师辩护权的行使帮助不大。根据 2012 年《律师法》第 34 条的规定，受委托的律师自案件审查起诉之日起，有权查阅、摘抄和复制与案件有关的诉讼文书及案卷材料。这样辩护律师自案件审查起诉之日起就不仅有权查阅、摘抄、复制诉讼文书，还有权查阅、摘抄、复制实质性的案卷材料。

7. 辩论权或辩护权。2012 年《律师法》第 36 条规定："律师担任诉讼代理人或者辩护人的，其辩论或者辩护权利依法受到保障。"主要包括，对法庭不当询问的拒绝回答权，发问权，提出新证据的权利，质证权，以及参加法庭辩论的权利。

8. 庭审言论豁免权。这是新律师法在原有法律的基础上对律师法进行的权利扩充，所谓辩护律师的庭审言论豁免权是指，辩护律师在刑事诉讼中为履行辩护职责所发表的有关言论免受刑事、民事等追究。我国2007 年《律师法》和《刑事诉讼法》对此都未作规定。2012 年《律师法》第 37 条规定："律师在执业活动中的人身权利不受侵犯。律师在法庭上发表的代理、辩护意见不受法律追究。但是，发表危害国家安全、恶意诽谤他人、严重扰乱法庭秩序的言论除外。"该规定使得辩护律师的豁免权在我国得以法定化。

9. 被拘留、逮捕时的相关人员知情权。律师在参与诉讼活动中因涉嫌犯罪被依法拘留、逮捕的，拘留、逮捕机关应当在拘留逮捕实施后的二十四小时内，通知该律师的家属、所在的律师事务所以及所属的律师协会。

二　律师权利的理论发展

律师作为一个为当事人争取合法利益的特殊群体，其权利的赋予和保障具有极为重要的意义。对律师权利的保障和完善直接关系到案件当事人的合法权益能否顺利实现。有论者针对我国目前法律中对律师权利的规定，提出了自己对律师应有权利的设想，主要包括：其一，人身权。律师的人身权利主要包括：律师执业有不受打击迫害，人格尊严不受侵犯，名誉权不受损害，人身自由不受非法限制和剥夺等权利。该论者认为，在总结实践经验的基础上，借鉴国外的有益的做法，对律师人身权利保护，应当在以下几个方面加以完善：（1）律师的作为公民的基本的人身权利得到法律的保护是毋庸置疑的。《律师法》虽然明确规定了保障律师人身权利的内容，但对执业律师人身权利的保障不可能就此解决，必须结合律师职业的特殊性，在许多方面予以重视，要制定一整套完备的具有可操作性的法律法规，具体规定对侵害律师人身权利的惩戒措施，从而使保护律师合法权益的工作真正有法可依。（2）律师的和其业务相关联的诸如住宅和办公地点不受搜查权。我国法律也有公民的住宅不受非法搜查的规定，但在律师的住宅和办公地点保护方面却有欠缺，律师在办理案件中可能掌握某些对当事人不利的证据，这些证据可能是当事人告知的或律师自行搜集的，而且该证据也可能是有关机关想方设法想获取的。律师保管这些证据的地点主要在住宅和办公地点，如果允许有关机关以轻易的方式和手段进行搜查，势必导致律师掌管的对当事人不利的证据落入有关机关。这种现象侵害的是律师和当事人之间的信任基础，而律师和当事人的信任基石是律师生存之本，对此的侵犯，直接危害了律师的形象和生存环境，对律师业发展的打击是致命的和不可挽回的。当然，由于律师涉嫌犯罪，对其住宅和办公地点依法进行搜查就另当别论了。其二，在场权和律师解答权。律师在场权是指在刑事诉讼过程中，犯罪嫌疑人在接受讯问时，有权要求其聘用的或指定的为其提供法律帮助的律师在场证明审讯或在场解答，否则有权保持沉默。律师解答权是指在刑事诉讼过程中，犯罪嫌疑人在接受讯问时有权要求其聘用的或指定的为其提供法律帮助的律师为其解答，自己保持沉默。这两项权利都与沉默权有联系，这三项权利是西方民主保障犯罪嫌疑人人权的法律基石。①

有论者认为，应当赋予律师在场的签字权以及执业豁免权。赋予律师以执业豁免权意义重大，该权利的落实一方面可以使律师解除后顾之忧，大胆履行自己的职责，依法提出辩护意见，以保护当事人的合法权益，维护国家法律的正确实施，从而加强律师在诉讼活动中的作用，保证控辩双方力量在实质意义上的平等。另一方面，赋予律师执业豁免权，还有助于消除我国刑事诉讼传统法律文化中鄙视律师的思想，巩固程序对等机制在我国的地位和作用。②

有论者认为，除了我国 2012 年《律师法》已经明确授予律师的权利之外，还应当增加以下权利：

1. 申请回避权。在我国 2012 年《律师法》和各诉讼法中，没有明确规定律师在诉讼过程中有没有权利申请有关办案人员如审判人员、检察人员、侦查人员、书记员、翻译人员、鉴定人员回避，更进一步来说是律师有没有权利代当事人行使辩护权。该论者进一步指出，辩护权和代理权的本质是一种帮助权，不管是在刑事案件中为了增加被控方的力量以与国家权力对抗，还是在民事案件中为了更好地维护公民的权益，所以代行回避申请权是符合律师的性质的。但是必须看到，我国的回避制度是"有因

---

① 陈钺锋：《中国的律师权利保护》，载《陕西警官职业学院学报》2010 年第 7 期。

② 杨辉忠：《从新〈律师法〉的实施看我国律师执业权利的发展》，载《云南大学学报》2008 年第 5 期。

回避"，而不是"无因回避"，所以在律师代行回避申请权时，所依据的理由应是法律规定的与当事人有关的理由，而不是律师个人的理由。在提出应当增加律师申请回避权的同时，该论者并不主张现阶段我国律师就享有回避申请权。由于职业的原因，律师与侦查人员、检察人员及审判人员都会有很频繁的接触，在此过程中，有时也许会有摩擦和冲突，如允许律师申请司法人员回避，容易造成混乱，而且有可能违背当事人的意志。律师和司法人员应该做的是处理好职业上的冲突与工作关系，尤其是司法人员不可以因与律师的私人的恩怨影响当事人的利益，影响司法公正。在将来条件成熟的情况下，也许我国可以引进无因回避，并赋予律师申请回避权。

2. 独立上诉权。该论者引用国外对律师上诉权的相关规定，例如，《德国刑事诉讼法》第297条规定："辩护人可以为被指控人提起法律救济诉讼活动，但是不得违背被指控人明确的意志提起法律救济诉讼活动。"《意大利刑事诉讼法》第571条规定："被告人可以采用为放弃权利规定的方式撤销由自己的辩护人提出的上诉。"《日本刑事诉讼法》第355、356条规定，"原审的辩护人可以为被告人的利益上诉，但不能与被告人明示的意思相反。"我国台湾地区《刑事诉讼法》第346条规定："原审之代理人或辩护人得为被告之利益，以被告名义提出上诉。但不得与被告明示之意思相反。"从这些规定可以看出两个问题：一是辩护人可以提出上诉，甚至是独立的上诉；二是辩护律师提出的上诉不能违背被告人的明示意思表示。但是在我国的司法实践中，在被告人积极要求上诉和明确表示不上诉两者间还有一个灰色的地带，也就是说如果律师认为一审判决确有错误不公之处，应该提起上诉，但是在被告人本身有顾虑，拿不定主意的情况下，由于上诉期是有限的，所以此时是否允许律师独立提起上诉就成为争议的焦点。针对这一问题，该论者提出了较为妥当的解决方法和建议，即允许律师在有充分理由和信心的情况下先提起上诉，然后在程序过程中，经由审判机关的询问，被告人可以明示反对或同意，采取放弃权利规定的方式撤销由自己的辩护人提出的上诉。如此一来，可以达到充分发挥律师作为职业法律工作者在诉讼中的作用目的，也可以充分保护被告人的合法权益，并为保证司法公正，维护国家法律正确实施增加了可能性。

3. 拒绝作证的权利（特免权）。律师拒绝作证的权利是指，律师对在依法执业过程中获悉的国家秘密、当事人的商业秘密和个人隐私，有拒绝作证的权利。律师拒绝作证的权利近几年来一直被很多论者倡导，对此权利给予不同的名称，如律师的证言特免权、律师的沉默权等等，但是权利内容大体一致。律师的证言特免权与律师的保守秘密的义务是密切相关的，所以也有人说律师的拒绝作证的权利是一个权利义务的集合体。在我国，对于律师拒绝作证权的特别呼吁是因为我国现行法律规定，凡知道案件情况的公民都有作证的义务。法学界就律师应当如何对待在执行职务过程中知悉的当事人的秘密，尤其是尚未被司法机关掌握的罪行，曾展开过激烈的讨论。有观点从有利于国家打击犯罪和公民作证义务的角度出发，认为律师应当拒绝辩护，并揭发犯罪人的其他犯罪事实。但绝大多数人仍然认为，从律师的角色、地位、职责和功能上说，律师都不应该揭发当事人的其他犯罪行为。因为辩护律师揭发犯罪嫌疑人、被告人隐瞒的罪行，可能会有助于在个案中打击犯罪，从这个角度是维护了国家利益，但由于它破坏了犯罪嫌疑人、被告人与辩护律师之间的信任基础，更多的犯罪嫌疑人、被告人将不会情愿委托一个可能揭发自己的人担任辩护人。这样，就会导致律师制度、辩护制度的衰落，从根本上说是削弱了国家法制，损害了国家长远利益是因小失大。如上所述律师可以不揭发委托人隐瞒的犯罪情况，但是如果司法机关询问律师有关他的委托人的情况，尤其是不利情况，甚至隐罪，律师该如何处理一直是困扰我国律师的一个两难选择。如果律师如实回答，则违反了律师保守秘密的义务，破坏了律师与当事人之间信任的基础；如果律师不回答或不如实回答，则违反了法律对公民义务的规定，还可能构成包庇罪或伪证罪。

针对律师的拒绝作证权，该论者指出，联合国和其他许多国家都有相关规定，联合国《关于律师作用的基本原则》第 22 条规定："各国政府应确认和尊重律师及其委托人之间在其专业关系内所有联络和磋商均属保密性的。"《德国刑事诉讼法》第 53 条规定，被指控人的辩护人对其在行使职务时被信赖告知或所知悉的事项有权拒绝作证；《美国联邦证据法》规定，律师有拒绝作证的特权；《日本刑事诉讼法》第 149 条规定，辩护人被法院作为证人传询时，除特别情况外，有拒绝提供证言的权利；《日本律师法》第 23 条更是明确规定，律师或曾为律师者，对其在职务上所得知的秘密，有"保守秘密的权利及承担的义务"；我国台湾地区《刑事诉讼法》第 182 条规定，证人为律师的，就其因业务所知悉有关他人秘密之事项受讯问者，除经本人允许外，得拒绝证言。从这些国家和地区的规定可以看出，律师的拒绝作证权的职业特征非常明显。世界各国法律都有根据行业和职业特殊性而享有职业秘密及拒绝作证权利的规定。律师拒绝作证权只是其中的一种。拒绝作证权实质上是为律师从事法律事务时由国家提供的法律保障的职业性权利。① 对于律师拒绝作证权的必要性，美国一位论者指出："特免权存在的一个基本理由是：社会期望通过保守秘密来促进某种关系。社会极度重视某些关系，宁愿为捍卫秘密的性质，甚至不惜失去与案件结局关系重大的情报。例如，很难想象有什么事情比'律师—当事人'特免权更能阻碍事实的查明。"②

三 律师权利行使中的障碍及其克服

在立法机关对律师权利进行了明确规定之后，随之而来的就是律师权利的保障问题，我国自 2008 年 6 月开始实施修改后的《律师法》，专门规定了一些新措施破解律师执业难题，为更好改善律师执业环境，保护律师执业权利，提供了法律保障。但需要指出的是，司法实践中仍有许多律师权利被侵犯的现象发生，公、检、法部门对律师会见权、阅卷权、调查取证权的干涉和阻挠现象也屡见不鲜。对此，学术界和实务界十分关注，在理性梳理律师权利实施中的各种障碍因素的同时，也提出了许多极具建设性的意见或看法。

有论者针对刑事诉讼中辩护律师的权利实施，指出我国刑辩律师在实践中存在辩护"三难"，即会见难、阅卷难、调查取证难，该论者进一步指出，刑事辩护"三难"的存在也是引发我国《刑事诉讼法》修订的导火索之一。首先，会见权是被追诉人辩护中最重要的权利，15 年来，我国的政治、经济和文化发生了巨大变化，特别是"依法治国、建设社会主义法治国家"和"国家尊重和保障人权"分别于 1999 年和 2004 年载入宪法，对刑事诉讼中被追诉人的权利保障提出了新的要求，落实在律师的会见权上就是：一是要保证被追诉人应当有充分的时间和便利选任聘请律师以及与所聘律师联系；二是要确保被追诉人与其律师在不被窃听、不

---

① 张美荣、翟雪梅：《经济全球化时代我国的律师权利刍议》，载《北京化工大学学报》2000 年第 1 期。
② ［美］乔恩·R. 华尔兹著：《刑事证据大全》，何家弘等译；中国人民公安大学出版社 1993 年版，第 283 页。

受检查、完全保密的情况下，充分自由地交流案情和意见。其次，对于阅卷权，此次 2012 年《刑事诉讼法》规定了"辩护律师自人民检察院对案件进行审查起诉之日起，可以查阅、摘抄、复制本案所指控犯罪事实的材料"，这较之以前"可以查阅、摘抄、复制本案的诉讼文书和技术性鉴定资料"显然进步很多，但是仍有两个现实的问题没有解决：一是究竟辩护律师自人民检察院审查起诉之日几日起，可以查阅、摘抄、复制本案诉讼材料，并没有规定，无法保障辩护律师行使阅卷权的及时性，检察机关可以在审查起诉阶段随意维持；二是"本案所指控的犯罪事实的材料"，往往会被理解为不利于犯罪嫌疑人、被告人的材料，而不包括有利于犯罪嫌疑人、被告人的材料，而且，如果检察机关仅仅向律师提供部分指控犯罪的材料，辩护律师没有任何救济措施可以采取，检察机关也没有任何法律后果需要负担。最后，关于律师的调查取证权，对于《刑事诉讼法》修正案（草案）中备受诟病的辩护律师调查取证须经证人或者其他有关单位和个人同意，"辩护律师经人民检察院或人民法院许可，并且经被害人或者其近亲属、被害人提供的证人同意，方可向他们收集本案有关的材料"并未作任何改动，虽然草案中规定了辩护律师认为在侦查、起诉期间公安机关、人民检察院收集的证明犯罪嫌疑人、被告人无罪或罪轻的证据材料未提交的，可以申请人民检察院、人民法院调取，但是如果律师没有完全的知情权，又如何知晓公安机关、人民检察院在侦查、审查起诉期间收集到的犯罪嫌疑人、被告人无罪或罪轻的证据未提交呢？[1] 也有论者针对 2012 年《律师法》中对于律师权利的规定，提出现行法中存在以下几个方面的不足：

1. 2012 年《律师法》对律师执业范围的限制不科学。2012 年《律师法》第 27 条规定："律师事务所不得从事法律服务以外的经营活动。"该论者认为，2012 年《律师法》设定了律师所必须从事法律服务业务，不得从事法律服务以外的经营活动，这样规定便于律师所为当事人提供优质、高效、专业的法律服务，也便于司法行政部门对律师所的引导、监督和管理。但是律师所也是一个营利机构，它有别于事业单位、社会团体和公益组织。在不久的将来，对于信用良好的精品律所和集团运作的规模律

---

① 冀祥德：《刑事诉讼法修改能否解决刑事辩护"三难"》，载于中国法学网，网页来源：http://www.iolaw.org.cn/showArticle.asp? id＝3098。

所，法律如果一味地强调其只能从事法律服务业务，而不能进行其他经营活动，显然是武断的。另外，2012年《律师法》第39条增加律师"不得代理与本人或者其近亲属有利益冲突的法律事务"的规定，其表述不够科学明确，容易引起对律师执业范围的误解。还有，2012年《律师法》第37条在规定"律师在执业活动中的人身权利不受侵犯"的同时，还规定了"律师在法庭上发表的代理、辩护意见不受法律追究。但是，发表危害国家安全、恶意诽谤他人、严重扰乱法庭秩序的言论除外"。这就容易给法院和司法机关打压律师寻找借口提供了机会。

2. 2012年《律师法》中对律师执业权利与义务的规定不对等。没有保障措施的权利是华而不实的空头支票，虽然《律师法》规定了"律师在执业活动中的人身权利不受侵犯"。但是，如何保障律师执业权利不受侵犯？侵犯律师执业权益和人身权益应承担什么责任？这些问题新法并没有规定。相反在新法中用了大量的条文约束律师行为，惩戒律师的条款远远多于保障律师执业权益的条款，其中，关于律师权利的规定不超过5条，而关于律师义务和法律责任的条款达15条之多。这就在立法上客观形成了律师的权利义务不对等，律师责任偏重，而权益保护严重不足。

3. 2012年《律师法》缺乏对律师执业责任保险的规定。2012年《律师法》第54条规定："律师违法执业或者因过错给当事人造成损失的，由其所在的律师事务所承担赔偿责任。律师事务所赔偿后，可以向有故意或者重大过失行为的律师追偿。"但是，2012年《律师法》并没有强制性规定律师或律师事务所必须参加律师和律师事务所执业责任保险。

4. 律师的会见权、阅卷权、调查取证权和职业豁免权等，仍缺乏必要的保障措施。其一，律师的会见权缺乏必要的保障措施。2012年《律师法》只规定了律师的会见权和监所不被监听权，并没有明确规定如果侦查机关或羁押场所侵犯律师的会见权和监所不被监听权，律师应当通过什么途径维权以及相关部门应当受到什么样的制裁，这一立法空白不能不说是2012年《律师法》规定的一大缺憾。其二，律师的阅卷权仍存在着不足。根据2012年《律师法》的规定，律师阅卷权的范围有了较大范围的扩大；但是，2012年《律师法》并没有对"有关机关应当为律师阅卷提供必要的方便与场所，不得为难律师"等作出强制性的规定，使得律师的阅卷权美中不足。其三，律师的调查取证权仍流于形式。2012年《律师法》规定了律师根据案情的需要，可以申请检察院或者法院收集、调取证据，或者申请证人出庭作证；但是如果检察院或法院不依职权收集、调取证据而导致败诉的，检察院或法院可否承担不作为的法律责任？律师又应当怎样主张自己的权利？另外，对于了解案情又拒绝作证的单位或者个人，律师又该如何调查取证？这些问题在2012年《律师法》中都找不到答案。这与我国27年前通过的《律师暂行条例》相比，不能不说是一种历史的倒退。①

但不能否定的是，2012年《律师法》的实施，赋予了执业律师更加广泛的权利，既强化了原《律师法》所规定的既有的权利，如会见权、阅卷权、调查取证权等，也规定了一些律师执业所应享有的新的权利，如请求证据展示权、庭审言论豁免权、在场权等。这些权利的强化与赋予，不仅充分地保障了执业律师在执业过程中的行为与自由，使得律师能够有效地维护犯罪嫌疑人、被告人的合法权益，同时，这种立法思潮必将影响到社会的每个方面，对诉讼活动中权利与义务的重新分配，对进一步实现社会公平与正义，无疑有着极其深远的影响。

第二节　律师义务

律师的义务，是指律师在执行职务和履行职责时所应当承担的各种义务，这种义务与律师的职业性质和执业活动紧密地联系在一起，它既可能源自于法律、法规的规定，也可能来自于律师执业组织与委托人之间所签订的委托合同的约定。

一　律师义务的制度发展

具体来说，律师的义务就是指，律师应为一定行为或不为一定行为的范围和限度。根据我国现行法律的规定，律师在执业中应履行下列义务：

1. 律师应当在一个律师事务所执业，不得同时在两个以上律师事务所执业。为了有效地管理律师的执业活动，我国法律规定，律师事务所是律师的基本执业组织，每个律师都只能在一个律师事务所执业。《律师法》第10条规定："律师只能在一个律师事务所执业。律师变更执业机

---

① 邓卫卫：《论完善我国律师执业权利的法律保障机制——关于新〈律师法〉的思考》，载《辽宁大学学报》2009年5月第37卷第3期。

构的，应当申请换发律师执业证书。律师执业不受地域限制。"

2. 律师不得私自接受委托，私自向委托人收取费用，收受当事人的财物。律师私下接受委托从事执业活动，私下向委托人收取费用，或者收受委托人的财物，不仅会妨碍律师事务所对律师的管理，影响律师事务所的声誉，减少律师事务所的收入，同时也会因委托关系的不合法、不稳定或容易产生乱收费的现象而给委托人带来损害。除此之外，对国家税收也会产生不利影响。

3. 律师依法纳税的义务。我国《律师法》第 25 条第 2 款规定："律师事务所和律师应当依法纳税。"根据我国个人所得税法的规定，律师应就其工资、薪金所得和劳务报酬缴纳个人所得税。

4. 律师不得以诋毁其他律师或者支付介绍费等不正当手段争揽业务。实践中，有些律师靠一些不正当的手段，如靠给委托人或者有关人员回扣、劳务费，靠贬损其他律师的业务能力和执业声誉，靠与案件承办人员拉关系甚至行贿等不正当手段争揽业务，这既损害其他律师和律师事务所的利益，违背律师职业道德，也不利于律师之间的平等竞争，从而有害于律师业的健康发展。为此，2012 年《律师法》第 26 条明确规定："律师事务所和律师不得以诋毁其他律师事务所、律师或者支付介绍费等不正当手段承揽业务。"

5. 律师必须加入所在地的地方律师协会，并履行律师协会章程规定的义务。我国对律师实行司法行政管理和律师协会行业管理相结合的体制。为实现律师协会对律师的有效管理，确保律师培训、教育和监督工作的正常开展，2012 年《律师法》第 45 条规定："律师、律师事务所应当加入所在地的地方律师协会。加入地方律师协会的律师、律师事务所，同时是全国律师协会的会员。律师协会会员享有律师协会章程规定的权利，履行律师协会章程规定的义务。"

6. 曾担任法官、检察官的律师，从人民法院、人民检察院离任后两年内，不得担任诉讼代理人或者辩护人。曾担任法官、检察官的律师，由于其以往的工作岗位与原所在法院、检察院有着特定的联系。为了实现司法公正，避免关系案、人情案的发生，也为了维护律师队伍的声誉，《律师法》第 41 条明确了此项律师应当遵守的义务。

7. 律师应当按照国家规定承担法律援助义务。建立法律援助制度，旨在为经济困难的公民或特殊案件的当事人予以减免费用提供法律服务，以保障其合法权益得到实现，进而促进社会稳定和经济发展。基于此，我国《律师法》第42条规定："律师、律师事务所应当按照国家规定履行法律援助义务，为受援人提供符合标准的法律服务，维护受援人的合法权益。"

8. 应当保守在执业活动中知悉的国家秘密和当事人的商业秘密，不得泄露当事人的隐私。几乎所有的国家都把律师保守国家秘密和为当事人保密作为一项重要义务。日本《律师法》第23条规定："律师或曾任律师的人，有权利和义务保守其职务上所得知的秘密。"美国法律规定："律师必须为客户保密，除经当事人同意或者为了防止委托人可能实施导致人身伤亡的刑事犯罪外，律师不得公开同代理有关的案情。"法国法律规定："律师绝对不得泄露任何涉及职业秘密的事项，必须保守与刑事侦查活动有关的秘密。"对律师保密义务，我国《律师法》第38条第1款规定："律师应当保守在执业活动中知悉的国家秘密、商业秘密，不得泄露当事人的隐私。"无论是出于维护国家秘密的角度，还是出于维护当事人权利的需要，律师都必须保守其在执业活动中所知悉的秘密。这对于增强当事人对律师的信赖，维护律师的信誉，以及更有效地履行律师的职务都是十分必要的。

9. 不得在同一案件中，为双方当事人担任代理人。当事人委托律师代理诉讼的目的，是通过律师依据法律取得有利于自己的证据，帮助法院查明案件事实，从而排除不法危害，维护其合法权益。如果律师接受同一案件的原被告双方当事人的委托参加诉讼，那么将无法同时维护双方当事人的合法权益，必然维护一方而损害另一方，而且也无法正常收集证据、参加辩论，从而影响法院对案件作出公正裁决。为此，2012年《律师法》第39条规定："律师不得在同一案件中为双方当事人担任代理人，不得代理与本人或者其近亲属有利益冲突的法律事务。"

10. 不得利用提供法律服务的便利牟取当事人争议的权益，或者接受对方当事人的财物。法律的此项规定是为了约束并且规范律师的执业活动，律师是为了维护当事人的合法权益而进行业务活动的，不能借了解案情、掌握证据之便利，欺骗委托人，巧取豪夺其权益，或者被对方当事人向其让出让权益的引诱所诱惑，损害委托人的利益。

11. 律师接受委托后，无正当理由的，不得拒绝辩护或代理。律师与委托人之间是基于双方意思自治而建立起来的一种合同关系，律师作为合同当事人的一方，不得任意解除合同，只有委托事项本身违法，委托人利用律师提供的法律服务从事违法、欺诈等活动或者委托人隐瞒有关事实的，为了避免与律师的职责发生冲突，律师才有权拒绝辩护或者代理。

12. 律师不得违反规定会见法官、检察官、仲裁员以及其他有关工作人员；不得向法官、检察官、仲裁员以及其他有关工作人员行贿，介绍贿赂或者指使、诱导当事人行贿。作为法律工作者，律师应当努力钻研和掌握执业所应具备的法律知识和服务技能，依靠自己的专业素质向当事人提供良好的服务，而不能通过采取法律所禁止的手段去影响法官、检察官、仲裁员以及其他有关人员，从而影响案件的公正处理。法律规定此义务，就是要求律师不得为使案件的处理结果有利于其委托人及律师本人，而私下与法官、检察官和仲裁员见面，或者进行不正当的应酬；不得向法官、检察官、仲裁员以及书记员等工作人员行贿，或者指使、引诱当事人向上述人员行贿。

13. 不得提供虚假证据，隐瞒事实或者威胁、利诱他人提供虚假证据，隐瞒事实以及妨碍对方当事人合法取得证据。接受当事人委托参加诉讼活动是律师的重要业务。为了保证法院或者仲裁机构查明事实，正确适用法律，作出公正的判决或者裁决，律师在诉讼活动中，必须严格遵守律师法的规定。

14. 不得扰乱法庭、仲裁庭的秩序，干扰诉讼、仲裁活动的正常进行。律师应当尊重法院及仲裁机构，遵守法庭、仲裁庭秩序，在法官、仲裁员的指引下进行诉讼或者仲裁活动，这是国内外对律师的普遍义务要求。对此，2012 年《律师法》第 40 条第 8 项明确规定，律师不得"扰乱法庭、仲裁庭秩序，干扰诉讼、仲裁活动的正常进行"。这既是律师正当执业、维护当事人合法权益的要求，也是律师对司法机关应尽的义务。同时，律师业不应当煽动、教唆当事人采取扰乱公共秩序、危害公共安全等非法手段解决争议。

二　律师义务的理论发展

关于律师义务，在学界也有颇多不同的观点。虽然有些观点未被法律所明确规定，但其中新颖之处也值得立法机关在对法律进行完善修订时予以借鉴。

例如，有论者把律师应有义务区分为对其对手应当承担的义务，对办事人员应当承担的责任，对委托人应当承担的责任。其中，对办事人员应当承担的责任和对委托人应当承担的责任，均在我国《律师法》中有所体现，而对其对手应当承担的义务，该论者提出以下两点建议：

1. 尊重对手。律师在为委托人提供法律服务时，总会遇到一定的对手，由于利益和目的上的冲突，就有可能听到许多不和谐的声音或者出现一些不愉快的场面，这些都是常见和正常的现象，具有良好的职业道德和高尚人品的律师，都能够本着各为其主和对事不对人的原则，很快地让这些不和谐的声音和不愉快的场面烟消云散。其最主要的法宝就是知道并且做到尊重对手，包括：（1）态度恭敬。律师不但要在内心里有尊重对手的想法，而且要善于表达出这种尊重，要让对手真正地感觉到自己受到了应有的尊重。（2）尊重对手的人格和尊严。无论是在唇枪舌剑的法庭辩论或者是在和风细雨的友好洽谈过程中，在对手辩论或者发言时，律师要以谦恭的神态去聆听对手的辩论或者发言，绝对不应该摆出一种不屑一顾傲慢神态；在自己辩论或者发言的时候，就算对手已经不恭在前，也不能够采取以眼还眼、以牙还牙的方式，始终坚持做到文明说话和以礼待人、以情感人、以理服人。（3）尊重对手的工作方法和工作能力。这是律师取得对手共鸣，促成委托人与对方当事人共同合作或者化解纠纷的有效手段，在非诉讼或者非仲裁法律服务事项中，这种方式是比较管用的，在诉讼或者仲裁中，对于促成委托人与对方当事人之间的调解或者和解，也是有帮助的。

2. 不妨碍对手行使权利。只享有权利而不需要承担义务的律师是不存在的，因此，律师在自己依法行使各项执业权利的时候，也必须明白对手也同样可以依法行使有关的权利，律师应当千方百计地采取各种措施或者手段，去赢得委托、说服对手或者战胜对手，这原本是无可厚非的事情，但这并不意味着律师可以撇开法律规定去胡作非为，或者可以将自己的"成功"和"胜利"建立在妨碍对手依法行使权利的基础之上，根据2012年《律师法》第35条和《律师职业道德和执业纪律规范》第38条、第44条等条文的规定，律师不能够从事"妨碍对方当事人合法取得证据"和"非法阻止和干预对方当事人及其代理人进行的活动"，也"不得以贬低同行的专业能力和水平等方式，招揽业务"。①

---

① 杨怀甫：《论律师的义务》，载《广西政法管理干部学院学报》2004年3月第19卷第2期。

有论者认为，律师的义务可以归纳为十个字——"遵守、尊重、服从、服务、维护"。遵守，主要是指遵守法律和法规、遵守执业纪律、遵守管理制度、遵守职业道德；尊重，是指尊重委托人、尊重对方当事人、尊重同行、尊重其他与律师提供法律服务活动有关的组织及其个人；服从，是指服从律师行业组织和执业机构的管理、服从有关组织及其工作人员的管理；服务，是指服务于社会主义事业、服务于社会、服务于委托人；维护，是指维护法律和法规的正确实施及其权威、维护律师行业的声誉和执业组织的合法利益、维护委托人正当和合法的权益。①

有论者认为，律师义务应当包括以下内容：

1. 律师应该对社会承担相应的义务。这是律师对国家、不特定的社会组织和公民所要承担的义务，即律师在执行职务和履行职责的过程中，不得从事损害国家、集体和公民的合法权益，具体来说，就是不能为了律师和律师的委托人的个人利益而损害国家、集体和其他公民的合法利益。

2. 律师应该对法律承担相应的义务。维护法律的尊严、权威和正确实施是律师的基本使命之一，律师作为受法律所约束的对象，负有服从和接受法律约束的义务，要履行好这项义务，就必须主动和自觉地维护法律的尊严和权威；律师作为提供法律服务的特定职业者，承担着协助司法机关正确地适用法律和为委托人解释法律内涵、精神的义务，作为法律的认识者、议论者和守护者，就要本着对法律的正确性、完整性、权威性负责的态度，真正地承担起善待法律的义务。

3. 律师应该对律师组织承担相应的义务。律师对于律师组织所应当承担的义务，可以分为两种情况，一种是律师对所有的律师组织都要在法律和法规、制度的要求之下承担相应的义务，在中国，包括对司法行政机关的律师管理工作部门和律师协会等组织所应当承担的义务；另一种是律师对于执业机构——律师事务所所应当承担的义务。根据《律师法》、《律师职业道德和执业纪律规范》等法律和规章制度的规定和要求，律师对于其所在的执业机构，应承担以下义务：（1）忠诚义务。即律师一旦与他人合作或者合伙开办了某一个律师事务所，或者是选择加入了某一个律师事务所之后，就应当对该所承担起忠诚的义务，例如，要维护该所的

① 杨怀甫：《论律师的义务》，载《广西政法管理干部学院学报》2004 年 3 月第 19 卷第 2 期。

合法权益、保守该所的法律服务来源、渠道等秘密、不将所受托的法律服务事务私下交给其他律师事务所承办、不从事任何有损于所在律师事务所的形象和声誉的活动、不以任何形式成为其他律师事务所或者法律服务所、法律事务所的成员等。（2）服从义务。律师的执业活动必须要自觉地接受所在的律师事务所的监督和管理，主要表现为以下几个方面：其一，在接受委托方面，一定要以所在的律师事务所的名义接受当事人的委托，不能够以律师个人的名义与委托人签订委托合同。其二，在收取服务费用方面，任何形式的收费都要由所在的律师事务所决定和收取，律师个人不得私下与委托人洽谈收费问题，更不能够私下接受或者要求委托人支付任何费用。其三，在执业活动方面，律师要服从所在的律师事务所安排的工作任务，在履行职责期间，要自觉地接受所在的律师事务所的监督和管理。其四，在管理制度方面，律师要严格遵守所在的律师事务所规定的各项规章制度，如果违反了这些规章制度，所在的律师事务所可以对律师作出必要的处理，给律师事务所造成经济上的损害的，还要承担经济上的赔偿责任。①

三　律师责任承担

针对目前我国法律中关于律师责任承担的规定，有论者认为在以下几个方面需要完善：

1. 行业责任。我国目前的律师责任体系中，行业责任与行政责任分立，但界限并不清楚。首先，没有体现行业自律的管理制度，实现完全的律师自治。所谓行业责任中所规范的行为、处罚措施、处罚机构等都是模糊不清的，形同虚设。2002 年 3 月 3 日中华全国律师协会制定的《律师职业道德和执业纪律规范》，早在 1993 年 11 月 27 日就由司法部作为部门规章予以公布，名称相同，结构、内容也基本相同。这说明行业责任相对于行政责任，还没有引起足够重视，律师协会自身还缺乏独立意识、自立能力。其次，行业处罚措施过于简单，不能适应日益发展的现代社会。最后，《律师法》规定司法行政机关行使惩戒律师的权力，对司法行政机关作出的行政处罚不服的，律师有权依法申请复议或提起行政诉讼。但对律

① 杨怀甫：《论律师的义务》，载《广西政法管理干部学院学报》2004 年 3 月第 19 卷第 2 期。

师协会作出的发生法律效力的处分，由直接管理被处分会员的律师协会执行。① 其中的法律效力，让大家一头雾水，不知其所云。因为该处分规则并未规定由律师协会作出的行业处分具有什么样的法律效力，也未作出由行业纪律程序导入司法程序的规定。

2. 行政责任。律师行政责任是律师承担的一种最普遍的法律责任，也是最发达的，已初步建立了律师惩戒体系。但有关中外律师的惩戒制度有失公平，即目前中国仍然没有建立起对外国律师、外国律师事务所在中国执业的管理系统规范，更缺少与国际和跨国律师事务所相适应的监管、服务措施。因此，很多外国律师事务所在华设立办事机构后，明知不能从事中国法律业务，但仍然变相地雇用中国律师从事中国法律业务，对此，我们的律师惩戒制度既没有清晰明确的法律规范，也没有明确的责任机构。惩戒制度的公平适用是市场经济条件下的基本行为原则，也是国家主权原则在法律服务领域中的具体化实现。②

3. 民事责任。《律师法》第49条规定：律师违法执业或者因过错给当事人造成损失的，由其所在的律师事务所承担赔偿责任。律师事务所赔偿后，可以向有故意或者重大过失行为的律师追偿。律师和律师事务所不得免除或者限制因违法执业或者因过错给当事人造成损失所应承担的民事责任。该条被诸多论者称为确立了"中国律师执业责任赔偿制度"。律师执业责任赔偿制度，应该是规范律师违法执业或因过错给当事人造成损失而应当进行赔偿的法律制度，包括赔偿制度的裁决机构，赔偿资金的落实，赔偿的程序、范围、数额及其免责等。因此，该条充其量只能说是规定了律师民事责任的赔偿条件、责任主体。

4. 刑事责任。律师刑事责任是律师责任体系中最为严重的责任。《刑事诉讼法》第42条、《刑法》第306条关于辩护律师及诉讼代理人涉及证据的犯罪，把律师作为特殊主体规定，不仅存在立法的技术缺陷，而且存在实质危害，违背了刑事诉讼的公正目的，违背了律师工作的基本规律，不利于民主与法制建设，不利于中国律师事业的全球化发展。因此，

---

① 《律师协会会员处分规则》，2004年3月20日第五届全国律协第九次常务理事会修订，第51条。

② 王丽：《律师刑事责任比较研究》，法律出版社2002年版，第314、255、308页。

该条应被废止，以期建立良好的刑事辩护环境与氛围。其次，我国律师责任体系中缺乏律师刑事责任豁免权。这不符合我国政府签字确认的联合国第八届预防犯罪和罪犯待遇大会通过的重要的国际性法律文件《律师作用的基本原则》的规定，该规定的内容是："律师对于其书面或口头辩护时所发表的言论，或作为职责任务出现于某法院、法庭或其他法律或行政当局之前所发表的有关言论，应当享有民事和刑事豁免权。"①

有论者认为，在我国已有法律法规框架的基础上，基于当前中国法制状态及其对法律服务的需求，针对律师界面临的问题和社会的期望特别是加入 WTO 后，对律师提出的新的挑战，借鉴国际律师同行的经验，完善中国律师责任制度已刻不容缓。② 该论者进一步指出完善我国律师责任制度的有效建议。

1. 建立以律师协会为主体行使纪律惩戒权的惩戒体系。(1) 制定统一的《律师执业行为规范》。首先，要从法律上明确划分司法行政机关与律师协会在律师管理上的权限，特别要明确中华全国律师协会在制定律师执业行为规范并监督实施方面的权限。这就必然要对现行《律师法》进行相应的修改。然后，由中华全国律师协会在总结过去经验的基础上，吸收世界律师业发达国家的执业行为。(2) 强化律师协会的惩戒管理职能。对律师以及律师事务所的司法行政管理，应参照国际惯例采取律师协会这样的行业管理，不仅使律师群体的自律性能力得到加强，恶性竞争和职业道德沦丧的弊端也能得到有效控制，而且律师的合法权益也会得到更多的保障，律师作为一个执业群体的形象也会有所提高。行业管理是律师行业的内在要求，只有这种模式才符合律师业的发展规律，符合市场经济要求，符合国际惯例；也只有这种模式，才能将中国律师业导向具有积极意义的发展方向，适应律师的国际化服务。(3) 增加行业处罚措施的灵活性。随着我国律师责任体系由行政责任向行业责任的过渡，为增强惩戒的有效性，达到"惩前毖后、治病救人"之功效，行业处罚措施种类也应适当增加，使之更富于灵活性，例如谴责、互助惩戒、重新申请执业等方式。

---

① 范艳萍：《论我国律师责任制度建构》，载《河海大学学报》2005 年 12 月第 7 卷第 4 期。

② 同上。

2. 设立有限责任公司制律师事务所，降低律师执业风险。律师事务所的组织形式不同，决定了律师事务所的法律地位的不同以及管理方式的不同。公司式组织形式的特点是显而易见的，首先，它具有法人地位，享有独立的财产权，所有权与经营管理权相分离；其次，公司化的运作便于财力的集中与人才的配置，利于整体形象的建立、服务质量意识的加强、责任能力的提高，因此能获得客户的信任从而拥有稳定的客户源。我国目前所谓的国资所、合伙所、合作所等，均无法律上的明确地位。一曰事业单位，但无法人地位，无责任限制；一曰企业，但不作工商登记，不能营利但要"比照个体工商户的生产、经营所得"缴纳个人所得税；一曰社会团体，但不作民政登记，几个人凑在一起，几宗业务甚至一宗业务就各奔东西。这样的小作坊形式，难以对客户负责，当然也难以取得客户和社会的信任。公司制律师事务所的发展趋势，在理论界也得到众多论者的认可。①

上述论者关于律师责任承担范围以及责任承担方式的设想不乏大胆、创新之举，律师作为一个维护当事人合法权益的特殊群体，其执业的水平关乎一国法治进程的发展，法律自然会对其行业运作的规范化提出更高的要求。如若律师出现违反义务的情形，就应当受到严惩。我国目前的律师制度并不健全，仍需在修订法律的过程中逐步完善，律师责任制度还有很长的路要走。

小　结

中国特色社会主义社会既是政治、经济、文化全面发展的社会，同时也是社会主义法治不断完善的社会，而公、检、法、律是法治社会不可缺少的四个主体，自我国 1980 年《律师暂行条例》将律师定位为"国家法律工作者"，到 1996 年《律师法》将律师定位于"为社会提供法律服务的执业人员"，再到 2007 年《律师法》将律师定位为"为当事人提供法律服务的执业人员"至今，律师作为一个群体在法治社会建设中所发挥的重要作用有目共睹。随着与律师相关的《律师法》《刑事诉讼法》《民

---

① 范艳萍：《论我国律师责任制度建构》，载《河海大学学报》2005 年 12 月第 7 卷第 4 期。

事诉讼法》等法律的发展和完善，对律师权利和义务的规定也逐步成熟，律师地位不断提高，在审判中业已成为能够与代表国家公权力机关的控诉方平起平坐的独立主体。但由于律师定位的不准确和制度设计的固有缺陷，律师的作用远远没有发挥出来。我国相关法律应当依据国情和法治建设的现状对律师角色进行新的定位，并据此重构律师权利义务的具体内容，从而充分发挥律师在社会主义法治进程中的重要作用。

第 四 章

律师管理与自治研究

律师的管理与自治是律师制度的重要组成部分，是保障律师行业健康发展的关键所在。建立科学的律师管理和自治体制是确保律师管理工作规范有效运作的前提。我国律师制度经历的波澜与曲折，也在律师管理与自治制度中得到体现。改革开放以来的三十多年，我国律师管理与自治制度在社会进步中取得明显发展。一方面，中国律师行业逐步脱离了对国家编制和经费的依赖，国家权力开始逐渐从律师行业的微观管理中退出，为律师业的发展提供更多的自主空间；另一方面，律师业也在利用行业自治的机会，实现律师职业自治，从而更好地促进律师行业的健康发展。进入 21 世纪以来，学界对于律师管理与自治制度的研究逐渐深入，取得明显进步与较为丰硕的成果。

第一节　律师管理

尽管律师是一种自由职业，以个人独立提供法律服务的方式进行，但随着现代经济形势的变化，律师之间的合作使得律师提供服务的方式正在发生变化。也是出于保障律师业健康发展的目的，保障社会公平和正义的实现，一般国家都对律师管理内容进行规制。

一国的律师管理工作主要体现在其律师管理体制方面。而律师管理体制的是否合理、科学，在很大程度上决定着律师管理的成效、律师行业的发展。它是保障律师事业健康发展的关键所在。

一 律师管理的概念、类别与内容

(一) 律师管理的概念

关于律师管理概念的界定，通常有狭义说和广义说两种说法。

狭义的律师管理是指，"有关机构和组织依据有关律师法律规范或者根据律师行业自治规范，对于律师的执业资格、执业行为、违规行为的惩戒等执业事务进行规范，以确保律师执业行为符合法律规定、契合行业规范"。①

广义上的律师管理，包括约束性管理与服务性管理，服务性管理是例如以提高律师执业能力为目的的培训活动、律师责任保险管理活动、律师业务交流活动等形式的管理活动。②

一般而言，学界在研究律师管理概念时，通说采用狭义的解释，即排除服务性管理的内容。③

(二) 律师管理的类别

有论者将律师管理分为内部管理与外部管理，内部管理是指律师是事务所作为律师执业机构负有的管理职能，该自律性管理称为内部管理；外部管理是指律师协会或者司法行政机关对律师进行的他律性管理。④

有论者研究认为内部管理接近个人管理，与律师的外部管理差别较大，不是律师管理研究的重点，⑤ 并认为应该将律师管理分为律师行政管理与行业管理。律师行政管理是指司法行政机关对律师行业的管理，在我国主要体现在国务院司法部门依据我国《律师法》第 4 条规定，对律师、律师事务所和律师协会进行监督、指导的职能。律师行业管理通常是指，

---

① 石峰主编：《律师法学》，上海大学出版社 2007 年版，第 145 页。

② 参见陈卫东主编《中国律师学》（第三版），中国人民大学出版社 2008 年版，第 173—174 页。

③ 主要教材都采用狭义说，参见石峰主编《律师法学》，上海大学出版社 2007 年版，第 145 页；陈卫东主编：《中国律师学》（第三版），中国人民大学出版社 2008 年版，第 174 页；王俊民主编：《律师与公证制度教程》，北京大学出版社 2009 年版，第 89 页。

④ 王俊民主编：《律师与公证制度教程》，北京大学出版社 2009 年版，第 89 页。

⑤ 参见陈卫东主编《中国律师学》（第三版），中国人民大学出版社 2008 年版，第 174 页。

"律师行业通过由律师民主选举产生的律师协会对本行业的有关事务所进行的管理，它具有自我管理、自我约束、自我发展的明显特征"。①

（三）律师管理的内容

从理论与实践来看，学界一般认为律师管理的内容概括起来应该包括：（1）律师惩戒；（2）律师资格的授予；（3）律师管理规范的制定；（4）律师事务所的设立与审核；（5）律师执业争议的调解与解决；（6）法律援助事务、法律收费事务等其他律师执业相关事务的管理。②

二　律师管理体制的概念与类别

（一）律师管理体制的概念

关于律师管理体制的概念存在多种表述。有论者认为，律师管理体制是指律师工作机构的组织原则、形式，律师队伍的构成，律师机构的设置；律师协会的性质，职责范围；律师管理机关的职能以及律师、律师机构、律师协会、律师管理机关相互之间的关系；等等。③

有论者认为，律师管理体制，是指律师管理的体系与制度。具体包括，律师管理的机构设置、权限划分的组织制度以及所确定的法律关系。④

有论者认为，律师管理体制，"是指一个国家在宏观层面上对律师行业进行组织管理的制度架构。律师管理体制反映了国家与律师行业之间的关系，所要解决的核心问题是如何协调律师行业自身的管理权与国家对律师行业的管理权之间的关系"。⑤

---

① 谭世贵、黄永锋、李建波：《律师权利保障与律师制度改革》，中国人民公安大学出版社 2010 年版，第 255 页。

② 参见石峰主编《律师法学》，上海大学出版社 2007 年版，第 146 页；陈卫东主编：《中国律师学》（第三版），中国人民大学出版社 2008 年版，第 174 页；王俊民主编：《律师与公证制度教程》，北京大学出版社 2009 年版，第 89 页。

③ 孙毅刚：《关于确立新的律师管理体制的构想》，载《现代法学》1988 年第 5 期总第 39 期。

④ 参见阎志明主编《中外律师制度》，中国人民公安大学出版社 1998 年版，第 64 页。

⑤ 王进喜主编：《律师与公证制度》，中国人民大学出版社 2009 年版，第 77 页。

可以看出，尽管对于律师管理体制概念的表述不同，但基本内涵一致，主要是涉及管理权限的配置。

（二）律师管理体制的类别

律师作为一种具有深远历史传统的职业，发展到今天已经建立起了自己的行业性自律组织，世界上大多数国家都将这种行业性自律组织称为律师协会。尽管如此，世界各国的律师管理制度仍然大不相同。对于其类别，学界有不同认识。

有论者认为，根据司法行政机关与律师协会之间的权限划分，律师管理体制可分为倾向于自治管理还是国家管理，又可以进一步区分为自治管理为主、国家管理为辅模式与国家管理为主、自治管理为辅的模式。[①]

也有论者分为，律师协会行业管理体制，代表国家如日本、英国、法国；司法行政机关监督、指导下的律师协会管理体制，如德国、加拿大等；律师协会行业管理与法院等机构的监督相结合的体制，如美国。[②]

还有论者从监督机构上将律师管理体制区分为行业管理与司法监督模式，如美国、英国；行业管理与"行政监督"模式，如德国；完全自治模式。[③]

我们认为，一般律师管理体制都分为两部分内容，即司法行政机关管理与律师协会管理，本质上上述三种分类都以行业自治的多少为标准，只是对于各国的律师协会管理程度有着不同认识。

三　国外律师管理体制

自 20 世纪 90 年代开始，我国学者就开始研究国外律师管理体制，以期对中国的律师管理体制改革提供借鉴。21 世纪以来，学界对于国外主要国家的律师管理体制，有了更深入的研究与认识。

（一）美国的律师管理体制

美国的律师组织分为美国律师协会和各州律师协会，联邦和州的律师

---

① 参见陈卫东主编《中国律师学》（第三版），中国人民大学出版社 2008 年版，第 175 页。

② 参见谭世贵、黄永锋、李建波《律师权利保障与律师制度改革》，中国人民公安大学出版社 2010 年版，第 260—265 页。

③ 参见关今华、林鸿主编《律师与公证》（第三版），厦门大学出版社 2012 年版，第 110—112 页。

协会并没有隶属关系。美国律师协会主要负责起草律师职业守则和法律法规以及全国范围内会员的日常事务。其起草的律师职业守则，必须经过州议会或者法院通过后，在该州才具有法律效力。

各州律师协会在管理本州律师事务上拥有很大的自主权。州律师协会对律师的管理主要体现在以下几个方面：第一，律师从业资格方面。律师协会在这方面主要是负责报名申请登记，负责组织律师资格考试、判卷、录取等一系列具体工作。还负责道德品质的考察。经考试考察合格后，申请者才可能获得从业资格成为律师。第二，律师惩戒方面。对律师的惩戒，一般是由律师协会负责接受控告检举、调查听证、听讯质证，作出建议性决定，最后由法院予以最终裁决。第三，律师法制建设。律师协会监督管理律师的依据除了一般的法律法规外，主要还是律师协会自己制定的一系列职业规则、职业责任、资格申请标准、惩戒标准及程序、职业道德，等等。第四，管理律师工作的日常事务。具体包括律师的年度登记、注册，人员配备，内部联系，外部交流，等等。①

法院对律师的管理职责，主要体现在以下几个方面：第一，颁发律师执业证书。第二，对律师适用惩戒。律师如果违反了律师行业规范，法院在律师协会建议的基础上决定给予律师处罚。但法院主要对暂停执业，取消律师执业资格两种惩戒予以适用。第三，律师行业规范权方面。律师协会制定的一些律师法规，在部分州是需要法院通过后生效。第四，行使司法权监督管理律师。比如，审判律师的渎职行为或类似的案件、确定律师对受害人的法定赔偿等等。第五，通过对律师协会的制约来监督管理律师，通过扩大法律强制适用的范围，来干涉律师协会的行动自由；以及对于律师执照的发放、取消，来监管律师协会工作。②

有论者认为，美国律师是自由职业者，律师的工作机构是个人开营或者合伙经营，实行律师自治，行会管理。其管理体制的特点可归纳为以下几个方面：其一，组织机构自选。律师的行业协会由律师自愿组成，行会领导产生于执业律师。其二，经费开支自理。无论是常设机构人员的工资，还是各项业务活动的费用均由会员费解决。其三，管理行为自主。从

① 参见青锋《美国的律师制度》，中国法制出版社1995年版，第19—21页。
② 参见青锋《中国律师法律制度论纲》，中国法制出版社1997年版，第529—531页。

资格授予到实施惩戒等一系列的管理工作，均由行业协会负责，基本不受国家行政机关的支配。①

　　另有论者研究认为，美国的律师管理体制的主要特点是律师协会与法院共同管理律师，而联邦政府的司法行政机关并不管理律师。律师协会与司法机关之间是分工合作、相互制约的关系。该行业管理与司法监督模式主要源自英国法院管理律师的传统，主要有三个特征：其一，律师协会行业管理为主；其二，法院拥有监管权；其三，律师协会与法院分工合作。②

　　(二)　德国的律师管理体制③

　　德国的律师管理体制属于司法行政机关监督、指导下的律师协会管理模式。在德国，"律师是独立的司法人员，从事的是一种自由职业"。获取律师资格需根据《德国联邦法官法》满足法官职务的资格要求，或满足 2000 年 3 月 9 日通过的《关于欧盟成员国律师在德活动法》中一体化前提的规定，或通过该法规定的职业资格考试。如在德国联邦任何一联邦州通过法官职务的资格要求，可在任何其他联邦州申请获得律师资格。

　　德国的律师组织是州律师协会以及各州律师协会共同组成的联邦最高律师协会，是公共的法律团体组织，受联邦司法部长的指导和监督。其主要职责有：第一，提供鉴定书，以使得申请人有权取得律师资格，"对取得律师资格的申请，由州司法行政机关决定"，但是"在做出决定以前，州司法行政机关应从该申请人打算谋取律师职业的地区所属的律师协会的理事会，索取关于该申请人的鉴定书"。第二，对律师违反职业道德的轻微行为进行处分，处分只有训诫一种方式。律师对处分不服的，可以向律师协会设立的申诉委员会进行申诉；对申诉委员会的复核决定不服的，还

---

　　①　许新军：《英、美、法、日律师管理体制概述》，载《河北法学》1990 年第 4 期。

　　②　参见关今华、林鸿主编《律师与公证》，厦门大学出版社 2012 年版，第 110—111 页。

　　③　参见中国普法网（原中国司法部律师公证工作指导司网）：《司法部〈律师法〉立法考察团关于法国、德国律师制度的考察报告》，http://www.legalinfo.gov.cn/moj/lsgzgzzds/2003 - 06/17/content_ 33308.htm，最后访问时间：2013 年 3 月 10 日。

可以向法院提起诉讼。第三，地区律师协会下设律师名誉法院（又称律师纪律法庭），由律师担任法官，负责处理律师间的争端、惩戒。第四，对律师协会会员提供业务咨询或指导。第五，根据申请调解会员之间的纠纷。第六，根据申请调解会员与委托人之间的纠纷。第七，制订会员福利计划。第八，推荐律师担任纪律法庭法官。第九，培训实习律师。第十，推荐律师参加司法考试委员会。

德国司法行政机构对于律师行业的指导、监督主要体现在：第一，联邦司法部长指导、监督律师协会，协会要向其提交书面的工作报告。第二，各州司法行政机关负责审查、批准申请人的律师资格；州司法行政机关对于律师协会实行国家监督，范围限于律师协会遵守法律与章程以及履行职责的情况。① 第三，州司法行政机关负责人民律师协会推荐的地区名誉法院法院。第四，法院审查、登记取得律师资格的人从事律师业务。第五，各州的高等法院内设各州律师名誉法院，法官参与其组成，联邦法院内设联邦律师名誉法院，根据《德国法院组织法》的规定，律师纪律法庭接受法院院长的业务指导和监督。第六，律师协会理事会收到对律师的投诉后，认为属于律师纪律法庭管辖的，应当移交检察官，由检察官提起诉讼。

有论者研究认为，德国对律师实行的是"行政监督"体制。最大特点在于训诫除外的惩戒权不由律师协会以及司法行政机关行使，而由名誉法院行使。② 有论者认为，总体上看，由于司法行政机关参与到律师管理工作中来，律师协会的权力受到很大的牵制。但这种管理体制的优点在于，司法行政机关作为国家机关，代表国家行使对律师的管理权，这种权力是公权力，与律师协会的社会权力有很大的不同，它强制性、权威性强，有利于国家对律师行业的总体控制，防止出现律师行业的畸形发展而容易产生的垄断性利益阶层，并由此可能产生的行业内部腐败现象。比如有的国家律师协会高度自治，由于缺乏有效的监督，律师行业管理不力，律师受利益驱动，在律师业内部出现很多违背职业道德、执业纪律甚至违法犯罪现象，严重损害了律

---

① 参见陈光中主编《律师学》，中国法制出版社 2004 年版，第 261 页。

② 参见关今华、林鸿主编《律师与公证》，厦门大学出版社 2012 年版，第 111 页。

师的形象。①

有论者研究德国律师协会的定位，认为与我国律师协会的定位有一定差别。德国律师协会是公法上的团体法人，具有三个方面的权能：强制加入权、法制定权、行政权。而我国律师协会则是社会团体法人，在理论上与公法人相去甚远，但在实践中又与德国相接近。②

（三）日本律师自治制度③

日本的律师行业自治制度较为彻底与纯粹，国家机关对于其行业协会没有监督权，主要目的是使日本的律师能够彻底地与国家权力进行斗争、对抗，以实现"维护基本人权和实现社会正义的使命"。④

日本 1949 年《律师法》中，确立了律师自治原则，规定了全国律师联合会和地方律师协会两级的律师自律组织构架。日本律师联合会和地方律师协会不受任何政府机构领导和监督，拥有高度的自治权。日本律师联合会是全国性的律师组织，是一个完全独立的自治团体和职业团体，负责领导、监督地方律师协会、执业律师、合伙律师事务所。下设八个专门委员会：资格审查、惩戒、人权维护、司法修习、司法制度调查、纲纪、律师推荐、推荐管理。地方律师协会是全国律师联合会的团体会员，对各地方律师进行联系、指导和监督，律师必须参加所属地方律师协会。

日本律师联合会其主要职权有：第一，律师资格的审查和登记；第二，制定行业自律规则；第三，律师执业纠纷的调处；第四，举办律师的福利事业；第五，编辑出版律师刊物；第六，制订律师继续教育计划，提高律师道德和业务素质；第七，参与国家立法、修改法律的活动；第八，参与司法改革活动；负责对律师的惩戒；第九，对国家机关提出的建议和

---

① 游启义、杨扬琴：《WTO 后我国的律师行业自治管理》，载《湖北经济学院院报》2007 年 5 月版。

② 参见王进喜主编《律师与公证制度》，中国人民大学出版社 2009 年版，第 83—84 页。

③ 参见中国普法网（原中国司法部律师公证工作指导司网）《关于日本、新加坡律师制度的考察报告》，http：//www. legalinfo. gov. cn/moj/lsgzgzzds/2003 - 06/17/content_ 33307. htm，最后访问时间：2013 年 3 月 10 日。

④ 陈卫东主编：《中国律师学》（第三版），中国人民大学出版社 2008 年版，第 175 页。

询问作出答复；第十，需要国家机关协助调查时提出申请；第十一，根据受到人权侵害的公民的申诉行使调查，向行政当局提出救济、改善的意见；第十二，开展消费者权益受到侵害的救助活动，加入国际律师组织，开展国际交流；等等。

有论者认为，日本实行的律师行业自治管理体制。主要有三个特征：第一，日本律师组织不受任何政府机关的监督与领导；第二，对于律师资格的承认、管理等完全由律师组织自行实施；第三，对于律师的惩戒完全由律师组织行使职权。① 也有论者认为，即使在日本，政府对于律师行业也有一定的监管，并且认为律师行业完全自治并不合理，需要国家权力的介入与监督。②

（四）法国律师自治制度③

法国也是对律师实施律师行业协会管理的国家，政府部门不参加对律师的管理。在过去很长的一段时间内，法国不设全国统一的律师协会，而是以上诉法院所在地为中心设立地域性律师公会。各律师公会负责管理本地律师，不论大小、规模，一律地位平等，实施单独财政管理，遇有全国重大问题时，由各律师公会推选代表召开会议共同协商解决。1990 年法律改革后，法国建立全国律师公会，负责全国律师行业的一般运作事宜，以及向公共权力机构反映律师业意见。法国的全国律师公会主要履行如下三项职责：其一，代表职责。在全国范围内代表律师业与公权力机构接洽，充分表达律师业的意见及建议。其二，规范职责。法国的全国律师公会以总则的方式统一全国律师行业的规则及惯例。其三，培训职责。全国律师公会负责确定律师培训的组织原则及培训计划。法国各地区职业培训中心的培训行为，均受全国律师公会的监督与协调。④

律师公会的领导机构为理事会，公会理事长与理事由大会选举产生。

---

① 参见关今华、林鸿主编《律师与公证》（第三版），厦门大学出版社 2012 年版，第 112 页。

② 参见伍刚《律师行业自治问题研究》，中国政法大学 2006 年研究生论文，第 28 页。

③ 参见许新军《美、英、法、日律师管理体制概述》，载《河北法学》1990 年第 4 期。

④ 参见施鹏鹏《法国律师制度述评》，载《当代法学》2010 年第 6 期。

理事会的主要职责有：制定与修改章程，监督律师遵守；决定律师的注册；决定对律师的惩戒处分；管理律师公会的财务；处理律师执业中的有关问题。①

有论者认为，法国实施的是完全行业协会自治管理的一元制管理模式，虽然律师公会的规划设置相对简略，但是以地区为划分标准，解决了律师管理混乱的问题，便于对律师的统一管理。②

（五）英国律师自治制度

英国将律师分为高级律师和初级律师两大类，两类律师分属不同的职业团体。近些年英国通过司法改革，两类律师的划分已不再泾渭分明。高级律师团体组织是以四大律师学院为主体的法律协会，协会负责高级律师资格的授予，制定职业行为准则与实施惩戒，以及职业培训等。初级律师的团体组织是初级律师协会。英国律师组织均具有充分的自治职能，除遵从法律外，不受国家、政府或其他外来因素的支配。

在英国，律师协会理事会是律师协会的权力机构，负责事务律师的行业管理。律师协会委员会委员是按事务律师的行业地区选举产生的，也有的是按专业任命的。律师协会的主要职责包括：第一，事务律师必须进行注册，而律师协会负责培训、审查、注册、管理事务律师，并办理授予、批准事务律师资格的相关手续；第二，制定律师行业行为准则，并监督事务律师遵守律师行业行为准则；第三，律师协会下设律师投诉局，负责接受、调查对于律师的投诉，律师协会拥有惩戒的权力；第四，负责管理职业风险和赔偿基金；第五，代表事务律师与政府、其他团体进行交涉，参与法律改革与立法；第六，向律师通报法律与实务方面的进展，指导律师工作；第七，负责出版各类书籍、期刊、手册；等等。③

有论者认为，英国实施的是律师行业协会自律为主的一元制管理模式；④

① 参见谭世贵、黄永锋、李建波《律师权利保障与律师制度改革》，中国人民公安大学出版社 2010 年版，第 263 页。

② 于宁：《我国律师管理体制的未来——谈谈对我国律师法修改的看法》，载《广州广播电视大学学报》2008 年第 3 期。

③ 参见许新军《英国律师制度 A、B、C……》，载《河北法学》2000 年第 6 期。

④ 于宁：《我国律师管理体制的未来——谈谈对我国律师法修改的看法》，载《广州广播电视大学学报》2008 年第 3 期。

也有论者认为，英国实施的是完全行业协会自治的管理模式。①

四 我国律师管理体制的历史发展

自新中国成立以来，我国律师管理体制的形成经历了一个较长而复杂的历史进程。1954 年《宪法》中关于"被告人有权获得辩护"的规定，为新中国建立律师制度提供了宪法依据。1956 年，国务院正式批准了《司法部关于建立律师工作的报告》，对律师的性质、任务、权利、活动原则以及组织机构等作出了一系列规定。1957 年后至"文化大革命"结束，受错误政治路线的影响，我国法律制度遭到毁灭性的破坏，律师制度也被当作社会主义制度的对立物而受到彻底否定，律师机构及律师的执业活动完全被取消，律师管理体制不复存在。

十一届三中全会后，随着社会主义民主法制建设的加强，司法部于1979 年正式下发了《关于恢复重建律师制度的通知》，律师制度在我国得以恢复。1980 年全国人大常委会通过的《中华人民共和国律师暂行条例》，明确规定了律师性质、地位以及司法行政机关、律师协会的各自职能。为了进一步明确司法行政机关与律师协会的地位与作用，1984 年司法部印发的《关于加强和改革律师工作的意见》，更进一步明确了律师协会的地位与作用。1986 年 7 月第一次全国律师代表大会在北京召开并成立了中华全国律师协会，通过了《中华全国律师协会章程》，为全国律师协会的管理以及地方律师协会的建立提供了基础。1989 年司法部下发《司法部关于加强司法行政机关对律师工作的领导和管理的通知》规定，强调在加强管理时，要注意律师工作的特点，不能管得过严、过细，使律师事务所缺乏生机和活力，要尊重律师事务所的自主权。这使得司法行政机关的"大一统"逐渐被打破，律师协会逐渐发挥更大作用、参与管理，但仍旧处于司法行政机关的领导控制之下，律师协会不是独立的社会组织。

1993 年 8 月，当时的司法部长肖扬在第二次全国律师协会会长会议上讲话，首次提出了律师管理"两结合"设想。1993 年 12 月，国务院办公厅批转的《司法部关于深化律师工作改革的方案》，明确提出了建立

---

① 参见谭世贵、黄永锋、李建波《律师权利保障与律师制度改革》，中国人民公安大学出版社 2010 年版，第 263 页。

"两结合"律师管理体制,即"律师协会管理与司法行政机关的宏观管理相结合"。1995 年第三次全国律师代表大会上,中华全国律师协会的理事会全体理事、常务理事、会长、副会长全部由选举出的执业律师担任,司法行政机关的领导不再兼任协会的领导职务。律师协会领导人员组成的变动,从组织上保证了律师协会作为律师行业自治组织的地位和职能,标志着我国律师行业组织建设取得了重大进展。1996 年,第八届全国人大常委会审议通过《律师法》,其中关于律师协会的规定回应了 1993 年关于律师管理体制改革的思路,明确律师协会是"社会团体法人,是律师的自律性组织",有权"按照章程对律师给予奖励或者给予处分。"这为律师协会的行业管理奠定了法律保障。之后,全国律协通过了第一部行业规范即《律师职业道德和执业纪律规范》。1998 年国务院机构改革,将司法部原有的律师资格考试的具体工作和律师的专业培训、奖惩及对外宣传等职能交给中华全国律师协会。① 1999 年通过的《中华全国律师协会章程》规定了由司法部转移给律师协会的以上三种职能。

2000 年,中华全国律师协会在民政部进行了社会团体法人登记,进一步明确了我国律师协会的社会团体法人性质。2002 年 1 月,在《司法部关于召开第五次全国律师代表大会的通知》中,对司法行政机关管理职能作了四条概括:一是制定律师行业的宏观发展政策,通过制定规章、规范性文件,指导、推动律师行业健康发展;二是实施资质管理,通过行使资格授予、批所颁证、吊销执业证书职能,对律师行业进行调控;三是对法律服务市场进行监管和对律师协会进行监督、指导;四是协调有关部门,制定配套政策,协调、改善律师执业环境。后来被归纳为"市场规则、市场准入、市场监管、市场环境"四项职责。2003 年深圳律师协会首次由律师选举产生地方律师协会会长,并于 2005 年通过《深圳市律师协会章程》,为律师协会的自治提供有益实践。2004 年 3 月,司法部发布了《司法部关于进一步加强律师监督和惩戒的意见》和《律师和律师事务所违法行为处罚办法》,司法部通过这两个文件规定了律师协会有制定行业规范的权力,并委托律师协会行使对律师的惩戒调查权和惩戒建议权。随后,第五届中华全国律师协会第九次常务理事会通过了《律师执

① 参见《国务院办公厅关于印发司法部职能配置内设机构和人员编制规定的通知》(1998 年 6 月 24 日,国办发〔1998〕90 号)。

业行为规范（试行）》《律师协会会员违规行为处分规则（试行）》。司法部《2004 年中国律师业发展政策报告》将"两结合"定义为："司法行政机关管理与律师协会管理"相结合，相比 1993 年司法部《关于深化律师工作改革的方案》中提到的"两结合"，少了"宏观管理"的规定，实际上增强了司法行政机关的管理作用。2007 年修改通过的《律师法》，对于律师及律师工作机构的行政管理有了更为严格的规定。进入 21 世纪以来，律师协会的独立法人资格得到确认，并通过立法、委托获取较多的管理权力。但对于其发展进程的认识，学界有着不同观点。

大部分论者认为，从新中国成立以来，我国的律师管理体制经历了三个阶段：第一，新中国成立初期与律师制度恢复之初至 20 世纪 80 年代中期，单一的行政管理体制阶段。主要体现在 1980 年通过的《律师暂行条例》规定律师是国家法律工作者，职业机构是法律顾问处，并且法律顾问处受司法行政机关组织和领导，并且律师协会没有在全国广泛建立起来，协会领导大多由司法行政的领导兼任。第二，20 世纪 80 年代中期—1993 年，司法行政为主导、律师协会为辅的律师管理体制阶段，主要标志是 1986 年通过的《中华全国律师协会章程》，律师协会章程第 4 条规定律师协会的主要职责是，开展律师的业务指导、工作经验交流和维护律师的合法权益。这一阶段司法行政机关的"大一统"逐渐被打破，律师协会逐渐发挥更大作用、参与管理，但仍旧处于司法行政机关的领导控制之下，律师协会不是独立的社会组织，属于司法行政机关为主、律师协会管理为辅阶段。第三，1993 年至今，司法行政机关监督、指导下的"两结合管理"体制，主要标志是 1993 年 12 月，国务院办公厅批转的《司法部关于深化律师工作改革的方案》，明确提出了建立司法行政机关行政管理与律师协会行业管理相结合的"两结合"律师管理体制，即"律师协会管理与司法行政机关的宏观管理相结合"。①

也有论者认为，从改革开放以来我国律师管理体制就经历了三个阶段：第一，1978—1986 年，行政管理体制阶段，主要理由是 1980 年通过的《律师暂行条例》确立的是行政型管理体制，体现在对于律师性质、

---

① 参见王俊民主编《律师与公证制度教程》，北京大学出版社 2009 年版，第 90—92 页；参见关今华、林鸿主编《律师与公证》（第三版），厦门大学出版社 2012 年版，第 112—114 页。

律师工作机构、律师协会职能的规定，而 1986 年成立的律师协会也仅仅承担联系作用。第二，1986—1995 年，"两结合"体制初步形成阶段，主要标志是 1993 年国务院批准《司法部关于深化律师工作改革的方案》，该方案中明确提出"两结合"的体制构想，并且于 1995 年改革律师协会，司法行政机关领导不再兼任律师协会的领导职务，修正《中华全国律师协会章程》，加强律师协会的职责。第三，1996 年至今，两结合体制的确立阶段，主要标志是 1996 年通过《律师法》，正式确立了司法行政机关监督指导和律师协会行业管理相结合的管理模式。[1]

也有论者认为，我国目前根本没有实现"两结合"的目标，仍处于司法行政机关绝对主导下的管理模式，律师协会仅仅享有微弱的行业管理权能。[2] 也有论者认为，从律师制度恢复之初至我国现行的律师工作管理体制，一直是一种行政管理为主的模式。[3]

我们认为，上述第一种阶段划分比较科学，从时间上来讲涵盖了新中国成立以来的全部历史，从内容上来看正视了律师协会的建立、发展以及发挥的作用。

五　我国律师管理体制的现状与完善

（一）司法行政机关对于律师的管理

《律师法》第 4 条规定，司法行政部门依照本法对律师、律师事务所和律师协会进行监督、指导。内容包括会同有关部门制定律师服务收费管理办法；制定律师、律师事务所违法行为处罚办法，等等。《律师法》还规定，司法行政部门对律师事务所的设立、分所设立享有审查、批准职责。

有论者将律师的司法行政管理细分为以下三个方面：第一，宏观的监督和指导。《律师法》第 4 条规定了司法行政机关的职责，即司法行政部门依照本法对律师、律师事务所和律师协会进行监督、指导。第 44 条规定了律师协会的章程制定以及备案。国家通过制定这样的法律法规和规章制度

---

[1]　参见王进喜主编《律师与公证制度》，中国人民大学出版社 2009 年版，第 77—82 页。

[2]　参见陈卫东主编《中国律师学》（第三版），中国人民大学出版社 2008 年版，第 180—181 页。

[3]　参见谢佑平《论我国律师制度的改革与完善》，载《湖南省政法管理干部学院学报》2000 年第 1 期总第 67 期。

对律师进行宏观的监督与指导，约束律师不正当的执业行为，能够在很大程度上为律师提供一个良好的职业环境，进一步完善律师行业的发展。第二，律师资格的考取与授予。律师的资格是由我国《律师法》第 5 条所规定，首先需要拥护我国宪法，其次要求通过国家统一司法考试，再次要有在律师事务所实习一年的经历，最后需要端正和良好的品行。通过司法考试并获得《法律职业资格证书》的人员，经过在律师事务所一年的实习，可以申请律师执业证书。第三，律师的行政处罚。根据《律师法》第 47 条至第 52 条规定，"对律师在行政违法方面的处罚权，对律师执业违反我国律师法的行为按照情节不同分别处以较轻者警告或者罚款，程度较重者没收违法所得或者责令停止执业，情节严重者吊销执业证书。"①

以上是学者对律师行政管理具体表现进行的概括和总结，而从司法行政管理的客体而言，又可以分为对律师的行政管理和对律师协会的指导监督。司法行政机关应当加强对实施律师执业许可和日常监督管理活动的层级监督，应当加强对律师事务所实施许可和管理活动的层级监督，按照规定建立有关工作的统计、请示、报告、督办等制度。负责律师执业许可实施、律师执业年度考核结果备案或者奖励、处罚的司法行政机关，应当及时将有关许可决定、备案情况、奖惩情况通报下级司法行政机关，并报送上一级司法行政机关。同时，司法行政机关也应当加强对律师协会的指导和监督，支持律师协会依照律师法和协会章程以及行业规范对律师执业活动和律师事务所实行行业自律，建立健全行政管理与行业自律相结合的协调、协作机制。

（二）律师协会的管理职责与内容

根据《律师法》第 46 条规定，律师协会应当履行下列职责：保障律师依法执业，维护律师的合法权益；总结、交流律师工作经验；组织律师业务培训；进行律师职业道德和执业纪律的教育、检查和监督；组织律师开展对外交流；调解律师执业活动中发生的执业纠纷；法律规定的其他职责。

另外，根据《中华全国律师协会章程》的规定，律师协会还承担以下职责：组织会员学习国家的法律、政策和有关专业知识；组织会员开展律师工作研讨活动；制定律师行业规范和准则，并组织实施；开拓律师业

---

① 高卓见：《浅析我国律师管理体制》，载《山西省政法管理干部学院学报》2012 年 9 月第 3 期。

务活动的领域；指导地方律师协会搞好律师、律师机构的登记、公告等工作；兴办律师刊物，编辑出版业务资料，为会员提供业务信息；给司法行政机关和国家有关部门提出关于法制建设、律师制度的改革和发展的建议；指导、支持团体会员的工作；办理法律规定的和司法部委托办理的其他事项，如律师协会按照章程对律师给予奖励或给予处分。

有论者把律师协会的行业管理主要体现归纳为以下三个方面：第一，保护律师执业权利与合法权益。我国的律师协会从设立初期就肩负着维护律师合法权益的重任，把工作的重点始终放在律师维权上，建立了律师维权委员会，并通过不断地总结经验吸取教训来完善维权方面的机制和体制。第二，制定律师业内部规范与奖惩制度，律师业内部规范的制定是由律师代表大会及其常务理事会来完成。第三，培训律师业务与考核实习人员。全国律师协会通过司法行政机关的大力支持，建立了一个以全国律师协会为示范性的培训基地，各地律师协会与律师事务所参照示范，采用规范和教育的培训方式来提高律师的整体素质。①

另有论者总结成五个方面：第一，保障律师依法执业的职责，维护律师合法权益是律师协会的首要职责；第二，规范律师的执业活动，通过制定行为规范以及加强律师职业道德和执业纪律教育和监督规范律师执业形象；第三，开展律师职业教育和培训，提高业务能力；第四，对律师、律师事务所进行奖惩；第五，受理投诉和举报，调解律师执业纠纷，为增强律师、律师事务所之间的团结合作和向心力做贡献。②

（三）对于我国现行律师管理体制的认识

关于我国现行律师管理体制的阶段以及作用与弊端的认识，我国学界有着不同看法。

大部分论者认为，我国目前律师管理体制处于"两结合"阶段，两结合管理体制在我国已得到确立。③ 持该观点的论者，对于"两结合"体制的作用与弊端也有不同看法。有论者认为，十几年的实践已经表明，司

---

① 参见高卓见《浅析我国律师管理体制》，载《山西省政法管理干部学院学报》2012 年 9 月第 3 期。

② 参见何悦主编《律师法学》，法律出版社 2011 年版，第 146—147 页。

③ 参见王进喜主编《律师与公证制度》，中国人民大学出版社 2009 年版，第 81 页。

法行政管理与律师协会行业管理相结合的律师管理体制基本符合我国实际情况，对于推动我国律师业的发展发挥了重要作用，但也暴露出越来越多的问题，如司法部的有关规章与《律师法》规定矛盾，我国司法行政机关对律师工作的管理权限过宽，惩戒权等权限存在重合和混淆不清。① 也有论者认为，司法行政机关代表国家机关对律师行使管理权，具有强制性、权威性等特点，有利于实现国家对于律师业的总体调控，是符合我国现阶段国情的，但由于现体制下的各自职能定位不清、关系不明，实践中存在职能重叠、缺位以及律师协会内部运行机制不健全等问题。② 有论者主要研究当前律师管理体制的不足，认为其体现在以下方面：第一，司法行政机关与律师协会之间管理职能上的分工仍未理顺，影响了"两结合"管理效能的发挥。第二，律师协会行业管理职能空间过小，管理缺乏力度。律师协会的权威性不强，惩戒权限与措施缺乏有效的法理基础，律师协会制定的行规、政策缺乏应有的强制性，在很大程度上削弱了对行业监管的力度。第三，律师行业制度建设落后。③ 此外，还有论者进一步提出，律师协会没有成为真正意义上的行业协会。

同样也有论者认为，我国目前并没有实现"两结合"的改革目标，我国律师管理体制仍然是司法行政机关绝对主导下的管理模式，律师协会仅仅享有微弱的行业管理权能。司法行政机关绝对主导下的管理模式存在种种弊端，绝对、过度的行政管理与律师社会属性相冲突；过度管理与律师行业规律不符；可能遏制我国律师业的发展势头。这也是我国目前律师行业比较混乱的重要原因。④

还有论者认为，我国现行的律师工作管理体制是一种以行政管理为主的模式。而该体制在律师制度恢复重建初期，对于迅速恢复和发展我国律师工作和律师队伍，起到了积极作用。但是，由于司法行政机关对律师工

---

① 参见谭世贵、黄永锋、李建波《律师权利保障与律师制度改革》，中国人民公安大学出版社 2010 年版，第 258 页。

② 参见关今华、林鸿主编《律师与公证》（第三版），厦门大学出版社 2012 年版，第 114 页。

③ 吴瑞文：《论我国的律师管理体制及其完善》，载《法制园地》2009 年 8 月（下）。

④ 参见陈卫东主编《中国律师学》（第三版），中国人民大学出版社 2008 年版，第 180—181 页。

作管得过细，极大地限制了律师及其工作机构应有的自主权，制约了律师业的发展。①

尽管我国的律师管理体制存在很多问题，但我们也不能因此否认近十多年来的律师业的巨大发展。在管理体制的变革中，我国律师协会获得越来越多的管理权力，司法行政管理机关逐渐从微观管理转向宏观管理。我们也不能因为律师业的发展而忽视现行管理体制的弊端，相比于其他国家，我国的管理体制中司法行政机关拥有的权力明显较大，而且近些年出现一些反复，都需要对现行管理体制做进一步完善。

（四）对于律师管理体制完善的建议

针对律师管理体制的完善问题，学者们主要有以下几种观点。

有论者以我国入世为背景，提出自从我国入世以后我国法律服务业与国际法律服务业的联系日趋紧密，中国律师与国际律师的交流与合作将更具深度和广度，这就要求司法行政机关转变职能，特别是要应对 WTO 冲击及相关条款，参考西方发达国家的做法，由律师协会出面进行行业管理和行业保护，缓解可能出现的国际纠纷，缓冲政府间的冲突和外国律师对政府的意见，这样做既符合国际惯例，又符合律师行业发展规律和市场经济的要求，也有利于我国律师行业的发展和行业保护。②

另有论者也对完善律师管理体制，促进我国律师行业健康发展，提出了自己的建议，认为律师行业作为一种对社会公众利益有着重大影响的职业，其能否沿着健康快速的轨道发展壮大关系到社会各方面的利益。因此，对于如何完善我国律师行业的管理体制，使其与时俱进，促进我国律师行业的健康快速发展这一问题的探讨也就显得格外的重要。具体阐述为以下几个方面：第一，在坚持"两结合"管理体制的前提下，逐步扩大律师协会的行业管理职能。第二，逐渐强化律师协会自律职能，还要求律师协会和司法行政部门在行业管理的职能分工上要更加明确。第三，管理主体自身的素质和能力要不断地提升。③

---

① 参见谢佑平《论我国律师制度的改革与完善》，载《湖南省政法管理干部学院学报》2000 年第 1 期。

② 游启义、杨扬琴：《WTO 后我国的律师行业自治管理》，载《湖北经济学院院报》2007 年 5 月版。

③ 史晓寒：《浅谈我国的律师管理体制——对新〈律师法〉的一些思考》，载《法制与社会》2008 年 10 月（中）。

还有论者认为，完善我国律师管理体制在于细化、落实"两结合"的改革目标，通过权力移交与参与管理程序两种方式纠正行政管理过度问题，为将来进一步实施律师行业自治打下基础；律师协会也应该完善自身体制，如增加代表民主性，以及消除强烈行政管理色彩。①

也有论者认为，应当在思路上进行转变才能在体制上进行完善，从而提出了一系列具体化的执行措施，主要包括：首先，律师管理模式思路的转变，主要包括：在律师管理模式的创新上，采用单一的律师协会行业管理体制、完善律师考评机制、厘清司法行政机关与律师协会的关系，增强律师协会内部机制建设。其次，畅通律师参政议政渠道，主要内容是：增强律师与政府的沟通渠道、参加人大代表选举、律师参与信访处理。最后，鼓励律师参与公益领域，倡导政府购买服务。②

也有论者建议，首先，正确理解和执行《律师法》的有关规定，将司法行政机关的职能归位于监督与指导，主要措施包括：第一，界定司法行政机关的宏观管理职能，主要是在制定行业发展政策与规划等方面；第二，修订《律师法》，删去或修改与宏观管理不相符合的内容；第三，对司法部的有关规章进行清理、修订，将制定律师执业行为规范的权力完全交予律师协会。其次，逐步健全律师行业组织，加强律师行业组织的自身建设，具体措施是：第一，在所有地级市建立律师协会；第二，逐步在县、自治县和直辖市的区建立律师协会；第三，上级律师协会对下级律师协会为指导与被指导、监督与被监督的关系；第四，各级律师协会应该建立健全考核、培训、惩戒、经费审查委员会。最后，进一步扩大律师协会的管理权限，充分发挥其行业自律作用。主要包括两个方面：第一，赋予律师协会对律师管理工作日常事务的管理权；第二，赋予律师协会对律师和律师事务所更大的惩戒权。③

也有论者对我国的律师管理体制的发展前景提出了合理性的构想，认为首先要解决的就是让律师协会真正成为律师的管理组织。所以，实行律

---

① 参见陈卫东主编《中国律师学》（第三版），中国人民大学出版社 2008 年版，第 181—182 页。

② 管仁亮、付红梅、卢雪华：《传统与超越：律师管理机制创新探索》，载《山西省政法管理干部学院学报》2012 年 12 月第 4 期。

③ 参见谭世贵、黄永锋、李建波《律师权利保障与律师制度改革》，中国人民公安大学出版社 2010 年版，第 269—276 页。

师协会的行业管理，是完善我国律师管理体制的基础。具体分为以下几个方面：第一，充分发挥律师协会的独立性。第二，律师体制是平衡社会与政府的重要体制。第三，以律师行业自律管理为基础，转变司法行政机关的管理理念，让司法行政机关的微观操控发展成宏观监督与管理。①

也有论者建议应该着眼于以下三个方面：第一，辩证地看待司法行政机关与律师协会的关系，加强司法行政机关宏观管理作用、强化律师协会行业管理职能；第二，淡化司法行政干预色彩，发挥其服务性管理功能，充实律师协会行业管理功能；第三，正确理解并不断丰富"两结合"的内涵，不仅体现在宏观上的权限划分，也包括微观上的具体操作的结合。②

综合来看，上述论点主要涉及三方面内容：第一，修改法律，以宏观管理为目标，重新界定司法行政机关的权限；第二，缩小司法行政机关权限，扩大律师协会权限；第三，律师协会进行自身完善与改革，完善代表民主性与内部运行机制。

第二节　律师自治

现代法治社会公认，律师制度是社会发展中人类创造的对公民权利进行司法保护的一种司法制度，创设律师制度的本意是在社会中增设保护民权的机制。而律师行业自治是律师制衡国家权力和捍卫人权的物质基础和制度保障，没有律师行业自治就没有律师的独立与自由。律师在自治的前提下，才能更好地实现律师伸张社会正义的使命。

在中国法治化不断发展的进程中，律师作为一个新兴职业团体，逐渐成为人们的共识，随之律师自治便成为了业内外关注的焦点，尤其是自中国加入 WTO 后，律师自治问题更是备受关注。可以确定的是，律师自治代表了中国律师未来的发展方向。21 世纪以来，对于律师自治的研究也进入一个新的阶段，突破了 20 世纪 90 年代研究国外经验的窠臼，从我国

---

① 高卓见：《浅析我国律师管理体制》，载《山西省政法管理干部学院学报》，2012 年 9 月第 3 期。

② 参见关今华、林鸿主编《律师与公证》（第三版），厦门大学出版社 2012 年版，第 115—116 页。

司法实践出发，分析我国律师自治的历史、现状与未来，成果颇丰。

一 律师自治的概念与特征

(一) 律师自治的概念

自治，源于英文"autonomy"，关于其来源，有两种解释：一种观点认为，自治权是人权的一部分，是与生俱来的天赋人权，自治相对于国家权力而言，国家权力是后来的、派生的。另一种观点认为，自治权是国家与法律赋予的，自治和官治一起，共同组成了法治国家的行政管理制度。

有论者认为，律师行业自治是指，优秀的执业律师组成的律师协会（或称律师公会、律师联合会）对律师进行自我服务、自我约束。[①]

也有论者认为："律师行业自治（也称律师自治）是指调整律师诸方面关系的权力均委托给律师自身的制度，律师行业自治特指构成律师的团体——律师协会的自治。"[②]

另有论者认为："律师行业自治是指律师脱离行政机关的领导由律师协会管理，律师协会是由律师组成的具有法人资格的自治团体。"[③]

同时，也有论者认为，律师行业自治是指律师通过民主选举产生的律师协会，律师协会则对律师的准入、执业规范、业务培训、执业纪律及执业惩戒等，进行自我管理、自我约束和自我服务的一种行业管理方式。

虽然上述定义在具体表述上存在一定差别，但都强调了律师协会对于实现律师自治的重要地位与作用。律师自治也主要是指律师行业内部通过律师协会，对于律师行业内部事务进行自治管理与服务，所以说律师行业自治主要体现在律师协会的行业管理方面。

(二) 律师自治的特征

关于律师自治的特征，在不同国家有不同的体现，但其中也有相当大程度上的共性。例如，日本实行完全的律师自治制度，其行业自治，主要有三个特征：第一，日本律师组织不受任何政府机关的监督与领导；第

---

① 杜刚建、李轩：《中国律师的当代命运》，改革出版社 1997 年版，第 232 页；另见贺卫方、孔志国《中国律师的自治之路》，载《南风窗》2002 年 8 月 (下)。

② 李求铁：《律师的自由与强制》，载中华全国律师协会编《第四届中国律师论坛 (百篇优秀论文集)》，中国政法大学出版社 2004 年版，第 67 页。

③ 谢佑平、闫自明：《律师角色的理论定位与实证分析》，载《中国司法》2004 年第 10 期。

二，对于律师资格的承认、管理等完全由律师组织自行实施；第三，对于律师的惩戒完全由律师组织行使职权。① 正如日本法学家沼田宏安所言："（日本律师联合会享有高度自治权，主要体现在：）首先是职务、地位都完全独立，不受任何机构的监督和干涉。在这点上，与同样也是自由职业的注册会计师、税务员不同，因为注册会计师、税务员处于大藏省的指挥监督的地位。其次是运营的自治。维持律师制度的全部费用由律师会的会员律师支付，同时有严格的纪律、纲纪、惩戒制度等自律功能。"②

有论者认为，律师自治的特征主要包括：第一，载体的特定性，即制度载体特定为律师协会；第二，自治的民主性，主要表现在民主选举、民主决策、民主管理和民主监督等方面；第三，自治性，自治性表现为自我设权、自我管理、自我约束、自我服务、自我发展、自我实现等；第四，排他性，自治对其他权力具有排他性。③

笔者认为，律师自治的特征主要体现在：第一，不受政府机关的监督与领导，具有权力的排他性；第二，对于律师的资格承认、管理以及律师惩戒，完全由律师组织实施；第三，在律师组织的人事、财务上，不受其他机关干涉。

二 律师自治的理论依据与必要性

（一）理论依据

有论者认为，律师自治的理论依据有三个方面：第一，宪法基础，该论者认为，从社团活动自由角度论述，现代宪法学认为在高度组织化的现代社会，由个人单独行使基本权利往往不能达到保障人权的目的，为确立或提升个人人权的保障，有必要赋予法人或其他类似的非法人团体一定的人权，包括活动自由。所谓社团活动的自由，就是指对于团体通过内部的意见交流形成团体的共同意志，并为实现其意志而公之于该团体外部的活动，国家或其他组织、个人不应加以不当的干涉。第二，社会学基础，该

① 参见关今华、林鸿主编《律师与公证》（第三版），厦门大学出版社 2012 年版，第 112 页。

② 沼田宏安：《日本的律师制度》，周建明译，载《法学家》1995 年第 6 期总第 33 期。

③ 参见李谭嫱《律师行业自治制度研究》，湘潭大学 2008 年研究生论文，第 7—8 页。

论者透过卢曼的社会进化论，分析律师行业自治的原因有以下两点：其一，随着社会分工出现的法律职业化、专门化，社会分工使得律师自治成为必然。随着法律程序本身以一种高级形式发展，法律制度需要以理论的形式加以阐释，一般民众无法依据常识、经验应对新的社会问题之时，那种通晓司法过程并能向普通的人们说明这些程序的律师的产生就是必然。其二，律师的专业化使得政府很难在其职业的范围内形成直接的管理职能，需要"内行管内行"的有效管理。社会进化是社会分工日益精细的过程，也是社会日趋复杂化的过程，政府庞大而僵化的官僚体制及管理对象的广泛性，使它逐渐缺乏对社会的适应性。第三，行政学基础，有论者通过对行政"平衡论"的分析认为，现代行政法的"平衡论"主张在精简行政机构的同时，发展规范化的社会中介组织，扩大公民参与，壮大社会自治的力量，从而形成社会自治与行政法治的良性互动。律师行业自治与司法行政管理的良性互动则是平衡论的表现。一方面，律师协会作为一种集体的合力，可以有效制衡行政机关，防止行政机关滥用权力；另一方面，律师协会行使部分的公共权力，能够帮助行政机关有效、顺利地完成其管理目标。①

有论者认为，律师行业自治主要有两个方面的理论依据。第一，从根本上讲是宪法规定的公民结社自由权的体现，而结社自由是一项基本权利，这项权利不仅是联合国人权宪章宣告的基本人权，也是为各国宪法所规定的基本权利。第二，对行政分权的分析认为，"平衡论"所要达到的平衡是通过分权的方式以期实现。就律师行业而言，律师协会的自治实际上是行政分权的产物。自治的目的之一就是在于分权，而分权的目的就是在于用权力制约权力。②

另有论者在此基础上分析认为，"西方国家实行律师协会自治有着特定的文化基础。西方大都是以'个人权利'为本位的国家和社会，注重个人权利的法律保护，法律机器本身十分复杂，一般民众在法律面前，常常无能为力，需要法律专家即律师的帮助。基于对公民权利的重视与保

---

① 参见李谭嫱《律师行业自治制度研究》，湘潭大学 2008 年研究生论文，第7—15 页。

② 参见黄刘柱《论我国律师协会的自治》，安徽师范大学 2011 年研究生论文，第7—11 页。

护，大力发展律师事业，便成为西方国家政权阶层恒久不变的政策，为保证律师的有力服务，律师就必须团结一致，组成协会，形成整体"。①

综合来看，律师自治的理论依据主要是四个方面的内容，包括宪法基础、社会学基础、行政学基础以及文化基础。需要说明的是，文化基础不仅仅存在于西方国家，在我国法制发展的同时，律师行业得到极大发展，个人权利观念的解放与发展，保护个人权利的文化在我国业已存在。

（二）必要性分析

对于律师自治必要性的研究，学界存在不同看法。有论者认为，首先，律师自治是律师职业特殊性的要求。律师职业的特殊性表现为律师的独立性，律师自治是其独立性的重要表现。其次，律师自治也是公民自治的重要表现。公民自治是现代社会发展的必然结果，在当今中国社会转型的过程中，随着市场经济的发展，我国的公民的自主意识增强，公民的人格由依附性向独立性转变，而律师为我国法治素养较高的一个群体，在法治素养较高的群体中率先实现的公民自治，是走向公民自治的必经之路，也是法治的必经之路。②

除此之外，有论者还认为，律师行业自治同时也是政府职能转变和权力制衡的要求。在既定的技术条件下政府的能力是有限的，能力有限的政府，要成为有效的政府，其职能应该也是有限的。有效政府应该在既定的能力条件约束下，实现与市场或者社会力量的职能均衡。随着市民社会的发展，分工的日益精细导致现代社会的法律也日趋纷繁复杂。没有经过专业训练的普通公民援引法律能力是十分有限的，在诉讼中、商业交往以及生活、生产等社会关系的方方面面中，取得法律专家——律师的指导和帮助已经成为一种必需。加上律师对委托人提供的是一种高度个别化的服务，对此进行统一管理本身就十分困难，将之直接委于司法行政部门或法院也有违法治原则，难谓妥当。这就需要事先鉴别出那些能够准确无误地提供法律专业知识的人，通过律师自身的伦理性的自我约束来解决相关问

---

① 参见杨浩《我国律师管理制度研究》，复旦大学 2008 年研究生论文，第20 页。
② 参见罗尔男《我国律师自治问题研究》，载《四川行政学院学报》2008 年第4 期。

题。① 尽管作为法律共同体的一部分，律师和检察官、法官一样，都肩负着促进法治社会进步的使命。但法律共同体内部的功能担当、角色分担又是不同的。现代律师承担着协助民众、诉讼当事人实现宪法、法律所保障的平等权、自由权、诉讼权、财产权、生存权等各项权利的使命；法官、检察官也有此等义务，但法官、检察官往往从公权力的行使、社会秩序维护、社会正义的实现出发考虑问题；唯有律师直接源于民主原理、从维护私权角度出发为民众提供最直接的法律帮助。同为法律共同体的成员，相互之间应当保持必要的张力，实现并维持相当的独立性，甚至是一定程度上的对立和对抗关系。就司法运作而言，律师致力于制衡法官、检察官，以防止裁判权、追诉权的行使不当或者滥用，借以维护当事人及公民的利益。而如果再剥夺律师的自治权，将其行业运作受制于司法行政机关的监督管理之下，难免造成权力分配不均，导致国家公权力过于强大。

关于律师自治的必要性问题，学界还存在一种观点，即认为律师的特性要求实行行业自治。由于具有共同的知识、共同的信仰、共同的理念、共同的目标，使得作为自由职业者的律师很容易结成一个群体。由于个体力量的弱小，出于自保的考虑或者生物学意义上的护种本能，也使得其必须结成一个共同体来应对体外的异己力量。毫无疑问，对这一群体威胁最大的肯定是拥有强大、合法暴力机器的国家。自然，国家就成为共同体必须首先提防的目标。基于此，作为共同体的律师职业要求实行行业自治。②

三 我国律师行业自治制度的现状

对于我国当前是否应该建立律师自治制度，学界仍有一定程度上的争议。一些论者认为，律师行业自治是建立法治社会的需要，但在我国目前形势下，司法行政机关的监管必不可少。其主要原因是：第一，律师行业的自律性管理尚不足以维持和推动律师行业的规范、有序发展；第二，律师行业的管理还需要借助国家行政力量。③ 也有论者阐述认为，完全自治并不合理，需要国家权力的介入与监督。因为律师协会是律师利益的维护

---

① 参见王欢、刘涛《论律师行业自治》，载《法制与社会》2007 年 3 月。

② 陈卫东、李训虎：《关于〈律师法〉修改的几个问题》，载《中国司法》2005 年第 1 期。

③ 参见杨浩《我国律师管理制度研究》，复旦大学 2008 年研究生论文，第 23 页。

者和行业利益的代表者，特定的律师行业利益必然会和国家利益、社会利益发生冲突。因此，需要国家作为公共利益的维护者和公民个人基本权利的保护者，对律师的行业自治权进行适当的介入。①

多数论者认为，应该努力构建律师自治制度，但目前存在较多困难：第一，现行的律师管理体制行政化色彩过浓。根据现行的法律规定，律师的申报、审核权归司法行政部门；对律师、律所的惩戒也是司法行政部门最终决定。虽然我国律师早就已经脱离公职人员的身份，可依然处在严密的行政管理之下。第二，缺乏社会传统的认同。我国的社会传统对律师职业一直缺乏足够理解。第三，中国律师尚不具备行业自治的能力。律师的整体素质与一些国家和地区的律师相比，仍然有相当差距。法律专业训练不足，缺乏基本的职业操守等都在一定程度上存在着。第四，无法获得法律教育的有力支撑。律师自治的前提是，律师们接受过相似的教育，有着共同信念、共同话语，才能构成一个目标一致的团体。②

也有论者认为困境在于：第一，律师业发展陷入困境，律师队伍增长慢、收入总量低、人员素质不齐；第二，律师职业定位的尴尬；第三，律师执业保障缺位，刑事辩护律师时常处于危险境地；第四，律师管理体制的障碍，律师协会与地方司法行政没有真正分离。③

有论者认为目前存在的问题主要体现在：第一，律师协会机构的设置方面，机构设置不健全，监督机构的缺失直接影响自治效能的发挥；第二，在律师协会的运行方面，律师协会的运行机制不完善，并没有实现真正的自治，大多数律师并没有参与到管理律师行业的事务中来；第三，在律师协会的救济机制方面，救济途径比较单一，没有建立多渠道的救济途径。④

我们可以发现，我国目前律师管理体制中具有的较强的行政干预色彩

---

① 参见伍刚《律师行业自治问题研究》，中国政法大学 2006 年研究生论文，第28 页。

② 参见贺卫方、孔志国《中国律师的自治之路》，载《南风窗》2002 年 8月（下）。

③ 参见罗尔男《我国律师自治问题研究》，载《四川行政学院学报》2008 年第4 期。

④ 黄刘柱：《论我国律师协会的自治》，安徽师范大学 2011 年研究生论文，第18—21 页。

以及律师协会自身机制的不健全，是制约我国实现律师自治的最重要的原因。从我国律师管理和自治体制的发展立场上来看，我国目前的这种以"行政机关管理为主，以律师自身行业管理为辅"的管理制度是计划经济的产物，已经不能适应我国现在的市场经济体制。对此，有论者对律师给予了这样的定位：律师业是一个讲求高度自治和独立的行业，其基本职能在于帮助当事人、弥补当事人在法律上的不足，从而依法维护当事人的合法权益。进一步来说，在我国，代表行政诉讼和刑事诉讼中普通公民一方的律师，仍然可能会在诉讼当中与特定的国家机关处在相互对立的位置，虽然这些机关并不一定能够直接干预律师的诉讼活动，但他们毕竟与专管律师的司法行政机关处于同一个国家行政机构内部，并且彼此之间必然要服从同一个大的行政目标。因此，从诉讼公平的角度来看，由行政机关直接进行管理的体制，将会影响律师以独立的身份来追求诉讼公正的效果。①

四　我国律师行业自治制度的完善

从上面的分析来看，目前我国律师执业主要面临执业环境不佳，行政色彩过浓，传统文化资源匮乏，律师自身素质与行业自治的趋势不相适应等方面，针对律师自治现状，学者分别提出了不同的建议和设想。

对于律师行业自治制度的完善，有论者建议，第一，政府要为律师执业提供相对宽松的环境；第二，提高律师"准入"门槛；第三，律师资格考试的价值取向应由侧重应试者对法律条文的记忆和了解，转向重视其运用法学知识解决现实法律纠纷的能力；第四，法官、检察官、律师要有统一入口；第五，让律师协会承担起制定规则、资格审查、法律惩戒、调停纠纷、维护律师权利以及业务培训等职责，实现律师的自我约束、自我服务；第六，应确立中国的法律职业教育，鼓励务实认真的法学研究。②

有论者认为，第一，更新观念，规范职能；对于司法行政机关，要认识到进行宏观管理不是不管，只是不是包办代替，是宏观调控、指导和监

① 参见程滔《从自律走向自治——兼谈律师法对律师协会职责的修改》，载《政法论坛》2010 年第 4 期。

② 参见贺卫方、孔志国《中国律师的自治之路》，载《南风窗》2002 年 8 月（下）。

督。管理职能的转变，对行政机关的管理水平提出了更高的要求，如要制定有利于我国法律服务业的法律、法规和政策，就要加强对法律服务业，尤其是对律师职业特点、规律和律师业务的学习与研究。对于律师协会来讲，要认识到律师协会的性质是行业协会，而不是向司法行政机关负责。对于律师来讲，要建立律师职业共同体意识。第二，明确律师协会行业管理主体的法律地位，修改《律师法》的相关规定。第三，健全机构和管理体系，完善运作机制。完善律师协会的内部管理机制，健全议事规则。第四，完善律师职业行为规范，建立律师职业责任体系，包括会员分类管理的信息网络、执业行为规则的建立和监督实施制度、执业风险防范指导机制、律师执业互助制度、执业责任赔偿制度、执业评价制度等一整套涉及律师执业行为方方面面的管理制度。第五，建立教育机构，使教育工作制度化。第六，建立规范的会费管理制度。由律师协会管理年检注册工作，建立规范的会费交纳和使用制度，降低注册费用，只收成本费，并严禁司法行政机关挪用律师协会的会费。①

也有论者认为，律师行业自治制度的完善应包括：第一，重塑律师独立理念。律师的独立包括三层含义：一是指律师协会可以自由地管理其自身的事务而不受外来干预；二是指律师独立地决定工作条件的权限；三是指律师作为一个独立的阶层或自治的社会力量的政治独立。第二，完善律师协会职能，必须做到：律师在职业身份上不隶属于除律师协会和律师事务所以外的一切组织和个人；律师协会也不隶属于任何组织和个人，具有独立的宗旨和地位。第三，确立惩戒审查自治。为了行业整体的健康发展，应当确保律师行业自己享有两大自治权力：行业违规惩戒权和行业准入审查权。②

综上所述，为了促使律师行业自治的实现，首先应该是确立实现律师行业自治的目标，目标没有确定，再如何努力也可能是南辕北辙；其次是细化与落实具体措施，包括修改现行法以及相关规定，明晰权限划分，扩大律师协会的职能；不可忽视的是要同时健全律师协会的内部运行机制，

① 参见司莉《中国律师行业管理体制研究》，载《河北法学》2004 年第 2 期总第 124 期。

② 参见罗尔男《我国律师自治问题研究》，载《四川行政学院学报》2008 年第 4 期。

进行民主建设。

小　结

早在 1988 年，有论者就提出我国应当确立律师协会自治制度，并简要分析其理论可行性。① 我国律师管理体制在实践中选择了"两结合"的模式，但是由于内涵的模糊性导致我国仍没有实现这一目标。

在西方法治发达国家，普遍选择了律师行业自治或者律师行业自治倾向的这种律师管理体制，这也应该是我国律师管理体制的未来走向。我国律师行业的蓬勃发展、法学院教育的开展，激发了律师业作为职业共同体的意识，这为我国律师行业自治提供了社会基础。实践中，深圳等地的探索也为我国进一步完善律师管理体制，实现律师自治提供了有益的实践基础。

律师行业自治程度的提高以及律师行业的健康发展，是一项系统的工程，取决于中国法治建设的进程、法律职业共同体的形成、律师自治组织的完善以及律师职业道德水平的提高、社会认识的提高等诸多因素的共同作用。就我国目前法治的发展程度以及律师协会的自治能力来讲，还难以达到很高的行业自治水平，因此，构建律师行业自治制度还要充分考虑我国国情，在尽可能保证律师行业自治的前提下，加以必要的监督、指导与协助，推动我国律师行业自治健康、平稳、快速前行。

① 参见孙毅刚《关于确立新的律师管理体制的构想》，载《现代法学》1988 年第 5 期总第 39 期。

第 五 章

律师业务与收费研究

律师业务分为诉讼业务与非诉讼业务两大类。诉讼业务是律师传统业务，也是律师业务的基石。传统意义上的诉讼业务包括民事诉讼代理、行政诉讼代理、刑事诉讼辩护与代理等。随着中国社会主义市场经济的不断发展前进，律师介入经济生活越来越频繁，越来越广泛。同时，律师开始进入大量全新的领域，有很多新的非诉讼业务被不断开拓出来，律师执业范围不断扩张，律师和律师事务所都已经趋向于从传统的单一诉讼业务范围向多领域、多元化的诉讼与非诉讼业务范围发展。一般认为，非诉讼业务包括律师担任法律顾问、审查合同、公司上市、代理专利法律事务、代理商标法律事务等。

律师收费制度是律师制度的一个重要组成部分，涉及律师与当事人之间的关系，涉及律师在社会中的角色形象、律师及律师职业自身的生存与发展等重大课题。律师收费制度的科学合理与否，还关系到公民合法权益的维护水平，关系到社会正义与法律秩序的维护。新中国成立以来，中国的律师收费制度随着不同时期经历了一系列变化过程——从新中国成立初期实行的国家行政包干的律师收费制度到80年代初实行的自收自支、国家补偿的律师收费制度，再到90年代始实行的自给自足的律师收费制度。同时，中国的律师收费内容不断扩大，收费方式与支付方式不断多样化，收费标准不断提高，收费争议解决方式不断完善。

第一节　律师业务

律师业务是指律师为当事人提供法律服务的职业活动，其范围涉及法律事实可能出现的所有领域。根据我国《律师法》第 28 条的规定，律师的业务大致可以分为办理刑事案件、代理民事诉讼、代理行政诉讼和办理非诉讼业务等四类，其中非诉讼业务中又可以分为调解、仲裁和其他非诉讼法律服务两大类。

一　律师业务简述

律师业务，简言之，就是指律师所能从事的活动范围。有论者认为，律师的业务就是指律师为当事人提供法律服务的职业活动，其范围涉及法律事实可能出现的所有领域。律师业务的法律依据是我国《宪法》第 33 条、第 125 条规定和《律师法》第 28 条规定。另外，我国刑事诉讼法、民事诉讼法和行政诉讼法等程序法，对律师的业务活动范围以及权利义务也作了相应的规定。[①] 从理论上讲，律师是为当事人提供法律服务的执业人员，那么其活动范围是不应有限制的，只要公民、法人或其他组织需要法律帮助，律师就可以为其提供。但任何一国的法律也不可能对此不作任何限制，这涉及一国的政治、经济和历史传统等问题。

改革开放 30 多年来我国律师业务有了长足的发展。律师业务发展迅猛，已渗透到社会政治生活、经济生活、私人生活之中，特别是在全面推进依法治国的今天，律师施展才华的空间越来越大，律师的劳动逐渐获得社会各界的认可。有论者认为，21 世纪中国律师业务呈现出六大发展趋势：第一，刑事辩护与代理将受重视。刑事律师的辩护与代理对维护犯罪嫌疑人或者被告人或者被害人合法权益、维护法律正确实施具有重要意义。第二，民商事诉讼代理领域不断得到拓展。随着市场经济的逐步建立，各种新型民商事案件不断涌现，如房地产案件、银行业务纠纷案件、知识产权纠纷案件、期货纠纷案件等。第三，行政诉讼代理与行政复议代理将由冷变热，随着公民权利意识的增强，行政诉讼与行政复议案件的数量会大为增加。因此，行政诉讼代理将由冷变热。第四，政府法律顾问、企业法律顾问和私人法律顾问业务将平分秋色。第五，非诉讼业务将成为主导业务，律师办理非诉讼法律事务，可以满足当事人日益增多的繁杂多样的法律服务需求。第六，律师业务的国际

---

① 陈文华：《浅析中国律师的业务》，载《法律研究》2009 年第 4 期。

化、律师的专业化与律师办案手段的现代化随着我国改革开放的不断深化，国际经济贸易活动日益发展，国际化的民商事案件也日益增多。在世纪之交，在中国经济进入一个新的发展时期，只有认清律师业务的发展趋势，才能在 21 世纪的律师竞争之中赢得成功。①

二　从制度规范角度看律师业务的新发展

1996 年《律师法》第 25 条规定，律师可以从事下列业务：（一）接受公民、法人和其他组织的聘请，担任法律顾问；（二）接受民事案件、行政案件当事人的委托，担任代理人，参加诉讼；（三）接受刑事案件犯罪嫌疑人的聘请，为其提供法律咨询，代理申诉、控告，申请取保候审，接受犯罪嫌疑人、被告人的委托或者人民法院的指定，担任辩护人，接受自诉案件自诉人、公诉案件被害人或者其近亲属的委托，担任代理人，参加诉讼；（四）代理各类诉讼案件的申诉；（五）接受当事人的委托，参加调解、仲裁活动；（六）接受非诉讼法律事务当事人的委托，提供法律服务；（七）解答有关法律的询问、代写诉讼文书和有关法律事务的其他文书。

经过 2001 年《律师法》第 25 条规定，律师可以从事下列业务：（一）接受公民、法人和其他组织的聘请，担任法律顾问；（二）接受民事案件、行政案件当事人的委托，担任代理人，参加诉讼；（三）接受刑事案件犯罪嫌疑人的聘请，为其提供法律咨询，代理申诉、控告，申请取保候审，接受犯罪嫌疑人、被告人的委托或者人民法院的指定，担任辩护人，接受自诉案件自诉人、公诉案件被害人或者其近亲属的委托，担任代理人，参加诉讼；（四）代理各类诉讼案件的申诉；（五）接受当事人的委托，参加调解、仲裁活动；（六）接受非诉讼法律事务当事人的委托，提供法律服务；（七）解答有关法律的询问、代写诉讼文书和有关法律事务的其他文书。

2007 年《律师法》第 28 条规定，律师可以从事下列业务：（一）接受自然人、法人或者其他组织的委托，担任法律顾问；（二）接受民事案件、行政案件当事人的委托，担任代理人，参加诉讼；（三）接受刑事案

---

① 钟志勇：《二十一世纪律师业务的六大发展趋势》，载《江西律师》2000 年第 1 期。

件犯罪嫌疑人的委托，为其提供法律咨询，代理申诉、控告，为被逮捕的犯罪嫌疑人申请取保候审，接受犯罪嫌疑人、被告人的委托或者人民法院的指定，担任辩护人，接受自诉案件自诉人、公诉案件被害人或者其近亲属的委托，担任代理人，参加诉讼；（四）接受委托，代理各类诉讼案件的申诉；（五）接受委托，参加调解、仲裁活动；（六）接受委托，提供非诉讼法律服务；（七）解答有关法律的询问、代写诉讼文书和有关法律事务的其他文书。

2012年《律师法》第28条规定，律师可以从事下列业务：（一）接受自然人、法人或者其他组织的委托，担任法律顾问；（二）接受民事案件、行政案件当事人的委托，担任代理人，参加诉讼；（三）接受刑事案件犯罪嫌疑人、被告人的委托或者依法接受法律援助机构的指派，担任辩护人，接受自诉案件自诉人、公诉案件被害人或者其近亲属的委托，担任代理人，参加诉讼；（四）接受委托，代理各类诉讼案件的申诉；（五）接受委托，参加调解、仲裁活动；（六）接受委托，提供非诉讼法律服务；（七）解答有关法律的询问、代写诉讼文书和有关法律事务的其他文书。

仔细研究这四部律师法关于律师业务的规定，七项业务，其中综合性业务有一条，诉讼性业务有三条，非诉讼性业务有三条。比较这四部律师法关于律师业务的规定，可以看出，2007年《律师法》将原来的"申请取保候审"改为"为被逮捕的犯罪嫌疑人申请取保候审"，2012年《律师法》又将原来的"接受刑事案件犯罪嫌疑人的委托，为其提供法律咨询，代理申诉、控告"和"为被逮捕的犯罪嫌疑人申请取保候审"删除。其删改的理由基于2012年《刑事诉讼法》的修改。2012年《刑事诉讼法》第33条规定，犯罪嫌疑人自被侦查机关第一次讯问或者采取强制措施之日起，有权委托辩护人，即将律师的辩护人资格提前至被侦查机关第一次讯问或者采取强制措施之日起，也就使得"接受刑事案件犯罪嫌疑人的委托，为其提供法律咨询，代理申诉、控告"和"为被逮捕的犯罪嫌疑人申请取保候审"在立法上失去了存在的意义，故将其删除。

三　从理论研究角度看律师业务的新发展

（一）律师业务新发展概述

在刑事领域，几乎所有国家都把刑事案件中有没有律师参与辩护，作为法治社会的标志。刑事案件往往涉及剥夺犯罪嫌疑人或者被告人的人身自由，甚至剥夺他们的生命，当事人急需得到律师的帮助。在依法治国方针的指引下，我国的法治建设在 21 世纪必将取得重大成就，我国的人权保护也将取得重大进展。因此，刑事辩护与代理将在 21 世纪重新获得重视。

在民商事领域，随着市场经济的逐步建立，各种新型民商事案件不断涌现，如房地产案件、银行业务纠纷案件、担保合同案件、票据纠纷案件、信托合同案件、知识产权纠纷案件、期货纠纷案件、知识产权纠纷案件等等。我国的各种民商事法律制度也将趋向成熟，还会出现各种新型民商事案件，这一切将为律师施展自己的才华提供广阔的空间。

在行政法领域，在依法治国的大背景下，我国政府依法行政的水平有极大的提高，行政法与行政诉讼法成为公民保护自身权利的有力武器。随着公民权利意识的增强，行政诉讼与行政复议案件的数量会大为增加。行政诉讼代理将逐渐变热。

在法律顾问领域，目前，我国律师既为市场主体提供法律服务，又为政府提供法律服务。律师既为保障民权担当责任，又为保卫权力机构实现公权尽职尽责。近年来，随着我国市场经济的形成和发展，人们的法治意识、法治观念也在不断提高。以往只有打官司才想到律师的传统观念正在逐渐改变，现在人们越来越觉得生活中处处离不开法律。人们希望聘请律师帮助自己或家庭处理各种麻烦，诸如婚姻、财产、继承、赡养、索赔乃至名誉权、肖像权等法律问题。同时，随着家庭财产的增加，人们投资需求旺盛，或兴办个体私营企业、合伙企业，或投资于股票、债券、基金，急需得到律师的帮助。正是在这种背景之下，家庭律师产生并很快在全国推广开来。

在非诉讼领域，面对纷繁的法律问题，当事人显得无能为力，而需要律师来帮助解决。律师通过办理非诉讼法律事务，以其专业的法律知识和才干帮助当事人去实现某项权利，在事前预防纠纷，在事后解决争议，满足当事人的法律服务需求。随着市场经济的深化发展，我国律师的非诉讼业务得到了长足的发展。非诉讼业务领域不断拓展，90 年代初由起草、审查、修改合同、提供咨询发展到参与调解、仲裁；90 年代中期逐渐进入企业改制、涉外见证和企业破产代理；90 年代末进入到企业联营、并购、参股控股、股份制改造、金融、证券、股票上市、社会保障、重大项目招标投标，等等。

在对外服务领域，我国律师开始走出国门，为我国企业的海外经济贸易活动提供法律服务。律师业务将会进一步国际化，这为我国律师提供了施展才华的广阔舞台。在中国经济进入一个新的发展时期之际，认清律师业务的发展趋势，才能在 21 世纪的律师竞争之中赢得成功。

（二）诉讼业务新发展

随着市场经济环境的发展变化和律师自身素质的提高，很多新的业务被不断开拓出来，律师执业范围不断扩张，律师和律师事务所都已经趋向于从以往传统的单一诉讼业务范围向多领域、多元化发展。律师的业务领域总体可以分为两大类：诉讼业务和非诉讼业务。

第一，在现阶段，有不少的民事案件，当事人并没有聘请律师。很多的案件只是由当事人亲自参与，但由于当事人对法律的不熟悉，导致其合法权益往往得不到充分的保护，随着法律意识和经济水平进一步地提高、随着律师在诉讼中所起的作用日益增强，当事人在产生诉讼之后，愿意聘请专业的法律人才——律师参与诉讼，享受其提供的高质量的法律服务。

第二，基于诉讼成本等方面的因素所考虑，相当一部分的经济诉讼市场被本单位法律顾问、职员和其他非律师法律服务人员所瓜分，随着律师准入制度的严格，律师群体的整体素质提高，服务水平和技能的提升、竞争的激烈，收费的合理化，律师群体将逐步以其高水平、低费用为手段，抢占诉讼市场。

第三，民事、经济案件中的风险代理日趋成熟，在很大程度上促进着诉讼业务量的增长、代理费的增加。

第四，随着对人权的重视和保护的意识增强，律师办理刑事案件的态度将逐渐变得积极，刑事辩护担负着捍卫生命权利和自由权利的责任，辩护律师地位提升，律师在办理刑事案件时的收费完全可以提高，通过与当事人的协商，一宗大的刑事案的收费不会亚于在非诉讼业务中为上市公司出具一份法律意见书的收费。

第五，随着国家法治建设的发展，对国家权力的制约和对弱势个体的保护加重，行政案件特别是国家赔偿案件增加，将会进一步扩大诉讼业务市场。①

（三）非诉讼业务新发展

律师从事非诉讼法律事务代理前景广阔。市场经济本质上是法治经济，经济的发展离不开律师的参与，而律师服务于经济建设的主要方式，是向各类市场主体提供优质的非诉讼法律服务。随着依法治国方略的实施不断推进，经济体制的改革不断深化，社会对法律服务的需求越来越广，对法律服务的要求也越来越高，为律师拓展法律服务市场带来了新的机遇。

有论者认为，非诉讼业务领域非常广阔，包括：（1）为政府及其职能部门提供法律服务。依法治国的方略实施，客观上要求各级政府及其职能部门依法行政。而政府是各项经济活动的"游戏规则的"制定者和监督者，政府在制定"游戏规则"，履行经济监督职能时，涉及大量的法律问题，需要律师提供优的法律服务。（2）为企业的发展提供法律服务。无论是国有大中型企业，还是非公有制企业，它们在改革发展过程中，必然涉及资产重组、证券发行、产权转让、资本扩张、产业结构调整等经营管理活动，围绕这些经济活动，将产生相关新的律师事务，需要大批优秀律师提供的法律服务。（3）加入 WTO 后的新型律师事务。全球经济一体化趋势不断增强，我国加入 WTO 后，将出现大量国际投资、国际贸易、国际金融等经济活动，涉及反倾销、反补贴调查，国际贸易争端的解决、国际知识产权的保护等新的律师事务会不断涌现，需要律师提供优质的法律服务。（4）农村城镇化建设中新的律师业务。加速农村城镇化建设是全面建设小康社会、促进农村经济发展、解决"三农"问题的重要举措。在城镇化建设中，土地的开发利用、房产开发、城镇规划、城镇的基础设施建设等经济开发建设中蕴含很多律师新业务。此外，工业产权和知识产权领域，金融体制改革以及 IT 行业、电子商务、高新技术产业中具有丰富的律师新业务资源。政府机构改革后，随着职能转变，原来由政府承担的部分事务性工作，将由中介服务机构承担。因此，律师拓展新的非诉讼

---

① 《诉讼业务——律师业务的灵魂和前景》，载 http://www.lawtime.cn/info/lun-wen/sifazd/2006102657656_ 2. html，访问时间：2013 年 3 月 22 日。

业务内容十分丰富，前景非常广阔。①

在非诉讼领域，刑事非诉讼业务（刑事风险防范）是较为新兴的业务。有论者认为，所谓"刑事非诉讼业务"，是指律师依法接受委托，针对与刑事法律相关的实体和程序法律问题，以不直接参加公安司法机关主导的刑事诉讼活动的方式，为需要刑事法律帮助的单位、个人和需要参加刑事诉讼活动的参与人提供诉讼外法律服务的业务事项。该论者认为，刑事非诉讼业务可分为一般刑事非诉讼业务和特殊刑事非诉讼业务。一般刑事非诉讼业务是指律师在日常的执业活动中，以与刑事诉讼无关的方式，为个人、单位提供刑事法律咨询、刑事代书、刑事事务调查、出具刑事法律文件等事务，主要表现为临时刑事法律咨询、代书和担任常年刑事法律顾问。特殊刑事非诉讼业务是指律师为刑事诉讼参与人提供非诉讼业务帮助。律师为刑事诉讼的直接参与人提供法律服务，是指律师不直接以自己的名义参与司法机关主导的刑事诉讼活动，而是协助为启动、参与、终止刑事诉讼的直接参与人（如犯罪嫌疑人、被告人、被害人、自诉人、证人、辩护人及其利益相关者）提供咨询、代书、申诉、控告、协助会见、代理调查、论证、协助执行等非诉讼业务活动，主要是协助诉讼活动。②

有论者认为，律师税务法律服务也是律师非诉讼新业务，繁杂多变的税收政策，往往使一般纳税人无所适从，作为国家宏观经济杠杆的税收法律规范变化无常，这有可能造成法律规范之间的冲突与实践之间的错位，这种情况下，律师在给予纳税人专业的指导和服务，规避税务法律风险方面发挥了极大作用。在全球化的背景下，不同的国家有着各不一样的税收制度，律师的法律意见往往成为跨国公司决定某项重大投资项目、某一时期经营思路、经营决策的前提。可见随着税收征管制度的进一步完美，我国的税务师和律师都可以在广阔的市场需求中找到自己的定位。③ 在企业并购方面，有论者认为，随着中国加入 WTO 的步伐加快，企业更加对外开放，外商对华投资的方式将出现多样化。以收购中国企业股权的方式进入中国的外国投资日益增多，中国企业走出去，并购外国企业的商事行为

---

① 周爱吾：《律师拓展法律服务的方向》，载《中国律师》2004 年第 1 期。

② 张友明：《刑事非诉讼律师业务初探》，载《中国律师》2006 年第 10 期。

③ 参见王惠《21 世纪中国律师的新业务——税收法律服务》，载《中国律师》2000 年第 12 期。

也越来越多。律师设计企业收购可行性方案和法律框架，保证程序合法，维护当事人利益，在整个并购活动中起到了积极的、建设性的作用。[①] 也有论者认为，律师在企业兼并中的活动主要包括：一是协助企业进行兼并决策，搞好市场预测；二是通过资信调查和可行性报告分析，帮助企业选择目标企业；三是帮助企业选定评估机构和评估方法；四是帮助企业拟定并签订兼并协议。[②]

也有论者从更高的角度来讨论建构律师服务的非诉讼模式。该论者认为，长久以来，中国律师服务的模式一直拘泥于诉讼模式，非诉讼模式仅占律师服务市场的极少部分。律师们应当紧跟经济发展的步伐去设计或开拓出新的非诉讼业务，建立起适合自身发展又符合客户需求的多类型、有特色的非诉讼业务模式。因此，该论者提出了律师服务非诉讼模式建构的必要性：首先，中国人的消费结构、投资结构和经济理念随着市场经济的不断深入发生着深刻而巨大的变化。企业和大众的法律意识也在大大增强。他们越来越强烈地呼唤全方位、高质量的法律服务，尤其是非诉讼法律服务。其次，随着中国加入 WTO，服务市场逐步放开，大量的国外律师事务所正在进入中国。中国律师唯有抓紧时机实现业务重心的转型，建立符合自身发展的律师服务的新型非诉讼模式，趁此变革时期抢占市场，中国律师才能获得一次全面的提升。该论者进一步提出了律师服务非诉讼模式建构的思路，主要包括：第一，追踪市场经济发展中发展强劲或市场覆盖率大的行业或项目，载法律服务于其上，设计和提供大众型的、精细的非诉讼法律服务模式。第二，追踪市场经济中需要综合服务的行业或项目，提供特殊、全面的法律服务。市场经济发展过程中，不可避免地会需要协调各种民事关系、行政关系，涉及政策、法律、文化、经济诸领域，需要多方面专业人才包括法律人才提供综合服务，如开发区建设、旧城改造等。第三，追踪市场经济中某新兴领域，设计新型律师服务非诉讼模式，为该领域提供非诉讼法律服务，比如基础建设工程的管理与融资服务、国际商展及会议的律师服务、反倾销反补贴的律师服务等等。第四，

---

① 参见谢思敏《企业重组与并购中律师的作用》，载《中国律师》2000 年第 9 期。

② 王熙亮：《浅述企业兼并及企业兼并中的律师业务》，载《中国司法》2002 年第 2 期。

追踪政府有关部门业务特点，将其部分功能社会化，为政府或企业架起桥梁，提供新的"法律产品"服务。如有关机关的审批制改成备案制后，由律师提供"初查、代报备"的法律服务；有些部门原先承担协调或处理归口企业的税务争端事项、企业间争端事项，疲于奔命，既低效又无法为其他企业或其他所涉行政部门理解，事倍功半。

该论者最终得出结论：中国律师服务的非诉讼模式建立应当是多向的、多层次的，中国律师不应当仅仅是考虑我能怎么做，而应当是考虑我想做什么。2012 年《律师法》并没有对中国律师的服务范围作出禁止性规定，只要是合法的，对当事人有利，律师都可以将当事人要求提供的服务非诉讼化，建立法律服务的非诉讼模式，向当事人提供非诉讼法律服务。非诉讼领域的法律服务市场是广阔的，但有市场并不一定有适销对路的法律服务"产品"，如何建立多种新型的律师服务非诉讼模式，是中国律师能否最大限度占有非诉讼法律服务市场份额的关键。我国律师应当开拓思路，积极策划，勇于尝试，这样我国律师业必将迎来一个崭新的时代。①

第二节　律师收费

我国律师收费制度长期处于不规范的状况，突出地表现为政府行政的直接干预，这种影响至今仍未完全消除。在实践中，律师收费的高与低、合理与不合理，并不是一个单纯的经济问题。从理论上说，它实际上是涉及如何正确反映律师法律服务的社会价值问题。过去在考虑律师收费问题时，往往强调当时的国情，从社会经济发展水平较低的现实状况出发，以政府的行政干预手段限制律师收费标准。随着社会经济的发展，以及"依法治国"方略的实施，在律师收费问题上，旧的行政干预的一套办法，已经不符合律师行业独立、自由、中介的社会性质，势必会挫伤律师的积极性，影响律师业务水平和服务质量的提高。

---

① 吴旭：《律师服务的非诉讼模式及其建构思路》，载《中国律师》2004 年第 8 期。

一　域外律师收费模式介绍

（一）美国律师收费制度

美国是世界上律师数量最多的国家，其律师行业已发展十分成熟，律师工作的积极主动性亦非常强，故其律师收费制度具有很强的代表性。

1. 律师收费的原则

在美国并没有针对律师如何进行收费以及收费高低的具体法律规定。律师收费多少主要取决于当事人与律师之间的协商，即取决于市场机制。这使得美国的律师服务收费浮动范围相当宽。[①] 律师收费的方式多样，常用计费方式有两种：一种为按时计费，在每小时 200 美元至 500 美元不等；另一种为视官司输赢而分成收费，大约占获得赔偿金的 1/3。虽没有法律明文规定收费价格标准，但是由司法部门即法院进行有序的严格管理。法院对律师收费的管理，多采用律师协会制定的行业规范作为依据。

2. 律师收费的特点

在美国，律师收费的形式有四种。第一种，计件收费。主要针对具体的法律事务，如起草文件、制定合同等。第二种，计时收费。第三种，协商收费。即当事人和律师通过协商，来确定律师提供法律服务的费用。第四种，胜诉收费，即风险代理。这是美国律师收费制度的最显著特点。胜诉费是指在特定的情况发生时，律师才有权获得酬金的一种成功酬金制。当律师在诉讼中为当事人追回财产或赔偿金后，按照约定的比例收取律师费。如果没有为当事人追回财产或赔偿金，则不能收取律师费。其立意是为了使得缺少现款的受害人能维护自身的合法权益。这种收费一般发生在人身伤害中。并且由于胜诉费是以律师所承担的风险为前提，故若律师承办的案件没有风险，则不应此以胜诉费的方式收取律师费。因此，法律规定在某些情况下限制收取胜诉费。尤其是办理刑事案件以及离婚案件中，禁止收取胜诉费。此外，法院对收取胜诉费的比例，也作了相应的限制，其比例通常为客户所追回的财产或获得的赔偿金数额的 1/3。此种做法，既可

---

① 石毅：《中外律师制度纵观》，中国法制出版社 2002 年版，第 243 页。

调动律师的积极性，亦可保障暂无力支付现款的当事人的权益，因此，在美国社会中采用得十分普遍。

此外，美国律师收费制度还有一个显著的特点，即费用有限转付制度。其是指胜诉方为寻求司法救济而支付的律师费用应由败诉方承担，胜诉方当事人与律师约定或已经支付的律师费数额，由法官根据案件性质、律师收费标准、律师所承担的法律事务的繁简程度、需时长短等因素，以不超过约定或已支付数额合理判定。① 美国相关法律规定，如果一方当事人的权利主张或抗辩明显没有理由或无意义，那么胜诉方照样可以取得其法律费用的赔偿。但《美国联邦民事诉讼规则》第 68 条规定，如果被告在审理前提出和解条件，而原告拒绝接受并且在随后的审判中所得到的结果不如和解条件的，那么原告就必须自行支付其诉讼费用，尽管其作为胜诉方在一般情况下有权坚持要求被告支付双方的诉讼费用。这样一来，通常双方当事人会出于害怕自己在诉讼中败诉而承担对方律师费用，而倾向于采取和解的方式结案，故节省了大量诉讼成本。

3. 美国律师风险代理收费机制

美国《律师职业行为示范规则》第一章第 5 条规定："律师收费可以根据提供的法律服务结果来收取胜诉费。"胜诉费协议应以书面形式，载明确定收费数额的方式。由于律师能否得到相应的律师费完全取决于案件的最终结果，因而对于律师而言是一种风险，所以这种收费就被称为风险收费制度。而律师风险代理收费之所以在美国十分普遍，主要有两方面优势：一方面，它有利于解决当事人一时难以支付巨额律师酬金的困难；另一方面，它有利于调动律师工作的积极性和责任感，提高律师服务的质量和效率。它对于当事人的意义也极大，特别是对于一些贫困的原告而言。在一些涉及人身伤害赔偿的案件，尤其是个人对跨国公司提起的损害赔偿案件，一般的原告无法交纳高额的诉讼费用（主要是律师费或者其他的法律服务费），因而在诉讼当中面临着许多困难，而由于没有律师强大财力与法律能力的支持，在诉讼中战胜跨国公司几乎是没有任何可能的。而这种视情况而定的费用制度（即风险收费制度），就将风险从原告身上转移到律师身上，从而解决了贫困的原告在诉讼中的困难。所以把这种风险

---

① 王应德：《律师费用有限转付制探讨》，载《律师世界》1999 年第 4 期。

收费制度称为"穷人到法庭的车票"，是有其合理根据的。①

　　美国对于风险代理实行有条件承认原则。1983 年通过的《全美律协代表大会关于律师职业行为标准规则》中规定，律师收费可根据服务的结果附条件计算，但本案（d）项及其他法律禁止的除外，（d）下列案件中，律师不得同委托人达成协议收取附条件费用：（1）在家庭关系案件中，以保证离婚或获取生活费、赡养费的多少为条件收取诉讼费用的；（2）在刑事案件中，代理被告的律师不得收取附条件费用。② 美国在一些特殊的案件中对胜诉酬金作了限制。一些州还对律师胜诉费的比例作了限制③，如纽约、新泽西等州对律师的胜诉费，实行最高不得超过 50% 的限额，有些州则定为 35%。④

　　根据《职业行为示范规则》和《律师法重述》中的规定，以下两种案件不得采取风险代理收费方式：一种是刑事辩护案件。如果律师采取了风险代理收费方式，则有关协议不具可执行性。因为在刑事案件中存在利益冲突的危险，如可能造成律师在案件中拒绝接受辩诉交易，而放弃对委托人更为有利的有罪答辩。但是有学者认为，在刑事案件中禁止风险代理费是历史的遗留物，在早期的一段时间内，几乎所有的附条件收费都受到怀疑。还有学者认为，这一禁止风险代理费的规则之所以在刑事案件中能够保留下来，经济因素可能发挥了重要作用。例如学者摩根认为，这种禁止是一种反竞争的做法。辩护律师的辩护费都是事先收取的，如果允许附条件收费，这一现状将受到威胁。另一种受限制的是涉及家庭关系的案件。因为公共政策并不鼓励离婚等使得家庭关系破裂之举。若在此案件中采取风险代理收费方式，将鼓励律师阻止委托人进行和解，因为和解将使律师失去可得的律师费，从而导致律师并非从委托人的最大利益及公正进行法律服务。

---

　　① 肖羽飞、王吉文、叶轩宇：《美国风险收费制度对我国的启示》，载《特区经济》2007 年第 12 期。

　　② 茅彭年、李碧达：《中国律师制度研究资料汇编》，法律出版社 1992 年版，第 6 页。

　　③ 青锋：《美国律师制度》，中国法制出版社 1995 年版，第 64—66 页。

　　④ 任允正、刘兆兴：《司法制度比较研究》，中国社会科学出版社 1996 年版，第 291 页。

（二）英国律师收费制度

由于英国采取的是"二元制"律师制度，分为初级律师（又称小律师、事务律师）和专门律师（又称大律师、出庭律师）。对于律师收费，英国法律并没有具体规定律师的收费项目和标准，律师提供法律服务多采用计时收费方式。就专门律师而言，其报酬主要是在接受初级律师的委托诉讼案件所请求的"承办案件的酬金"。这种酬金只向初级律师收取，而不向当事人收取。专门律师的报酬额由专门律师办公室秘书与初级律师或其秘书在接受委托时通过协商决定，并将所决定的数额附记于诉讼委托书。因此，专门律师的报酬额是可以根据合同自由地加以规定的。初级律师的报酬额可以分为办理非诉讼法律事务的酬金和办理诉讼事务的酬金。根据《1972年初级律师收费规则》规定，初级律师办理非诉讼法律事务的收费额应当公平而且合理地确定，即应当考虑与事务有关的所有情况，特别是下列情况：一是事情的复杂程度，或者是提出的问题的新颖度或难度；二是要求初级律师具备的技能、花费的工作量、需要掌握的专门知识以及承担的责任；三是办理委托事务耗费的时间；四是需要准备或审查的文件的份数和重要性，但不考虑文件的长短；五是办理委托事务或委托事务的任何部分的地点和周围环境；六是涉及的任何金钱或财产的数额或价值；七是涉及的任何土地是否属于《1925年土地登记法》规定的经过登记的土地；八是事项对当事人的重要程度。

对于诉讼事务的收费，初级律师可以和当事人订立协议，协议规定的酬金数额可以高出或低于通常的收费标准，但是协议不得规定只有在胜诉的情况下，初级律师才有权向当事人收取酬金，也不能规定初级律师对他的过失不负责任，或免除在通常情况下应当由初级律师承担的任何责任。初级律师可以要求当事人就应当支付的诉讼事务的酬金提供担保。而且，如果当事人拒绝支付或没有在合理的时间内支付酬金，则初级律师可以在通知当事人之后解除委托。

补偿规定是英国律师收费的一条重要原则，这一原则要求胜诉一方律师费由败诉方承担。理由是使胜诉者恢复到与受损害之前完全一样的情况。具体赔偿数额往往由法官决定。一般情况下，法官会裁定赔偿，除非胜诉方行为在某一方面不合理或不恰当。对胜诉者来说，实际赔偿不一定等于起诉过程中的实际开销，法院只会认定绝对必要的赔偿。因此，胜诉者支付律师的费用仍可能多于败诉方给付的部分。在英国，法律禁止律师

"不胜诉不收费"。理由是这种做法容易被滥用，会使律师倾向于只办理他们感到必定胜诉的案件，而忽视那些亟须法律主持正义的人。

（三）德国律师收费制度

在德国，律师收费依据国家制定的收费标准，法律严格限制律师超标准收费，不允许律师为拉拢顾客而压低收费标准。除了某些极为特殊的情况以外，对于律师从事的所有业务都按规定的标准收费。这些规定包括在经过修改的 1957 年《收费条例》里，并由法院严格执行。但是如果当事人以书面形式表示同意，律师也可以收取高于法定标准的酬金。一般情况下，律师收费数额要在考虑争议金额的基础上根据相应的标准确定。有时为了确定收费数额，需事先预定一个数额作为基数，即使如此，收费数额也必须按规定标准予以确定。

对于诉讼事项，律师收费必须严格执行规定标准。因此，对于签发传票、出庭辩护、调查案情、商谈和解诉讼等，都是按规定的标准收取律师服务费。律师办理非诉讼事项的收费标准则比较灵活，并在标准规定的最低收费和最高收费之间允许一定程度的自由。律师在确定具体的收费数额时，要考虑有关事项的难度、花费的时间以及当事人的经济状况。律师在诉讼结束时，要写出一份费用清单，连同一份评定酬金和开支的申请，一起交给法院书记官。评定工作由书记官办公室一位被称为"讼费评定官"的高级官员进行，并由书记官将评定结果通知对方诉讼当事人。有关律师如果对评定结果不服，可以向作出评定的法院上诉。如果有关当事人对诉讼结果不服，则可以在两周内向上一级法院提出上诉。

（四）日本律师收费制度

日本的律师收费种类包括着手金、报酬费、手续费、法律咨询费、法律鉴定费、法律顾问费、日当费。着手金，是指律师在接受案件委托时，根据案件的性质、难易程度所预收的委托费，即指案件受理费。报酬费，是指经律师的工作达到或部分达到委托人的要求，由律师向委托人收取的案件办理费。手续费，主要是针对只需要一次手续便可以终了的案件所收取的费用。法律咨询费，是指接受委托人的法律咨询所收取的费用。法律鉴定费，是指接受委托人出具的书面材料的费用。这里的书面材料的内容，是律师对委托人所提示的事件在法律上的判断或意见的表述。法律顾问费，是指律师根据合同在一定的约定期限内，向委托人持续提供一定的法律服务而收取的费用。日当费，是指律师为处理委托人所委托的事务过程中，离开律师事务所所在地到外地出差时，委托人对律师的这段时间内的工作所必需支付的费用。在民事案件中，着手金是根据案件的经济利益的金额来计算的，而报酬则是根据律师对被委托的案件的处理而实际取得的经济利益的金额来计算的。根据案件的性质的不同，所收取的百分比也不同。在同一性质的案件中，收取的百分比用累进递减的方式收取。① 法律咨询费的收费标准分为两种情况：（1）普通市民的第一次咨询标准。每30分钟为5000—10000日元；（2）除去前项以外的法律咨询，每30分钟为5000—25000日元，通过电话进行法律咨询的，收费相同。手续费亦分为两种：一种是和诉讼有关事宜的手续费；另一种则是诉讼之外事宜的手续费。以上是日本律师联合会制定的《律师收费基准》中的一种指导性规定。日本律师联合会要求全国各地的律师协会根据所在地的经济状况及其地域特征，参照此基准各自制定律师协会范围内的律师收费标准。

《律师收费基准》虽然详细地规定了各项案件的收费标准，但是在具体操作中，这些标准也不是不可逾越的。在下列情况中，律师收费制度可作一些减免或增加。可以减免的情况：（1）委托人经济能力较差或有特别情况发生时，可以改变律师费用的支付时间，或对委托人应付的费用减额甚至免除；（2）在取得着手金和报酬的案件中，如果委托人所委托的案件要达到委托人所希望的结果可能性不大，或按委托人的经济状况，根据《律师收费基准》收取着手金有所不妥，可以与委托人协商，降低着手金的收费标准，而提高报酬费的收取幅度。但是在这种情况下，收取的着手金和报酬费的合计，不得超出律师收费基准所规定的着手金和报酬费之和。可以增额的情况：律师在接受委托的案件特别重大或复杂，审理或解决该案件需要相长的时间时，或在接受委托后发现被委托的案件属于这类情况时，因原来所定的费用明显偏少，可以在和委托人协商后，在适当、合理的范围内增加金额。

二　我国律师收费制度的变革

一直以来，我国对律师收费实行严格的政府管制，政府主管部门不仅制定了统一的律师收费管理办法和收费标准，而且要求律师事务所严格执

---

① 裘索：《日本国律师制度》，上海社会科学院出版社1999年版，第146页。

行国家规定的标准。当然，这种严格性在 2000 年以后，在国家放权于各地方出台相应收费标准的情况下，有了一定的弱化。

（一）计划经济制度下的律师收费办法及标准

1956 年司法部颁布了《律师收费暂行办法》，这是新中国成立后第一个律师收费办法。该办法第 1 条规定："律师的设置是为了给予人民以法律上的帮助，根据目前人民生活水平和案件简易复杂情况，实行按劳取酬的原则，依本办法向委托人收取劳动报酬费。"按照这一原则，该办法采用了适应新中国成立初期我国国情的固定的低收费标准。此外，还规定了免收律师费用情形。1956 年的收费办法，基本适应了当时的国情，也在一定程度上完善了新中国的律师制度。但是，《律师收费暂行办法》施行后不久，由于政治原因，我国刚刚起步的律师制度就遭到了破坏。

十一届三中全会后，伴随着政治上的拨乱反正的进程，我国律师制度得以逐步恢复。1980 年全国人大常务委员会通过并颁布了《律师暂行条例》，这是我国第一个关于律师制度的法律。该暂行条例规定，律师是国家的法律工作者。随后，1981 年 12 月 9 日，司法部、财政部联合发布《律师收费试行办法》，并附《律师收费标准表》。

进入 20 世纪 90 年代后，原有律师收费的规定已不能适应社会和律师业的发展。1990 年 2 月 15 日，司法部、财政部、国家物价局联合发布《律师业务收费管理办法》和《律师业务收费标准》。与之前的律师收费办法相比，该收费办法在收费方式上增加了计时收费方式，如律师解答法律咨询时，除了可以计件收费，还可以采用计时收费。办法还规定，律师接受外国当事人、港澳台同胞委托办理法律事务，根据律师的水平和法律业务量，与当事人协商收费或计时收费。此外，《办法》对一些特殊情况下的收费办法作了具体规定，如律师办理疑难、复杂的法律事务，可适当增加收费数额，但最高不得超过收费标准所规定数额的两倍。关于涉外业务，《办法》规定，律师接受国内当事人的委托办理涉外业务，可比照疑难、复杂案件收费。有财产标准的，可在不高于规定标准 4 倍的情况下，由双方协商确定收费。同时颁行的《律师业务收费标准》中，对八类法律事务的收费标准进行了具体规定。

稍加分析，即可看出，以上关于律师收费的法律法规都具有浓厚的计划经济色彩，其特点在于国家对收费方式、标准等严格管控，律师费相对较低。笔者认为，其根本原因在于对律师性质的界定，不论是 1956 年的

《司法部关于建立律师工作的报告》，还是 1980 年的《律师暂行条例》，都将律师定义为国家的法律工作者。虽然这种界定有其历史的原因，但是把律师界定为国家法律工作者，存在着明显的弊端，律师职业所应有的独立性难以体现。这种定位也为国家主管部门对律师收费进行严格的计划管制，提供了体制基础。于是我们可以看到，这些规定不论是在收费方式，还是收费的标准上，都规定得相当严格，律师事务所只能在规定的限度内进行收费，否则就属于违规行为。而这种严格的计划管制难以体现律师收费自身的规律，在其规范律师收费实践时，就难免会出现一些问题。有论者对 1990 年的收费办法进行了分析，总结出了以下一些问题：（1）收费标准过低。如法律咨询按计件收费 1—30 元/件，按计时收费 2—15 元/小时；办理刑事案件 30—150 元/件，这些标准明显偏低。（2）收费方式单一。收费方式采取法定标准收费，限制协商收费。这种规定不能体现案件的难易程度，也不能体现律师的工作能力与智力水平，不利于调动律师的积极性。（3）收费的比例不合理。办理刑事案件的收费标准与办理其他案件的收费标准比例不尽合理。因为法律事务标的额的大小与案件的难易程度并不成正比，有的案件标的大，工作量却很小，而有的案件标的小，但工作量却很大，需要耗费较多的时间和精力。①

（二）市场经济制度下的律师收费办法及标准

随着市场经济的确立以及进一步的完善，对于律师的性质也发生了悄然转变。随着律师制度改革的深化，1996 年 5 月，《律师法》正式颁布，这标志着我国律师制度的基本框架的初步形成。《律师法》重新界定了律师的性质，即律师是依法取得律师执业证书，为社会提供法律服务的执业人员。同时，《律师法》也对律师事务所统一收费进行了原则规定，要求律师在承办业务时，由律师事务所与委托人订立委托合同，统一收取律师费用，并规定了律师收费的具体办法，由国务院司法行政部门制定，报国务院批准。为了促进律师业的更大发展，适应建立社会主义市场经济体制的客观要求，1997 年原国家计委、司法部联合印发了《律师服务收费管理暂行办法》。该办法对律师收费的原则、收费的构成、收费的范围和方式都作了规定，改变了过去收费方式单一、收费不合理的现象，准许协商

---

① 李本森：《中国律师业发展问题研究》，吉林人民出版社 2002 年版，第 212 页。

收费，这比以前的规定有了明显的进步。在收费方式上，扩大了协商收费和计时收费的内容，如担任法律顾问、提供非诉讼法律服务、解答有关法律的询问、代写诉讼文书和有关法律事务的其他文书等，既可协商收费也可计时收费。有论者认为，从该办法规定来看，我国大陆地区绝大多数法律事务是按件计酬，涉及财产关系的除收取手续费外主要是按标的额收费，尽管也规定了协商收费和计时收费（两者相互重合），但明显适用范围很窄。该办法均没有体现协商收费在律师收费方式中的主体地位。只有协商收费，才能促成律师业公平竞争和收费的合理性，使律师收费价格与服务价值趋于一致。事实上，无论在西方律师业发达国家还是在我国律师实务界，协商收费方式已成为与各种收费方式合并使用的一种综合收费方式。因为不同的案件，不论案情还是当事人的经济情况都千差万别，不可能确定一个固定的收费模式。①

为了规范律师事务所的收费行为，2004 年 3 月 16 日司法部颁布了《律师事务所收费程序规则》，《规则》进一步强调了律师收费应当严格遵循现行律师收费办法与地方收费标准。律师收费要坚持律师事务所统一收费，禁止律师私自收费，进行不正当竞争。要求律师在接受当事人委托后，应当签订收费合同明确双方权利义务。对律师服务费用、办案费以及差旅费的收支进行较为详细的规定。《规则》还规定了律师收费争议处理的一般程序，并强调律师收费要接受物价部门与司法行政部门的监管，等等。有论者认为，正如文件名称所表现的那样，在内容上该《规则》是"一个名副其实的程序规则"，②只规定了律师事务所收费时应遵守的程序事项，其对1997 年《律师服务收费管理暂行办法》的内容并没有做出实质改变。所以，该文件的出台并没有对我国现行律师制度的改革有实质性的影响。

2006 年 4 月 13 日国家发展改革委和司法部发布《律师服务收费管理办法》（发改价格720068611 号），该办法自2006 年12 月 1 日起施行，是现行有效的收费管理规定。根据 2006 年《收费办法》第 4 条规定，律师

① 曹雪雅：《海峡两岸律师收费制度比较研究》，载《台湾法研究学刊》2004年第 4 期。

② 王进喜：《风险代理收费：制度理论与在中国的实践》，载《中国司法》2005年第 11 期。

服务收费实行政府指导价和市场调节价。第5条规定，律师事务所依法提供下列法律服务实行政府指导价：（1）代理民事诉讼案件；（2）代理行政诉讼案件；（3）代理国家赔偿案件；（4）为刑事案件犯罪嫌疑人提供法律咨询、代理申诉和控告、申请取保候审，担任被告人的辩护人或自诉人、被害人的诉讼代理人；（5）代理各类诉讼案件的申诉。律师事务所提供其他法律服务的收费实行市场调节价。第10条规定，律师服务收费可以根据不同的服务内容，采取计件收费、按标的额比例收费和计时收费等方式。计件收费一般适用于不涉及财产关系的法律事务；按标的额比例收费适用于涉及财产关系的法律事务；计时收费可适用于全部法律事务。第11条规定，办理涉及财产关系的民事案件时，委托人被告知政府指导价后仍要求实行风险代理的，律师事务所可以实行风险代理收费，但下列情形除外：（1）婚姻、继承案件；（2）请求给予社会保险待遇或者最低生活保障待遇的；（3）请求给付赡养费、抚养费、扶养费、抚恤金、救济金、工伤赔偿的；（4）请求支付劳动报酬的等。

有论者认为，将律师服务费纳入政府指导价系统，不仅增加了相关的立法成本、行政成本，同时也损失了一部分机会成本，应该将有限的社会资源应用于广阔的公共需求上。事实上，政府规划和行业自律属于递进关系，社会分工越来越细化的时代，更需要的是行业团体自治能力的发挥，而不是政府全权统揽的管家型行政，这不仅浪费社会资源，或许会遭遇非最优行政的尴尬。当然，这并不表示政府对法律服务市场放弃监管。制定市场规则，维护市场的公平与公正是政府的主要责任：一方面，政府要在不涉及价格的前提下，制定收费程序、规则等；另一方面，也要防止律师形成价格同盟，损害当事人的利益。①

同时，也有论者认为，新的《律师服务收费管理办法》在一定程度上解决了律师收费制度存在的问题，特别是制定政府指导价的过分干预，过少的强调收费的市场化和行业化。但该论者认为，在转型时期，我国的律师收费制度应走向以自觉状态下的律师行业收费为主，国家干预为辅的收费机制，并提出了完善建议，包括：（1）建立律师与当事人协商收费机制，扩大协商收费范围。（2）完善律师收费的风险代理机制。（3）确

---

① 孙晓琳、罗书君：《浅议律师收费政府指导价制度》，载《法治研究》2008年第6期。

立科学、合理的律师服务收费标准，国家和各省市在制定新的律师服务收费标准时，一定要更为科学合理，充分反映国家和各地的实际经济发展水平。（4）健全收费争议处理程序和收费保障措施。①

也有论者认为，首先应该承认，《律师服务收费管理办法》使工作成本和报酬的计算标准明确化、防止过高征缴的偏颇，这两点立法意图都具有重要的意义。无论如何，具体的收费标准、适当的价格限度可以缩减律师与客户逐次个别谈判的复杂性，降低交易成本，提高服务活动的效率。虽然新的规定中按照诉讼程序进行的分类还很粗疏，收费项目的区别也过于简单，但许多条文的构成还是颇见合理性，特别是强调案件的轻重、难易、牵扯精力多少对衡量标准的影响，切合实际需要。尽管如此，还是不得不指出：对律师主要业务活动实行地方政府分别制定指导价并直接干预收费的做法，并不符合法律人自治的原则，也有损于根据律师与客户的合意确定服务报酬这一自由职业的本质。②

三　我国律师收费的方式和标准

广义的律师收费标准，所要解决的就是律师收费如何进行，收多少的问题，其主要涉及律师收费的方式和律师收费的标准。以下将对律师收费的方式与律师收费的标准进行一些探讨。

（一）律师收费的方式

律师收费的方式是指，律师为委托人提供法律服务时以何种方式收取费用。根据法律服务的具体情况和实践做法来看，中国的律师业务实践主要存在以下几种收费方式：

1. 计时收费

计时收费，是指以小时为单位来收费，每小时收费的标准，根据律师的资历和声望、案件的复杂程度、案件的地区等因素来确定。有论者认为，从利益结合的角度，计时收费方式使得律师与委托人之间利益结合比较紧密，律师为了保证案件的质量，往往会全力以赴，他们有强烈的动机

---

① 张善燊、刘琪：《社会变迁与律师收费制度创新》，载《湖南工业大学学报》2007 年第 3 期。

② 季卫东：《律师收费——政府管制还是行业自律》，载《中国律师》2006 年第 7 期。

来获胜，从而提高其声望，进而收取更高的小时费率。同时，按小时收费可能会增加委托人的费用，因为按小时收费中律师有动机来进行过度的准备，从而使委托人付出高昂的代价。这些都是小时收费方式中存在的潜在道德问题，看似简单的面纱后面隐藏着众多复杂的因素。①

2. 计件收费

计件收费，是指律师事务所根据规定或协商的标准，确定每个案件（或法律事务）应当向委托人收取费用的收费方式。计件收费的特点是以案件（或者法律事务）为收费单位。计件收费方式，是我国目前律师实践采用最广泛的收费方式之一。但是这种收费方式也有固有的缺陷，即它没有将委托人经济利益与律师的经济利益结合在一起。当律师投入的时间越多，其回报实际上就会随之下降，这就给律师提供了最小化地采取有关举措的动机，从而可能减少委托人取得有利结果的可能性。

3. 按比例收费

按比例收费，是指律师事务所以争议标的金额为单位进行收费，具体收费比例标准则按照法律规定或者与委托人协商确定的比例确定。因律师费用通常与工作量及诉讼期间并无直接关系，故律师具有强烈的控制诉讼投资的动机以保证其合理的盈利。同时，该方式还缩小了律师与委托人之间的利益冲突的范围，消除了计时收费制下律师从诉讼的复杂性和拖延中获益的状况。②

目前，我国按比例收费一般是适用于涉及财产关系的法律事务，如涉及财产关系的经济案件、民事案件、行政案件、非诉讼案件事务以及涉及财产的肖像权、名誉权、著作权、商标权、专利权等案件。从我国司法实践来看，由于该种收费只与案件标的挂钩，而实际上，通常案件的难易程度与案件标的大小并不一定成正比，因而有时按比例收费并不能真实反映律师的工作量，进而在一定程度上，驱使律师偏爱大标的案件而不愿意办理复杂的小标的案件。

4. 协商收费

协商收费，是指根据意思自治原则，由委托人与律师事务所自主协商

---

① 王进喜：《美国律师职业行为规则理论与实践》，中国人民公安大学出版社2005年版，第45页。

② 章武生等：《司法现代化与民事诉讼制度的建构》，法律出版社2000年版，第385页。

确定律师服务费用标准的收费方式。由于其具有较强的适应性，协商收费也应成为我国律师收费的主要方式。在实践中，律师与委托人往往在计时收费、计件收费等基础上，采用协商收费方式确定最后的收费数额。协商收费更多地体现了委托人与律师事务所的意思自治，在一定程度上弥补其他收费办法或法定收费标准的不足。

5. 风险代理收费

风险代理收费，又称胜诉收费、附条件收费，指委托人不必事先支付律师服务费用，待代理事务成功后，委托人从所得财物或利益中提取协议所规定的比例支付报酬；如果败诉或者未能取得约定结果，则无须支付。风险代理收费制度是目前国际上比较流行的律师收费制度，近来在我国也得到了探索与实践。总的来说，这种收费方式，引入了风险机制，把律师报酬与服务结果紧密结合起来，有利于激发律师办案的积极性和责任心。

有论者对律师服务收费的发展方向作出了判断。该论者认为，根据社会主义市场经济规律的要求，符合当前我国律师服务收费实际的，应当是计时收费和协商收费这两种方式，而采取计时收费的方式，一般又是要先明确一定的收费档次和收费幅度，然后允许律师事务所与委托人在这些收费档次或收费幅度内，协商确定具体的律师服务费金额，从这个角度来说，计时收费的方式，实际上又主要体现在协商收费的方式之中。因此，我国律师服务收费的发展方向，应是建立起一个符合市场经济规律和律师事业发展规律，适合商品经济国际化以及我国加入 WTO 后律师法律服务市场进一步开放要求的、与国际律师业接轨的协商收费制度。[①]

(二) 律师收费的标准

律师收费的标准，就是要解决律师提供法律服务时向委托人收取多少费用的问题，而律师收费标准的制定应该体现律师收费的特征，综合考虑多种因素。一般而言，影响律师收费标准的因素主要包括：律师的资历、经验和能力、办理法律事务需要的律师人数、工作时间、案件的复杂程度、财产标的、可能承担的执业风险和责任、委托人的承受能力、办案成本以及法律服务市场的供需情况等，同时也应考虑法定税金和合理利润。下面对这些因素进行简单分析。

---

① 黄胜超：《律师服务收费为何远近高低各不同》，载《中国律师》2002 年第 12 期。

1. 律师的个人因素。律师个人的资历、能力、经验、信誉及知名度等，对律师个人的计时收费标准有很大影响。律师的个人素质是一个长期积累的过程，需要投入大量的物质和精力，这些投入必然要求在律师提供法律服务后获得相应的补偿。

2. 所要办理法律事务的难易程度。法律事务有简单和复杂之分，不同难易程度的法律事务，需要律师付出相应的努力，相应的委托人也应给予相当的回报。办理疑难复杂的法律事务，律师要付出更多的劳动，收费也应相应提高。如以计时标准衡量，律师计时收费标准数额已定，因复杂法律事务花费时间较多，收费总额也必然较大。如以计件标准衡量，办理一件复杂法律事务收费，也必然高于办理一件简单法律事务。

3. 办理法律事务的标的额。一直以来，我国律师在办理经济案件或涉及财产争议的案件时，常以涉案标的比例收费。按标的的比例计费，虽然有其合理的一面，但有时也显失公正。有时候案件或者法律事务本身涉及较大的金额，相关法律问题并不复杂，所需律师的时间、技能等投入也相对较少，那么此时，如果严格按标的额大小来收费，则将导致双方利益的失衡。因此，标的额的大小固然是影响因素之一，但更合理的方式是根据法律事务本身的情况，在遵循一定原则要求之下，允许双方委托人对收费进行协商，以期合理确定具体要求收费数额。

4. 委托人的经济承受能力。在我国，地区间的经济发展不平衡，人民群众的承受能力差距也很大。经济相对发达地区人们的生活水平就相对较高，委托律师办理法律事务时，经济承受能力比相对落后地区要更强一点。因此，律师收费标准不能搞一刀切，而应加以区别对待。在办理我国经济相对落后地区的法律事务时，应相应减少收费数额。

5. 律师事务所可能承担的风险和责任。律师在为委托人提供法律服务的过程中，律师事务所和律师始终处于利益和风险共存的状态中。从理论上讲，不能因为律师违法执业或过错给委托人造成损失从而可能引起律师事务所的赔偿责任而增加收费数额，在律师事务所面临的这种潜在的风险和提高收费标准之间并无因果关系。反过来讲，如因律师个人素质给委托人造成损失，律师事务所理应减免收费数额，再增加收费数额，显失公平。但在律师业务实践中，确实存在着某些法律事务涉及面广、周期长、难度大、复杂程度高的特点，如对一些需要几年才能完成的重大建设工程的全过程的法律服务，律师的一时疏忽就可能给委托人造成重大损失。因此，律师必须为此付出更多的心智，以避免潜在的风险。对这类法律事务，律师事务所在切实维护委托人合法权益，并圆满完成所有法律事务之后，相应提高收费数额应在情理之中，也能被委托人所接受。

6. 律师的办案成本。应该说，律师的办案成本已经体现在律师收费之中，即律师收费中已包含办案成本。但由于法律事务千差万别，一些跨地区甚至跨国法律事务，需要增加律师的额外支出。尽管交通费、通信费、差旅费、复印费等列在律师服务范围外另行收取，但是一方面由于长距离办案存在着难以详细计算的费用支出，另一方面也存在着由于律师个人家庭生活不便而增加的经济负担可能引起的律师事务所的补偿。因此，对这类特殊的法律事务在计费时，应考虑适当增加费用支出。另外，就律师事务所而言，尚存在着办公用房、水、电、通信、办公用品、聘用人员等费用支出。由于各律师事务所情况不同，其总成本应合理体现在律师收费标准之中。

7. 法定税金与合理利润。《律师服务收费管理办法》第8条明确规定："政府制定的律师服务收费应当充分考虑当地经济发展水平、社会承受能力和律师业的长远发展，收费标准按照补偿律师服务社会平均成本，加合理利润与法定税金确定。"据此规定，律师事务所在确定具体的收费标准时，可以考虑合理的利润在内，至于法定税金更是理当予以考虑的一部分。律师事务所赚收合理利润，既是律师事务所补偿成本和减少风险的需要，也是律师事务所自身建设和发展的需要。

有论者对律师收费合理性标准进行了思考，该论者认为，现有的律师收费标准过于注重律师办理相应的法律事务过程中的主观条件，如办理所需的人数、可能承担的风险和责任、委托人的承受能力等。该论者认为，律师收费合理性应主要体现在两个方面：第一，要符合市场价值规律和利益规律的要求，能为确立科学的统一收费标准提供指导性原则。第二，能使律师和当事人各方感到公平，并且成为各方协商收费的指导原则（特别是对于刑事案件律师费的确定），这样才能不至于使收费的合理性标准成为抽象的概念，才能有体现的载体。此外，像"委托人承受能力"这样的标准，虽然在实践中必须加以考虑，却不易直接规定在章程之中。①

---

① 曹雪雅：《海峡两岸律师收费制度比较研究》，载《台湾法研究学刊》2004年第4期。

有论者认为，关于律师服务费的构成，首先需要明确律师服务费实际上是律师办案的总收入，扣除办案的成本、辅助办案人员的费用以及税款，才是律师本人的报酬。律师收费由律师服务费和其他费用两部分组成。其中，律师服务费的数额根据承办业务的性质按规定的标准确定，该论者认为应当包括以下几种：律师为委托人提供服务过程中所发生的费用，包括鉴定费、公证费、异地（省外）办案所需差旅费；在个别案件中，还会出现律师事务所代委托人支付的其他费用，这部分费用由委托人另行支付；在上述几部分构成之外，另有一部分费用应计算在律师服务费价格构成范围之内，即律师事务所的日常开支形成的费用，该部分费用隐含在律师服务费价格构成内，虽然是律师个人应向事务所交纳的个人使用费用，但其分配到了律师个人提供法律服务的当事人身上。只有在排除以上三类合理的构成部分之后形成的纯粹律师收入，我们才能更加理性地探讨律师服务费制度。某些国家在上述三类组成部分之上，还会额外加上另一份费用。例如在日本，对律师工作的极度满意而给予的奖赏费，从民法角度分析，双方可以构成一种赠与关系。此乃广义上的律师服务费，而论者所认为的律师服务费仅限定于狭义上的。

有论者认为，应当规定最低标准的收费制度。如希腊的《律师职业法典》规定了一个确定所有诉讼的最低收费标准，并列出了明确价目表。一般情况下，律师收费不得低于起诉状中请求标准2%。《律师职业法典》还特别禁止按低于价目表规定的数额收费，这样做为了避免律师之间不正当竞争，毕竟收费高低很大程度上决定服务质量，律师之间互相压价损害的是委托人的利益。特别是现今社会很多"黑律师""假律师"的存在，很大程度上是由于低廉的收费给了他们生存空间，这不仅损害了委托人的利益，还对众多的合法律师执业造成冲击。[1]

有论者认为，影响律师服务收费的因素包括以下几个方面：（1）经济、政治、文化的发展水平和人民群众的生活水平。（2）人们对法律服务的需求和委托人的承受能力。（3）成本的高低，这些成本支出包括税金、辅助工作人员的费用、办公费用、培训和再教育费用、交纳律师协会会费、购买医疗、养老、意外、责任赔偿保险等费用，这些都是不可缺少

---

[1]　陈秀松：《律师收费的主要方式》，载《天津律师》2003 年第 3 期。

的成本支出。此外，律师除了以上这些办案的实际成本支出之外，还有很多无形的成本支出，如在从事律师工作之前的前期智力投资，经过长时间的执业过程才形成和达到的信誉度、知名度、执业经验，等等，而且这些无形成本也是难以计算出来的。因此，在确定律师服务收费的成本时，不能仅仅考虑律师办案的实际成本支出，而且还应考虑到其他各种成本，如无形成本等。（4）办理法律事务所需的工作时间。（5）办理法律事务所需的工作量和律师人数。（6）办理法律事务的复杂程度。（7）律师的个人素质。（8）律师办案的速度、质量和结果。（9）委托人的指定和该案件所涉及的财产的标的。（10）律师办理法律事务所承担的风险和责任。（11）支付律师服务费的时间和方式。（12）办理法律事务的地点的远近、所需往返的时间及次数。①

四　我国的风险代理收费模式

在我国律师收费制度中是否应该确立风险代理收费制度，以及对此如何规定，学界与实务界一直存在争议。目前，尚未对律师风险代理收费进行统一系统的规定，只有一些地方的律师收费标准及全国律师协会的相关规范对此作了比较零散的规定。但在律师业务实践中，律师事务所进行风险代理收费的操作却并不少见。由于立法的缺失，司法机关中对于律师风险收费争议的处理往往有不同看法，甚至存在对于类似案件出现截然相反的判决。

（一）风险代理收费的概念

风险代理收费，又称胜诉收费、附条件收费，指委托人不必事先支付律师服务费用，待代理事务成功后，委托人从所得财物或利益中提取协议所规定的比例支付报酬，如果败诉或者未能取得约定结果，则无须支付。风险代理收费制度起源于美国，并在日本等国家得到广泛应用，但也有些国家对之持否定的态度，之所以会出现这样的分歧，主要是由于各国法律文化传统、政治、经济等发展的不同。

（二）风险代理收费的利弊

风险代理收费作为一种在国际上比较普遍采用的律师收费方式，是与其所具有的优势分不开的，其产生具有其必然性与合理性。从风险转移角

---

① 黄胜超：《律师服务收费为何远近高低各不同》，载《中国律师》2002 年第 12 期。

度看，进行风险收费为委托人提供了资助，将大多数损失风险转移给律师，这有利于解决委托人一时难以支付巨额律师费的困难，在暂不支付酬金的情况下，委托人可以利用律师维护自己的合法权益。那么经济困难的人就可以利用风险代理收费制度来雇用律师，从而增加委托人诉诸司法的机会，风险代理收费也就成为"穷人进入法院大门的钥匙"。①

从另一方面来说，这种风险转移的特点，便利律师对相应的案件加以审慎的评估，从而进行风险代理收费的律师就成了法院的"守门人"（gatekeepers）②，那些前途无望的案件更不可能借律师之手进入法院。从利益结合的角度看，风险代理收费将委托人与律师的利益高度结合在一起，有利于调动律师工作的积极性和责任感，使律师成为委托人利益的热忱维护者。

任何事物都有其两面性，风险代理收费制度的局限性主要表现在以下几个方面③：首先，风险代理收费制度使律师也成了案件的直接利害关系人，破坏了通常认为非常重要的独立的功能。其次，实行风险代理收费制度，等于允许律师在诉讼上投机，律师可能将大量实行风险代理收费的案件诉诸法院，以期待少部分案件胜诉能获得巨大收益，从而可能丧失法院"守门人"的作用，从而将可能对国家司法机关的正常运转带来较大的负面影响。再次，风险代理收费中双方在风险评估能力上存在不平衡，律师比委托人更有经验，他可以利用对风险和费用的专业评估能力夸大风险系数，从而使双方的利益失衡。最后，对于委托人而言，风险代理制度也存在着诸多弊病。一方面，由于一旦案件败诉，律师的一切劳动和努力均将付诸东流，因此精明的律师在接受那些他们认为缺乏有利条件的案件时，会相当谨慎，甚至拒绝接受某些案件的委托；另一方面，即使律师获得胜诉，他也可能瓜分了属于委托人的合法权益，以致有人认为：这是赢了一起案子的客户为那些输掉案子的客户付律师费。

---

① 王进喜：《风险代理收费：制度理论与在中国的实践》，载《中国司法》2005年第11期。

② See Herbert M. Kritzer, Contingency Fee Lawyers As Gatekeeper in the American Civil Justice System, Judicature, Volume81, Number1 (July – August, 1997), pp. 22 – 29.

③ 参见杨永华、沈洁颖《胜诉酬金制度刍议》，载《甘肃政法成人教育学院学报》2003年3月第1期，第65页。

（三）风险代理收费的司法实践

事实上，在司法实践中风险代理收费纠纷的案件，各地人民法院对风险代理收费的态度是迥异的，支持者有之，反对者亦有之。究其原因，主要在于我国立法上缺乏对于风险代理收费的制度保障，缺少统一的规制。在《律师法》与1997年《律师服务收费管理暂行办法》中，并没有涉及风险代理收费的规定。20世纪90年代，我国律师业服务领域不断扩展，获得了突飞猛进的发展。2000年，原国家计委和司法部联合发布通知，允许暂由各地方制定本地方范围内执行的律师服务收费临时标准。很快全国20多个省份相继出台了本地区的新的律师收费标准，相当多的地方对律师风险代理收费作出了明确规定，如江苏、贵州、湖南等省份；但也有的地方对风险代理收费没有规定，或者规定不明确，如河南、山东等省份。同时，也可以发现，在可以实行风险代理收费的范围以及风险代理收费的标准多是不一致的，此外，关于风险代理收费的监督、争议的处理也鲜有规定。2004年3月20日，中华全国律师协会发布的《律师执业行为规范（试行）》第96条规定："以诉讼结果或其他法律服务结果作为律师收费依据的，该项收费的支付数额及支付方式应当以协议形式确定，应当明确计付收费的法律服务内容、计付费用的标准、方式，包括和解、调解或审判不同结果对计付费用的影响，以及诉讼中的必要开支是否已经包含于风险代理酬金中等。"第97条规定："律师和律师事务所不能以任何理由和方式向赡养费、扶养费、抚养费以及刑事案件中的委托人提出采用根据诉讼结果协议收取费用，但当事人提出的除外。"这是我国目前关于律师风险代理收费最为明确的规定。

此外，对风险代理合同的效力认定，也存在不同的观点。一种观点认为，律师事务所实行风险代理违反政府部门出台的律师收费标准，应当无效；另一种观点认为，目前规定律师行业服务收费标准的依据主要是地方政府职能部门的规章，但根据合同法及最高法院有关司法解释，认定合同无效的依据只能是全国人大及其常委会制定的法律和国务院制定的行政法规，[①] 因此风

---

① 《最高人民法院关于适用〈中华人民共和国合同法〉若干问题的解释（一）》（法释〔1999〕19号）第4条：合同法实施以后，人民法院确认合同无效，应当以全国人大及其常委会制定的法律和国务院制定的行政法规为依据，不得以地方性法规、行政规章为依据。

险代理合同应当有效。

风险代理实质上是一种附条件的民事法律行为，风险合同效力应当严格地按照相关规则来断定。从目前来看，没有任何一部法律和行政法规对律师风险代理作禁止性规定，而法院认定合同效力的依据仅仅是法律和行政法规，现行的收费标准不能作为认定风险代理合同法律效力依据。法不禁止即自由，风险代理没有违反法律的禁止性规定，只要合同双方是本着平等协商、公平合理的原则对双方权利义务进行了安排，那么风险代理合同理应是有效的，双方应当严格遵守合同的安排，法院也不应当以种种理由否定风险代理合同的效力。总之，种种原因导致了实行风险代理收费的律师常常处于尴尬境地，也使得法律服务市场呈现出一定程度的混乱。为了改变这种现状，必须对现行律师收费制度进行改革。风险代理收费制度作为国际上比较通行的一种律师收费方式，体现了法律服务的商品性与市场经济的公平、效率原则，实行这种收费方式具有现实合理性和可行性，在总体上能够促进律师业不断发展。考虑到我国的特殊国情，在确立这种收费方式时，不能盲目照搬，既要充分发挥这种收费方式的优势，又要尽量避免其弊端的发生，建立起符合我国实际的风险代理收费制度。

小　结

与我国政治、经济生活迅速发展变化一样，我国的律师业也正蓬勃发展。如何进一步扩大律师业务，提高律师业务质量，以最大限度地发挥律师在国家政治、经济生活中的重大作用，已经成为一个极具现实意义的重大课题。笔者认为，首先，要将律师专业分类与业务范围的确定相结合，使得二者相互促进、相得益彰。随着社会分工的进一步精细化，社会知识和技能日益多样化、复杂化，律师专业的相应分工已成为大势所趋。其次，应当拓宽律师的业务活动空间，强化律师在国家立法决策、重大经济决策中的作用。随着我国全面推进依法治国的不断深入，必须强化律师的这一职能，让律师的作用从仅仅停留在微观的经济活动中，真正上升到参与宏观的决策领域。最后，健全、完善我国律师业务还必须要与律师队伍建设、改善健全律师组织相结合，充分发挥行业组织的自律作用。

随着市场经济体制改革的不断推进，我国更加需要逐步建立起以市场调节为主、国家调节为辅的新型律师收费制度模式，即国家通过审批律师协会有关规章，对律师收费实施税收管理，通过法律手段解决律师收费争议，对律师收费进行指导，实现国家对律师收费的宏观管理；而在一些微观的领域，则应尽量放手，充分发挥市场的自身调节作用。改革律师收费制度，就应当扩大协商收费的范围，使律师在协商收费中贯彻"随行就市，优质优价"的原则，使业务收费作为调整律师服务水平的经济杠杆，体现出律师的劳动成果与收费水平之间的必然联系，增强律师的责任心，促使律师不断提高业务素质。律师行业管理部门应高度重视律师计时收费方式的推广与应用，深入研究计时收费的操作模式，促进适应实践发展需要的计时收费规则出台，以使这一先进的收费方式在我国律师实务中得到广泛运用。风险代理收费制度作为国际上比较普遍的一种律师收费方式，充分体现了法律服务的商品性，体现了市场经济的公平、效率原则，适应了司法改革目标模式的要求。建议国家能够尽快出台相关规范，对风险代理收费进行统一的规制，促使这种收费方式在我国律师业发挥更加积极的作用。

第 六 章

法律援助制度研究

自第二次世界大战以来，法律方面最重要的革命就是法律援助①。法律援助已经成为世界各国普遍实行的一种司法救助制度，也是社会民主化与法治化的重要象征。对于当下正处于转型期的中国来说，研究法律援助制度有着特殊的现实意义。一方面，由于政治体制改革的相对滞后、城乡二元经济格局的根深蒂固以及政府在收入分配领域的"效率优先、兼顾公平"等因素，大约从 20 世纪 80 年代中期起，中国的贫富差距问题开始凸显。在这种现实下，如果没有了法律援助的存在，诉讼中"贫者虽直必负，富者虽曲必胜"② 的情形也就很可能会频繁出现。另一方面，在任何一个社会中，无论是穷国还是富国，总有一部分人会由于经济以外的因素——比如说盲、聋、哑人在生理上的缺陷等——而处于社会的最底层，成为一个社会中的弱势群体。对于这一部分人，提供法律援助也是极为必要的。应该说，无论是经济上的贫困者，还是其他特定的社会弱势群体，对他们进行必要的和有效的法律援助，不仅是实现社会正义的必然要求，而且也是维护社会稳定的内在需要。正是在这种状况下，法律援助作为一种给予弱势群体以法律帮助，以实现司法公正和社会正义为主要目标的制度性实践，正日益显示出其巨大的社会价值和现实意义。

---

① ［英］丹宁勋爵著：《法律的未来》，刘庸安、张文镇译，法律出版社 1999 年版，第 1 页。

② 《张文襄公奏稿四十四·遵旨覆议新编刑事民事诉讼法折》。

第一节 法律援助制度概述

在对近些年来有关法律援助制度的研究做全面、系统的梳理之前，有必要对法律援助的概念、法律援助的性质、法律援助的理论基础以及法律援助的意义等基本问题进行简要的阐述。通过对这些基础问题的理解，我们会对法律援助制度的价值取向、精神实质等有一个较为准确的把握，也为进一步反思和重构中国的法律援助制度奠定认识上的基础。

一 法律援助的概念

现代各国对于法律援助（Leagl aid）表述不同。根据英国《简明不列颠百科全书》，法律援助是指在免费或收费很少的情况下，对需要专业性法律帮助的穷人所给予的帮助。《美国大百科全书》认为，法律援助是由政府的法律组织免费或者少收费，为因经济困难而不能聘请律师的人，提供法律咨询、法庭代理等项帮助的一种法律制度。日本《新法律学辞典》则将法律援助解释为，法律上对诉讼案件伸张正义和维护权利的困难者予以援助的社会制度。[①]

我国学者对于法律援助的表述大致相同。有论者认为，法律援助，又称法律救助、法律扶助，是指国家对某些经济困难或特殊案件的当事人，给予减免收费、提供法律帮助的一项法律制度。[②] 有论者认为，所谓法律援助，是指经国家批准设立的法律援助机构，为经济困难的公民和某些特定案件的当事人提供免费的法律服务，以保证其合法权益得以实现的法律保障制度。[③] 有论者认为，法律援助制度也称法律救助，是为世界上许多国家所普遍采用的一种司法救济制度，其具体含义是：国家在司法制度运行的各个环节和各个层次上，对因经济困难及其他因素而难以通过通常意义上的法律救济手段保障自身基本社会权利的社会弱者，减免收费提供法

[①] 彭海青：《被害人法律援助制度探究》，载《湖南工程学院学报》2004年第1期。

[②] 周玮：《我国法律援助制度的若干问题》，载《湖南公安高等专科学校学报》2002年第3期。

[③] 朱海波：《和谐社会的社会法维度——以弱势群体法律援助制度为视角》，载《济南大学学报》2007年第5期。

律帮助的一项法律保障制度。① 司法部在 1997 年《关于开展法律援助工作的通知》第 1 条规定：法律援助，是指在国家设立的法律援助机构的指导和协调下，律师、公证员、基层法律工作者等法律服务人员为经济困难或特殊案件的当事人给予减、免收费提供法律帮助的一项法律制度。

刑事法律援助属于法律援助中的一种类型。各国刑事法律援助的表述有所不同。根据英国《1988 年法律援助法》第 1 条、第 19 条的规定，刑事法律援助是指利用公共基金委托律师，为在治安法庭、巡回刑事法院、巡回上诉法院或军事上诉法庭刑事分庭、上议院行使其对于有关任一法院提起上诉的审判权时的刑事被告人，提供的法律咨询、帮助、调解及代理。② 美国的刑事法律援助，是指在刑事案件有法律规定的特定情形时，被告人的经济条件不足以聘请律师，法院应当从地方律师事务所的律师和领取政府工资的公设辩护人中，为他提供辩护律师。③ 在日本，刑事法律援助是指法院指定公设辩护人为因穷困或其他事由不能委托辩护人的被告人进行的法律帮助。④ 而在德国，刑事诉讼法对法律援助是这样规定的：在强制辩护案件中，或案件重大，或因为事实、法律情况复杂，或发现被控人无力自行为自己辩护时，法官指定辩护人为被控人提供帮助。⑤

目前，我国学者一般认为，刑事法律援助是指在刑事诉讼中，依照法律规定对那些经济困难无力支付诉讼费用，或者特定案件中的刑事被告人，由法院指定执业律师义务承担刑事辩护和帮助的法律制度。⑥

由上述可见，虽然由于各国政治、经济、诉讼文化背景的差异，对于

---

① 王宏翼：《我国法律援助制度实施中存在的问题及对策》，载《大理学院学报》2005 年第 2 期。

② 司法部法律援助中心组织编译：《各国法律援助法规选编》，中国方正出版社 1999 年版，第 64、86 页。

③ 程味秋：《外国刑事诉讼法概论》，中国政法大学出版社 1994 年版，第 54 页。

④ 日本司法研修所编：《刑事辩护实务》，中国政法大学出版社 1992 年版，第 58 页。

⑤ 参见《德国刑事诉讼法典》，李昌珂译，中国政法大学出版社 1995 年版，第 140、141 条。

⑥ 樊崇义：《刑事诉讼实施问题与对策研究》，中国人民公安大学出版社 2001 年版，第 118 页。

法律援助及刑事法律援助概念表述有所不同，但基本精神一致，即都认为法律援助的对象是对穷人或对维护权利有困难者，而刑事法律援助对象仅限于贫穷的被告人。① 从当今世界各国的司法实践来看，法律援助在很大的程度上是为处于贫困地位的刑事被告人提供的，也正是由于这个原因，在本章中，笔者对法律援助和刑事法律援助不作严格的概念区分。

二　法律援助的性质

有论者认为，综观各国的规定，可见现代国家给予刑事被告人的法律援助，绝非一般意义上的慈善福利，而是法治社会的人权保障。目前，法律援助制度作为一项重要的司法人权保障制度，已在许多国家的宪法或宪法性文件中作为一项原则确立下来，而且被载入了《世界人权公约》《公民权利和政治权利公约》《联合国少年司法最低限度标准规则》等国际条约中。现代意义上的刑事法律援助，已从最初的对穷人进行帮助的慈善道德行为，转化为政府行为、国家责任行为。具体而言，刑事法律援助具有以下两个方面的属性：第一，国家性。刑事法律援助的责任主体是国家，也就是说，实施刑事法律援助制度是政府应尽的义务。第二，专业性。刑事法律援助从根本上是为了向受援对象提供法律服务，其实施离不开具备法律服务技能的律师的参加，现代国家的刑事法律援助已成为律师职业的一种职责。②

有论者认为，我国的刑事法律援助从性质上讲亦是政府行为和国家责任。该论者认为，中国是一个发展中国家，尚处于社会主义初级阶段，各地发展存在着不平衡状况，要实现"法律面前人人平等"这一崇高理念，维护社会上贫弱者的合法权益，没有政府的主导作用是不可能实现的，任何社会组织和个人都无法建立起法律援助制度。另一方面，我国已加入了《联合国少年司法最低限度标准规则》和《公民权利和政治权利公约》，刑事法律援助已成为我国政府的一项义务，我国的刑事法律援助理应被视为国家的一种责任。关于律师在法律援助中的作用，我国《刑事诉讼法》

---

① 彭海青：《被害人法律援助制度探究》，载《湖南工程学院学报》2004 年第1 期。

② 李汉昌、詹建红：《刑事法律援助制度论要》，载《法学评论》2000 年第5 期。

《法律援助条例》也毫不例外地规定了律师在刑事诉讼中承担法律援助的强制性义务，并且在《律师法》中强化了这种职业性责任：律师必须按照国家规定承担法律援助义务，尽职尽责，为受援人提供法律服务。①

笔者认为，应当从历史的角度来考察和分析法律援助的性质。在西方法律援助的发展史上，法律援助最初仅仅是教会或社会团体自发地对穷人提供免费服务的一种道义行为或慈善举动，后来随着生产力的发展、经济基础的演变以及人权观念、法治观念的深入人心，法律援助逐渐被人们视为一种国家义务、政府责任，并随着人权理念的发展而被视为公民的基本权利。

在人们的早期观念中，法律援助是一种慈善的举动，律师被期望能够遵循一定的职业道德为穷人免费提供必要的法律服务。这种观念认为，法律援助是律师出于公共利益的考虑以及对自身职业的道德认同感而自发表现出来的一种高尚情操，是一种律师对于穷人的恩赐。但是，如果我们把法律援助仅仅视为一种额外的赐予，而不是法律规定的强制性义务，这种赏赐就很可能会随时"随风而去"。律师个人的偏好、情绪的波动、经济条件的限制以及事务的多寡等任何一个因素，都很可能导致"恩赐"意义上的法律援助随时烟消云散。这一时期，穷人作为受援人并没有权利去要求任何形式的法律援助，而只能是被动地接受法律的保护。在这种情况下，慈善行为的随意性限制了法律援助的范围和实施程度，使其很难就社会弱势群体的需要进行及时有效的回应。我们知道，多数的法律制度是建立在对人性本恶的假定之上的，因为如果人人都是天使，法律就会成为多余的摆设。因此，如果我们一反常态，把法律援助制度建立在相反的基础之上，即把法律援助视为律师基于同情而给予穷人的一种施舍，那么，这种制度能否在实践当中发挥应有的作用就具有了很大的不确定性。也正是因为如此，在早期的法律援助体系下，为了规避这种不确定性，政府往往会支付给提供法律援助的律师一定的费用。这时，法律援助就由两部分组成，一是律师提供法律援助的费用由政府出资购买，二是律师提供法律援助服务是出于情感上或道义上的自愿。

为了改变那种基于恩赐的法律援助的不确定性，一种"基于慈善应

① 李汉昌、詹建红：《刑事法律援助制度论要》，载《法学评论》2000 年第 5 期。

有的，就是基于法律而应得的"的思想就应时而生了。这种思想试图将法律援助发展成为人人都享有的一项政治权利，让法律援助走向所谓的权利时代①。在这种时代背景下，国家——而非私人，逐渐在法律援助问题上占据主导地位并开始承担主要的责任。随着 1949 年英国《法律援助和咨询法》的颁布实施，以国家出资为主要特征的现代法律援助制度诞生了，法律援助制度开始进入了由政府积极干预的有组织的发展阶段。1966 年，联合国《公民权利和政治权利国际公约》更是十分明确地规定了各国政府在法律援助上的责任。1968 年联合国《关于建立国家范围的法律援助的决议》则进一步强调了法律援助是各国政府的责任。

尽管从现实的角度看，作为国家责任的法律援助并非总是能够兑现，但与早期的作为慈善行为的法律援助相比较而言，其稳定性和可预测性显然是大大提高了。由政府出资聘请律师为特定群体提供法律服务，毕竟在一定程度上迎合了人性当中趋利的一面，解决了在一些特定场合下——尤其是在宗教组织、律师公会或者法院有意安排的场合——律师提供免费法律服务积极性不高的缺点。而且，对于特定群体来说，由于法律援助已经转化为一种国家责任，那么，国家与援助群体之间的法律关系明朗化了，援助成为一种常态，从而有了制度性的保障。最主要的，当法律援助转化为一种国家责任时，经济上的保障使得这种制度有了落地生根的本源力量，而不仅仅是一种束之高阁的"文本"意义上的法律。一旦没有了国家资金的制度性供应，就会导致法律援助"条文的规定是一回事，法律的实施又是另一回事。"② 这也促使我们认识到："仅仅研究条文是不够的，我们也应该注意法律的实效问题。"③

新中国的法律援助也大致经历了由慈善行为到国家责任的一般过程。如果从公认的最早的法律援助机构——武汉大学"社会弱者保护中心"的成立日期 1992 年开始算起，新中国的法律援助也已经走过了 20 年的历

① 张耕主编：《法律援助制度比较研究》，法律出版社 1997 年版，第 8 页。
② 瞿同祖：《中国法律与中国社会"导论"》，转引自顾元著《衡平司法与中国传统法律秩序——兼与英国衡平法相比较》，中国政法大学出版社 2006 年版，第 3 页。
③ 同上。

程。尤其是 2003 年《法律援助条例》的颁布实施，更是标志着我国的法律援助走向了法制化的轨道。在新中国早期的法律援助中，它的慈善性质非常明显。很多民间的法律援助机构都是本着一种爱心或者职业上的道义，努力推进着这一事业。2003 年《法律援助条例》颁布后，其第 3 条明确规定，法律援助是政府的责任。这就从制度上明确了法律援助的性质，使法律援助淡化了以往的民间和慈善色彩，为法律援助构建了一种以国家行为为基础的常态的、稳固的保障机制。因为，政府责任至少意味着以下几个方面：一是制定相关的法律和政策，采取积极措施来引导和推动法律援助工作；二是为法律援助的开展提供必要的组织保障；三是为法律援助提供必要的经费保障；四是充分调动律师、社会组织等多方面积极性来共同搞好这项事业；五是监督管理法律援助工作。[1] 实际上，我国 1982 年《宪法》第 33 条第 2 款规定的"中华人民共和国公民在法律面前一律平等"，以及 2004 年《宪法》修正案增加的"国家尊重和保障人权"，都为作为政府责任的法律援助制度的设立与健全，间接提供了宪法上的依据。但同时我们也要看到，在我国的宪法中，并没有把"法律援助权"明文规定为公民的一项基本权利。

于是，一个新的问题出现了：法律援助到底是政府的责任，还是公民的权利？乍一看，这二者似乎没有本质上的区别，好像是一个硬币的两面。按照马克思的说法，权利与义务是统一体，"没有无义务的权利，也没有无权利的义务"。在现代宪制框架下，如果把法律援助视为国家的责任，那么它也就必然是公民的权利，反之亦然。因此，在立法上对这二者似乎没有必要进行严格的区分。然而，这二者之间还是有所区别的，而且这种区别也是极有意义的。从司法救济的角度来看，把法律援助视作公民的权利，更有助于给特定群体提供司法上的救济。因为一旦政府未能给符合条件的公民提供必要的援助，公民便可以以保护法律明确规定的法律援助权利为由，向司法部门提出控告或申请。而国家责任这一定位却无法达到这一效果。在政府不履行自己的法律援助义务时，公民由于不享有法律所明确赋予的权利而丧失了起诉的理由，显然，这样的一种制度设计在一定程度上缺乏原始的、本能的程序驱动力，因而在实践中法律援助很可能

---

① 《司法部部长张福森：法律援助是政府的责任》，载《北京青年报》2003 年 8 月 31 日。

会沦落为政府的随性而为。而且，如果将法律援助单纯地视为国家责任，在这种情况下，《法律援助条例》中的"法律援助申请与审查"部分会更容易使人认为法律援助是政府的一种恩赐，而非公民的一项权利。事实上，很多国家的宪法就将获取法律援助作为公民的一项基本权利。如1947年意大利宪法第24条规定："每人均可按司法程序来保护自己的权利和合法权益。在诉讼的任何阶段和任何情况下，辩护均为不可破坏之权利，贫穷者有在任何法院起诉和答辩之可能性，应由特别制度保证之。"1946年日本宪法第37条规定：刑事被告人在任何场合都可委托有资格的辩护人。被告本人不能自行委托时，辩护人由国家提供。德国宪法第101和第103条和美国宪法第四修正案都间接地规定了这一权利。① 鉴于此，在将来的《法律援助法》中，似乎更应该把获得法律援助视为公民的基本权利。而且，作为法律援助的发展趋势，公民权利也理应成为新的历史时期中继慈善行为、国家责任之后的又一个全新定位。

在这里，还有几个问题需要予以澄清。一是法律援助到底是政府的责任还是国家的责任？对此，有学者认为从根本上讲法律援助是国家的责任，只不过是由于其具体的实施有赖于政府，因此，该条例就将其规定为政府而非国家的责任。也有论者认为，由于《法律援助条例》是国务院颁布制定的，因而其在立法中使用"政府责任"的提法就显得理所当然了。笔者认为，在将来的《法律援助法》中，宜将这二者予以有效的区分，应当明确规定法律援助是国家的责任，只不过是由政府直接负责具体的实施。这样，关于法律援助的法律关系就会更为清晰，在社会和国家的理论上更为严谨，在具体的实践中也会更有助于责任的厘定。

二是如果说法律援助是国家的责任，那么它还是不是律师的义务？《法律援助条例》第6条规定：律师应当依照律师法和本条例的规定履行法律援助义务，为受援人提供符合标准的法律服务，依法维护受援人的合法权益，接受律师协会和司法行政部门的监督。《律师法》第42条规定：律师必须按照国家规定承担法律援助义务，尽职尽责，为受援人提供法律服务。根据这两条的规定来看，似乎法律援助是律师的义务。那么在这种情况下，与《法律援助条例》第3条关于法律援助是政府的责任的说法

---

① 陶髦、宋英辉、肖胜喜：《律师制度比较研究》，中国政法大学出版社1995年第1版，第210—211页。

相对比，问题就显而易见了，即法律援助到底是政府的责任，还是律师的义务？这二者似乎是冲突的。如果说法律援助是政府的责任，那么就应当由政府出资去按照市场经济的法则购买律师的服务，然而这种情况下，律师收费服务的行为似乎并不具备义务的属性；如果说法律援助是律师的义务，那么更通常的解释似乎应该是，律师有义务为特定群体免费提供必要的法律服务。可是如此一来，还需要政府做什么？政府的责任又体现在哪里呢？实际上，一个更为可行的解释思路就是，法律援助其实是政府责任和律师义务的结合体，这具体体现在政府必须出资聘请律师为特定群体提供法律服务，而律师不得拒绝政府的这一要求。要有效实现政府责任与律师义务这二者之间的对接与协调，构建完善的公设律师制度应该是十分必要的，它有助于避免市场的随意与失灵。

三　法律援助的理论基础

有论者认为，从各国包括我国法律援助制度的历史沿革中可以发现，这一制度具有如下一些不同层次的理论依据：第一，为了保护社会弱者的合法权益，提供必需的法律服务势在必行。该论者认为，基于各种原因，社会上总会存在一些弱者，他们的基本权利受到侵害时，因经济贫困或其他原因，无法获得法律的保护。因此，对弱者的法律援助，不仅逐渐成为一种法律制度，也是社会道德的价值取向之一。第二，为实现司法公正，法律援助必不可少。要实现司法公正，仅有实体正义是不够的，还要有程序正义；要实现司法公正，仅靠司法人员的秉公执法也是不够的，还要有对社会弱者的法律援助。第三，真正的"法律面前人人平等"，需要法律援助来保障。该论者认为，虽然法律援助不可能将法律服务资源绝对地平均分配给所有需要帮助的社会成员，但是它至少在某种程度上，应当促进社会权利的公平分配和实施，从而为真正做到法律面前人人平等提供相应的程序保障。第四，法律援助既是人权的有力保障手段，亦为人权的基本内容之一。一般而言，人权的实现，主要有两种途径：一是人们在社会生活中通过自己的法律行为来直接实现其实体权利；二是人们在司法救济中通过行使程序权利（诉讼权利）来保证实现其实体权利。以上两种实现人权的途径，随着法律规范的繁多复杂，越来越需要专业性的法律服务。但是在市场经济中，法律服务资源的有限性、有偿性又使社会弱者无法通过正常的市场交易方式获得相应的法律服务。因此，传统的人权保障措施已远远不够，必须建立相应的法律援助制度。该论者最后认为，无论是从道德及人道主义的角度，还是从公正、平等的法律价值与评价的角度，或是从人权的角度，我国都不仅应当实行法律援助制度，而且我国的法律援助都应当比外国实现得更好。①

有论者从各国建立法律援助制度的价值取向角度，探讨了建立和完善法律援助制度的理论依据。该论者认为，由于各国在历史背景、社会文化以及经济发展程度等方面的差异，现代各国对于建立法律援助制度在理论上的价值取向是不尽相同的。在英美等国，被告人获得公设律师的协助被视为对公正审判的保障。法律援助制度的建立是基于政府有义务确保公平正义的司法秩序、保障公民的合法利益的公正原则。因此，英国全国的法律援助经费均由国家出资，而且是财政预算项目中唯一不封顶的"开放性预算"。② 美国联邦最高法院大法官布莱克曾指出："在我们的对抗式刑事审判制度中，任何一名被指控到法院而又因为太穷而无法聘请律师的人，只有取得国家提供的律师协助，才能获得公正的审判。这对于我们来说，是一个不证自明的真理。"在大陆法系各国，法院只在法定条件下负有指定公设律师的义务，而且可以不顾被告人的意愿而强制为其指定。这种强制辩护制度据以建立的理论基础是，律师参与诉讼不仅仅旨在维护被告人的基本诉讼权利，而且更有利于刑事实体权利真正的实现。就我国而言，法律援助制度建立的最重要的理论依据是，国家有义务确保"公民在法律面前一律平等"的宪法原则的实现，保证国家建立公平正义的司法体系和运行机制。该论者进而认为，尽管存在上述观念的差别，各国对于建立刑事法律援助制度仍有着公认的法律原则，那就是公民不分贫富贵贱均应获得公平和平等的司法保护。这一原则超越了社会制度、意识形态、传统法律文化的界限阻碍，在许多国家的相关法律中得到了确立，使得这些国家对于刑事法律援助的诠释仅仅存在着细节上的差异。③

---

① 朱力宇、訾磊：《法律援助制度的若干理论依据和特点》，载《法学杂志》2001 年第 3 期。

② 宫晓冰、高贞：《中国法律援助制度的实践、探索与前景》，载《当代司法》1997 年第 5 期。

③ 李汉昌、詹建红：《刑事法律援助制度论要》，载《法学评论》2000 年第 5 期。

四 法律援助的意义

有论者认为，法律援助制度的建立和实施，是法治健全、社会进步和历史发展的必然要求。随着我国改革开放的不断深化和社会主义市场经济体制的逐步建立、完善以及广大公民民主、法律意识的不断提高，建立和实施有中国特色的法律援助制度已势在必行。法律援助制度在我国的应运而生，适应了新的形势，具有重要意义。首先，建立和实施法律援助制度既是实现"法律面前人人平等"原则的重要机制，又是促进司法公正，维护社会正义的重要手段。"法律面前人人平等"是为国际社会公认的一项基本原则，也是我国宪法明确规定的一项基本原则。由于现阶段我国公民存在经济收入上的差异，一部分人在经济上相对贫困，不能支付必要的法律服务费用以保障自身的合法权益，若不建立和实施法律援助制度，法律所赋予的公民的平等权利就无法真正实现，法律之平等和司法之公正也将受到质疑。该论者将此种意义称为法律层面上的意义，或称直接意义。其次，健全、完善的法律援助制度不仅是一国司法制度的重要组成部分，体现了一国法律制度的健全程度，而且也反映着该国民主与法制的进程，是社会文明与进步的重要标志。具体表现在：建立和实施法律援助制度，既是健全和完善我国社会保障法律体系的必然要求，又是保障人权的重要内容；既是我国新时期经济与社会协调发展和良性运行的客观需要，又是完善民主与法制建设，加强社会主义精神文明建设的实际步骤。我们将这归纳为非法律层面的意义，或称间接意义。之所以作此分类，该论者以为，前者即"法律层面上的意义"才是建立和实施法律援助制度的首要意义，我们建立和实施法律援助制度的初衷也正在于此，它是后者即"非法律层面的意义"的前提与基础，而后者则是前者的必然结果和根本归宿。我国通过建立和实施法律援助制度，直接寻求法律平等、司法公正、社会正义的过程，也必然间接推动经济和社会的发展、民主与法制的进步以及社会精神文明、保障体系的完善。①

---

① 周玮：《我国法律援助制度的若干问题》，载《湖南公安高等专科学校学报》2002 年第 3 期。

有论者认为，法律援助制度对于保障社会弱势群体尤其具有重要意义①。首先，法律援助制度保护社会弱势群体权益，防范和化解社会矛盾。在市场环境下，各种社会矛盾解决机制的设计与运转，都受制于成本—效益规律的约束。对于希望进入这些解决机制的弱势群体来说，其中的诉讼费、律师费和鉴定费是一笔很重的开支，往往阻碍了其合法权益的维护，因为其面对的不仅仅是被害人，更有强大的国家公诉机关。由此，犯罪嫌疑人、被告人很容易成为刑事诉讼程序中的弱者，而老年人、残疾人等社会弱者一旦承担这些角色，则更是弱者中的弱者。同时，刑事诉讼又往往关系到被告人生命、自由等基本人权，一旦出现错误，将会给被告人带来无可挽回的灾难性后果。因此，为了保障贫弱被告人的合法权益，像其他许多国家一样，我国也规定了涉嫌重罪的刑事诉讼被告的法律受援权，并且不受限于受援人的经济条件，从而保障社会弱势群体诉讼权利，实现法律面前人人平等。其次，法律援助制度能起到法律宣传和教育作用②。社会弱势群体囿于其知识、阅历缺陷，对于国家法律法规乃至保障其权益的专门法律缺乏认识与了解，这一方面是弱势群体违法犯罪的诱导因素，另一方面也在很大程度上限制了弱势群体保障法实效的发挥。而积极有效运转的法律援助机制，有助于弱势群体了解法律的具体内容，认识法律的重要意义。③

笔者认为，法律援助制度至少有以下三个重要意义。第一，法律援助能够促进司法公正。当司法成为社会正义的最后一道防线的时候，能否保证司法的公正就显得极为重要。一旦司法不能有效化解社会纠纷、从终极意义上息事宁人，社会的诸多矛盾便会逐渐积聚，直至最终突破原有的秩序，引发剧烈的社会变动。由此，我们就应该思考一个问题，即司法如何才能公正？学术界的多数研究表明：除去司法独立这一制度性甚至是体制性的前提之外，当事人双方地位的平等以及审判者在地位上的超然中立，应当是司法公正的必然要求和应有之义。在这种情况下，一旦当事人中的

---

① 张振芝：《关于弱势群体法律援助的思考》，载《党政干部学刊》2006 年第 11 期。

② 赵兴宏：《弱势群体的权益保护与法律援助》，载《辽宁社会科学辑刊》2005 年第 4 期。

③ 朱海波：《和谐社会的社会法维度——以弱势群体法律援助制度为视角》，载《济南大学学报》2007 年第 5 期。

一方由于贫困或者生理上的某些缺陷等原因而导致无法有效与对方当事人相抗衡时，司法公正所要求的那种双方当事人之间的平衡态势就会被打破，司法公正也就无从谈起。正是在这个意义上，法律援助制度的价值和意义得以彰显。它可以有效地弥补处于劣势一方的当事人在力量上的不足，从而重新构建起一种法官居中裁判、当事人双方平等对抗的现代当事人主义的诉讼结构，为公正的司法和社会正义的实现提供了一种制度性的保障。这一点在刑事诉讼程序中体现得尤为明显。当刑事公诉案件的被告人由于经济上的贫困或者由于生理上的某些缺陷等导致无法有效维护自己的权利之时，法律援助的出现会在一定程度上强化其与控诉权以及审判权相抗衡的力量。在这种情况下，权利与权力之间在力量上的大致对等与相互制衡，就使得整个司法过程可以在一种平等对话的基础上得以有效地运行，与此同时，公权力的运行也得到了有效的规制。

第二，更重要的一点是，法律援助的有效实施从根本上有助于人权的保障。对公权力的制约和对人权的保障是现代法治的两大基本理念。而且，制约公权力的目的也正在于保障公民权利和基本人权免受公权力的肆意侵犯。法律援助制度也是如此。"对于任何人，我们都不能出卖、拒绝或者拖延权利和正义。"[1] "正义应当同样给予贫困的人，根据正义原则任命的律师应同样地为穷苦人服务。"[2] 以犯罪嫌疑人和被告人的人权保障为例，辩护律师无论是为犯罪嫌疑人还是为被告人提供法律援助服务，其暗含的意旨之一，都在于把犯罪嫌疑人、被告人视为诉讼的主体而非客体。只有摆脱纠问式诉讼模式下把犯罪嫌疑人、被告人视为客体、做有罪推定的思想倾向，司法才有可能公正，人权也才有可能得以保障。原因在哪里？在于所谓的控辩平等首要的体现就是人格上的平等。如果不把犯罪嫌疑人、被告人当成一个具有完整人格的主体来看待，所谓的平等对抗又能从何而来呢？只有人和人之间才谈得上平等；在人与物之间，不存在平等或不平等的问题。因此，法律援助的出现，对于维护犯罪嫌疑人和被告的人格，提升其在诉讼中的主体地位，进而对于保障其基本的人权，都是

---

① Magna Carta 所说。转引自严军兴《法律援助制度理论与实务》，法律出版社1999年版，第4页。

② 这是1495年英王亨利七世在一个法案中的规定。转引自李建波主编《中国法律援助制度》，中国检察出版社2004年版，第19页。

有着十分重要的意义的。笔者认为，2004 年"国家尊重和保障人权"的入宪，不仅预示着宪法对于人权观念的确信与认可，从更具体的层面上看，它还为一系列涉及人权保障的法律制度的确立提供了明确的宪法依据。也正是因为如此，这些法律制度的运行才有可能在法律实践中获取必要的条件或资源。

第三，从制度规定的层面上讲，法律援助的实施有助于促进公民宪法权利的落实。我国《宪法》第 125 条明确规定：被告人有权获得辩护。值得注意的是，对于那些特定的社会弱势群体来说，如果没有配套的措施予以辅助，这样的一种规定就注定是毫无意义的，只能是纸面上的法律。而法律援助制度恰好能够有助于这一规定的实现。因此，建立法律援助这样的一种制度，对于中国的刑事被告人，尤其是那些身为社会弱势群体的刑事被告人来讲，显然有着十分重要的意义。

第二节　中国法律援助的历史与现状

从历史的角度来考察和分析法律援助这一现象十分必要。"最可靠、最必需、最重要的就是不要忘记基本的历史联系，考察每个问题都要看某种现象在历史上怎样产生，在发展中经历了哪些阶段，并根据它的这种发展去考察这一事物现在是怎样的。"① 对于法律援助的研究亦是如此。在西方法制的发展史上，法律援助最初仅仅是教会或社会团体自发地对穷人提供免费服务的一种道义行为或慈善举动，后来随着生产力的发展、经济基础的演变以及人权观念、法制观念的深入人心，法律援助逐渐被人们视为一种国家义务、政府责任，抑或更进一步，视为公民的基本权利。

一　世界法律援助的起源及发展

据有论者考证，法律援助起源于英国。早在 1424 年，苏格兰的一项法规创立了穷人登记册，在册者如果提出诉讼，则可免费得到法律顾问或代理人的帮助。在英格兰，自 1495 年起即承认穷人享有因其身份免付诉讼费的权利。② 到了 1903 年，英格兰对刑事案件请求辩护人帮助的问题

---

① 《列宁全集》（第 4 卷），人民出版社 1990 年版，第 43 页。
② 李文健：《刑事诉讼效率论》，中国政法大学出版社 1999 年版，第 216 页。

作了专门的规定。据此,英国的刑事法律援助制度逐渐得到了借鉴推广。①

有论者认为,法律援助制度起源于英国,后为其他资本主义国家所借鉴。早在 19 世纪,法律援助制度就为众多的发达资本主义国家所确认和建立。到 20 世纪 50 年代,发达国家的法律援助制度已相当完善。非洲的大部分发展中国家,也于 20 世纪 60 年代相继建立了法律援助制度。目前,世界上已经有 140 多个国家和地区建立了标志社会文明和法治进步的法律援助制度。②

有论者认为,资本主义国家法律援助制度的发展,大体经历了三个主要阶段:第一,在法律援助制度产生的初期,是对穷人的法律援助,无论是由宗教组织提供的,还是由行政机关提供的,或是由公共援助机构提供的,均被视为一种慈善行为。因此,早期的法律援助,更为经常地表述为"法律救助""法律救济"。第二,法律援助作为一种政治权利,在资产阶级国家得到确认。这一时期,资本主义制度在欧美主要国家已初步确立,资产阶级人权观念,成为资本主义国家所极力标榜的宪法原则,早期的将"穷人"作为一阶层,而施之以法律援助的传统理论,逐步为保障公民诉讼权利的理论所代替,从而,使法律援助进一步社会化,并从单纯的慈善事业,向国家责任转化。第三,21 世纪初,资本主义法律中社会化思想的发展,进一步推动了法律援助制度的发展,特别是第二次世界大战以后,资本主义的福利国家进一步以社会为本位,为实现公民之间的平等,强调当事人有取得律师帮助的权利,这些措施构成了现代资本主义国家法律援助的新发展。资本主义国家法律援助制度的发展是不平衡的,而且,由于各国的历史条件、社会条件和经济实力不同,在法律援助的指导思想、立法规定、援助的方式、对象和条件等方面,也不尽相同。③

---

① 李汉昌:《刑事法律援助制度概要》,载《法学评论》2000 年第 5 期。

② 吴震、郑志林:《我国法律援助制度的若干问题》,载《湖南公安高等专科学校学报》2002 年第 3 期。

③ 黄新根:《论我国法律援助制度》,载《中共南昌市委党校学报》2004 年第 1 期。

二　中国法律援助制度的历史

在我国，虽然早在 20 世纪 50 年代散见于《人民法院组织法》和《律师收费暂行办法》等有关法律法规中，带有法律援助性质的规定就已经出现，但我国正式提出"建立和实施中国的法律援助制度"却是在 1994 年 1 月。① 在此之前，一些代表社会特定阶层的社团组织曾以不同方式、不同程度地对本组织的成员提供减免收费的法律帮助。这种减免收费的法律帮助并不是有计划、有组织的政府法律援助行动，但是在法律援助制度建立的早期，社团的法律援助产生了较大的社会影响，不仅及时有效地对受援助者提供了法律援助，并对政府法律援助制度的建立起了推动作用。②

1994 年，当时的司法部部长肖扬在全国司法厅（局）长会议上，首次向社会公开提出了建立中国法律援助制度的设想。③ 1995 年 1 月，司法部正式提出建立中国法律援助制度，并陆续在北京、上海、广州、青岛等城市开始了法律援助制度的试点。④ 1996 年 3 月在修改后的《刑事诉讼法》中第一次规定了刑事法律援助的内容，1996 年 5 月在《律师法》中以专章规定了法律援助。1996 年 6 月司法部发出了《关于迅速建立法律援助机构开展法律援助工作的通知》，随后着手组织有关人员制定《法律援助条例（草稿）》，以总结、规范各地已开展的法律援助工作。⑤ 同年，司法部正式宣布，在全国范围内着手建立和实施法律援助制度；⑥ 1996 年底召开理论交流会，总结经验并草拟试行条例；1996 年 12 月，司法部法律援助中心成立，担负对全国法律援助工作的管理和监督。1997 年，《司

---

① 周玮：《我国法律援助制度的若干问题》，载《湖南公安高等专科学校学报》2002 年第 3 期。

② 参见高贞《社会团体参与政府法律援助工作体系的必然性及可操作性研究》，司法部法律援助中心、法律援助立法与理论问题国际研讨会论文。

③ 李汉昌、詹建红：《刑事法律援助制度论要》，载《法学评论》（双月刊）2000 年第 5 期。

④ 黄新根：《论我国法律援助制度》，载《中共南昌市委党校学报》2004 年第 1 期。

⑤ 同上。

⑥ 王昀、许刚、刘唯翔、陈斐轶：《对上海市现行法律援助制度的思考》，载《华东政法学院学报》2000 年第 2 期。

法部关于开展法律援助工作的通知》正式下发实施，司法部法律援助中心和中国法律援助基金会先后成立。

此后，司法部就刑事、民事、行政等法律援助工作和最高人民法院、最高人民检察院、公安部等发布了多个联合通知。广东、山东、江苏、重庆等省市也出台了地方性的法律援助法规，为法律援助的全国性立法奠定了良好的基础。2003 年经国务院第 15 次常务会议通过，《法律援助条例》自 2003 年 9 月 1 日起施行。这是我国第一部关于法律援助的全国性立法。从而形成了中央、省（自治区、直辖市）、地（市）、县（区）四级构架的法律援助机构体系，法律援助制度的框架基本形成；同时也标志着我国法律援助工作从制度创立进入了加快发展的新的历史时期。①

三　中国法律援助制度的现状

2012 年《刑事诉讼法》第 34 条规定，犯罪嫌疑人、被告人因经济困难或者其他原因没有委托辩护人的，本人及其近亲属可以向法律援助机构提出申请。对符合法律援助条件的，法律援助机构应当指派律师为其提供辩护。犯罪嫌疑人、被告人是盲、聋、哑人，或者是尚未完全丧失辨认或者控制自己行为能力的精神病人，没有委托辩护人的，人民法院、人民检察院和公安机关应当通知法律援助机构指派律师为其提供辩护。犯罪嫌疑人、被告人可能被判处无期徒刑、死刑，没有委托辩护人的，人民法院、人民检察院和公安机关应当通知法律援助机构指派律师为其提供辩护。第 267 条规定，未成年犯罪嫌疑人、被告人没有委托辩护人的，人民法院、人民检察院、公安机关应当通知法律援助机构指派律师为其提供辩护。

为正确理解和适用 2012 年《刑事诉讼法》，最高人民法院于 2012 年末对刑事法律援助部分的内容作出解释。最高人民法院关于适用《刑事诉讼法》的解释第 39 条规定，被告人没有委托辩护人的，人民法院自受理案件之日起三日内，应当告知其有权委托辩护人；被告人因经济困难或者其他原因没有委托辩护人的，应当告知其可以申请法律援助；被告人属于应当提供法律援助情形的，应当告知其将依法通知法律援助机构指派律

---

① 黄新根：《论我国法律援助制度》，载《中共南昌市委党校学报》2004 年 2 月第 2 卷第 1 期。

师为其提供辩护。第 42 条规定，对下列没有委托辩护人的被告人，人民法院应当通知法律援助机构指派律师为其提供辩护：（一）盲、聋、哑人；（二）尚未完全丧失辨认或者控制自己行为能力的精神病人；（三）可能被判处无期徒刑、死刑的人。高级人民法院复核死刑案件，被告人没有委托辩护人的，应当通知法律援助机构指派律师为其提供辩护。第 43 条规定，具有下列情形之一，被告人没有委托辩护人的，人民法院可以通知法律援助机构指派律师为其提供辩护：（一）共同犯罪案件中，其他被告人已经委托辩护人；（二）有重大社会影响的案件；（三）人民检察院抗诉的案件；（四）被告人的行为可能不构成犯罪；（五）有必要指派律师提供辩护的其他情形。第 402 条规定，外国籍被告人没有委托辩护人的，人民法院可以通知法律援助机构为其指派律师提供辩护。被告人拒绝辩护人辩护的，应当由其出具书面声明，或者将其口头声明记录在案。被告人属于应当提供法律援助情形的，依照本解释第 45 条规定处理。第 472 条规定，审判时不满十八周岁的未成年被告人没有委托辩护人的，人民法院应当通知法律援助机构指派律师为其提供辩护。第 473 条规定，未成年被害人及其法定代理人因经济困难或者其他原因没有委托诉讼代理人的，人民法院应当帮助其申请法律援助。

《人民检察院刑事诉讼规则（试行）》第 42 条规定，人民检察院办理直接受理立案侦查案件和审查起诉案件，发现犯罪嫌疑人是盲、聋、哑人或者是尚未完全丧失辨认或者控制自己行为能力的精神病人，或者可能被判处无期徒刑、死刑，没有委托辩护人的，应当及时书面通知法律援助机构指派律师为其提供辩护。第 485 条规定，人民检察院受理案件后，应当向未成年犯罪嫌疑人及其法定代理人了解其委托辩护人的情况，并告知其有权委托辩护人。未成年犯罪嫌疑人没有委托辩护人的，人民检察院应当书面通知法律援助机构指派律师为其提供辩护。

《公安机关办理刑事案件程序规定》第 44 条规定，符合下列情形之一，犯罪嫌疑人没有委托辩护人的，公安机关应当及时通知法律援助机构为犯罪嫌疑人指派辩护律师：（一）犯罪嫌疑人是盲、聋、哑人，或者是尚未完全丧失辨认或者控制自己行为能力的精神病人；（二）犯罪嫌疑人可能被判处无期徒刑、死刑。第 309 条规定，未成年犯罪嫌疑人没有委托辩护人的，公安机关应当通知法律援助机构指派律师为其提供辩护。

2012 年《律师法》第 42 条规定，律师、律师事务所应当按照国家规定履行法律援助义务，为受援人提供符合标准的法律服务，维护受援人的合法权益。第 47 条规定，律师拒绝履行法律援助义务的，由设区的市级或者直辖市的区人民政府司法行政部门给予警告，可以处五千元以下的罚款；有违法所得的，没收违法所得；情节严重的，给予停止执业三个月以下的处罚。第 50 条规定，律师事务所拒绝履行法律援助义务的，由设区的市级或者直辖市的区人民政府司法行政部门视其情节，给予警告、停业整顿一个月以上六个月以下的处罚，可以处十万元以下的罚款；有违法所得的，没收违法所得；情节特别严重的，由省、自治区、直辖市人民政府司法行政部门吊销律师事务所执业证书。律师事务所因拒绝履行法律援助义务而受到处罚的，对其负责人视情节轻重，给予警告或者处二万元以下的罚款。

从总体上看，我国的法律援助制度经历了一个从无到有，从萌芽到发展，从试点到推广这样一个逐步扩张的过程。刑事法律援助不仅在诉讼的阶段上有所扩张，由原先的只存在于审判程序，到现在的律师可以介入到侦查、起诉程序；而且，受援的主体也有所扩张，由原先的只针对被告人，扩展到现在的刑事诉讼中另一重要的诉讼参与人——被害人一方。但是，即便如此，立法对于刑事法律援助的规定仍然存在一些重大的缺陷，比如在辩护人的指定上，被告人并无选择权，对于刑事法律援助的性质，法律没有作具体的规定，等等。① 这些问题，还有待于学术界和实务界做进一步研究。

第三节　中国法律援助的对象、范围与方式

受援人的范围应当有多大，哪些案件或法律事务可以或应当给予法律上的援助，以及如何进行法律援助，是研究法律援助制度的三个基本问题。可以预见，随着经济社会的进一步发展和民主宪制的进一步转型，中国的法律援助对象、法律援助范围和法律援助方式，必然会稳步、理性地

---

① 张曙、方方：《论我国刑事法律援助制度的完善》，载《法学杂志》2003 年第 2 期。

向着扩大化和多元化的方向发展。

一　法律援助的对象

1997 年司法部《关于开展法律援助工作的通知》第 2 条 "法律援助的对象" 规定，（一）具备以下条件的中华人民共和国公民，可申请法律援助：（1）有充分理由证明为保障自己合法权益需要帮助；（2）确因经济困难，无能力或无完全能力支付法律服务费用（公民经济困难标准由各地参照当地政府部门的规定执行）。（二）盲、聋、哑和未成年人为刑事被告人或犯罪嫌疑人，没有委托辩护律师的，应当获得法律援助。其他残疾人、老年人为刑事被告人或犯罪嫌疑人，因经济困难没有能力聘请辩护律师的，可以获得法律援助。可能被判处死刑的刑事被告人没有委托辩护律师的，应当获得法律援助。（三）刑事案件中外国籍被告人没有委托辩护人，人民法院指定律师辩护的，可以获得法律援助。（四）经审查批准的法律援助申请人或符合条件、接受人民法院指定的刑事被告人、嫌疑人为受援人。在法律援助过程中，受援人可以了解为其提供法律援助活动的进展情况；受援人有事实证明法律援助承办人员未适当履行职责的，可以要求更换承办人。（五）受援人因所需援助案件或事项的解决而获得较大利益时，应当向法律援助机构支付服务费用。

有论者认为，关于法律援助的对象，有几个问题值得注意：第一，并非所有提出法律援助申请的人都可以成为法律援助的受援人，必须要经过审查批准，而受援人还包括符合条件、接受人民法院指定的刑事被告人、嫌疑人。第二，法律援助制度发展至今，受援助对象不再局限于穷人、平民，也包括中产阶级，乃至一切因处境不利而需要法律援助的人，甚至是商人。① 但法人却自始至终未能正式进入法律援助的领域。我国法律援助的对象必须是具有中华人民共和国国籍的公民。法人或其他社会组织以及外国人、无国籍人不得申请法律援助。第三，在上述总的原则的基础上，对于如何确定本地的法律援助对象，具体实践中存在两种做法：其一是实行属人原则，即以申请人住所地为标志，凡具有本地户口或居住在本地且符合法定条件的人，均可向本地法律援助机构申请法律援助。其二是实行

---

① 虞政平：《关于法律援助的正确理解》，载《中国律师》1997 年第 4 期。

属地原则，即以法律事务的所在地为标志，凡在本地诉讼或办理有关法律事务且符合条件的人，均可申请获得本地法律援助。属人原则和属地原则各有利弊，但无论是采取单一的属人原则还是属地原则，都容易造成"法律援助的真空"状态。该论者认为，应彼此借鉴、相互吸收，采用以属人原则为主、属地原则为辅的标准来确定法律援助的对象。以属人原则为主是考虑到各地的经济发展不平衡，这样比较容易根据本地的实际情况确定"经济困难"的具体标准；而且以属人原则为主，也利于法律援助申请人的申请和法律援助机构的调查与实施。①

有论者认为，在划分能否成为法律援助的对象时，应当遵循以下原则：第一，尊重当事人的诉讼主体性和保障正当程序的原则。第二，对象和范围的限定原则。目前，许多学者认为，法律援助具有国家责任的属性，因而其对象绝对排斥外国人。该论者认为，在确定法律援助对象时，亦应赋予外国人与本国人相同的国民待遇。在观念上应当消除两个误区：一是法律援助仅仅是或主要是救济方法，而忽略对刑事诉讼中的人权保障；二是认为法律援助多多益善，甚至远远超出法律规定的范围，造成国家税费的流失和律师经济负担加重。第三，因地因时而宜原则。该论者认为，在确定法律援助对象的条件上，应以社会经济发展为依据，按阶段（一年或几年）确定城乡最低社会生活保障线，凡年收入不足最低社会生活保障线的公民，可申请法律援助。同时，也可以随着社会经济的发展，适时予以调整。

该论者认为，实施法律援助，受援人应当符合下列条件：一是申请人是已经立案的诉讼或仲裁案件的一方被告人、犯罪嫌疑人或有理由证明自身的合法权益受到侵害；二是案件有胜诉的可能；三是从社会效益和经济效益考虑，确有援助的必要；四是不能提供援助的范围。这里须着重解决契约自由（处分原则）与国家干预的关系。②

有论者认为，建立法律援助制度应确定法律援助的对象。在该论者看来，首先，法人不应被确定为法律援助的对象。因为法律援助制度是一种

---

① 周玮：《我国法律援助制度的若干问题》，载《湖南公安高等专科学校学报》2002 年第 3 期。

② 王福华、原永红：《论法律援助制度的改革和完善》，载《山东法学》1999 年第 2 期。

人权保障制度。某些经济困难和某些特殊案件（如请求给付赡养费、抚养费等）的当事人依法缓交、减交或者免交诉讼费用或者法律费用，是为了使法律规定的公民的权利能够平等、公正地得以实现。如果允许向法人提供法律援助，某些法律服务工作者为抢案源，争夺法人当事人，可能会打着法律援助的旗号擅自降低收费标准，以图名利双收，从而助长了不正当竞争行为。其次，"属人原则"和"属地原则"结合并用，才能产生良好的法律援助的社会效应。"属人原则"既便于申请人申请，又便于法律援助机构调查、了解申请人经济是否困难。但如果本地居民在外地涉诉的，由于异地办案花费较大，因此仅仅考虑属人原则还是不够的。为了更充分地使得当事人获得法律援助，各地应根据本地实际情况，充分考虑属地原则，因为只有"属人原则"和"属地原则"结合起来，才能提供更加优质的法律援助服务。各地方之间可以订立法律援助合作协议，以便发挥法律援助的社会效益。①

有论者认为，申请法律援助的主体目前应仅限于公民，不包括法人及其他组织。并且这里所指的公民还必须是由于本人缺乏有关的法律知识，不具备相应的诉讼能力，需要律师为他们提供法律帮助的那部分公民。除了刑事诉讼中的两类特殊案件的被告人外，其他案件的当事人需要律师提供法律援助，必须是因自身经济困难，无力支付律师费用。如果申请人有经济能力，能够支付律师费用，就应到律师事务所委托律师为他们提供法律帮助。②

二　法律援助的范围

法律援助的范围，就是对于哪些案件或法律事务可以或应当给予法律上的援助问题。随着法律援助在世界各国的确立、发展，法律援助对象的逐步增多，法律援助的范围也呈现出不断扩大的趋势，由最初的主要施行于刑事辩护的援助，扩大至所有符合条件的人所进行的各项民事诉讼，乃至于非诉讼的法律事务的各项帮助。从世界范围刑事法律援助制度发展的情况看，进一步扩大法律援助的案件范围和免费律师在刑事诉讼中的活动

---

① 赵辉：《浅谈中国法律援助制度的作用和实施》，载《辽宁师范大学学报》（社会科学版）1997年第6期。

② 严本道：《完善我国法律援助制度之管见》，载《法商研究》1996年第5期。

范围，将是一些国家刑事法律援助发展的方向。①

有论者认为，理论界关于法律援助的范围有两种不同的观点：一种认为不管是诉讼事务，还是非诉讼事务，也不管是刑事案件，还是民事案件或行政案件，均应属于法律援助的范围。另一种观点认为，法律援助的范围不宜太宽，应加以适当限制。该论者进而认为，我国的法律援助制度刚刚起步，尚处在摸索阶段，法律援助基金有限，法律服务队伍供不应求，这都使得我国法律援助的范围不宜太宽泛。从现有的法律法规看，法律援助的范围具体涉及了刑事、民事和行政案件领域，包括诉讼和非诉讼法律事务，主要有：（一）刑事案件；（二）请求给付赡养费、抚育费、抚养费的法律事项；（三）除责任事故外，因公受伤害请求赔偿的法律事项；（四）盲、聋、哑和其他残疾人、未成年人、老年人追索侵权赔偿的法律事项；（五）其他确需法律援助的法律事项。从中可以看出，我国法律援助范围虽由小逐渐扩大，却仍有所侧重，如重罪案件，请求给付赡养费、抚育费、抚养费，请求支付赔偿的法律事项等。我国法律法规对于法律援助范围之规定，既符合法律援助发展的趋势，与国际上的做法相一致，又考虑了我国的实际情况，与我国国情相适应。②

有论者认为，对于哪些案件或法律事务应该给予法律上的援助，各地实际情况不一样，援助的范围也不可能相同。该论者认为，援助范围不宜太宽，应加以限制。第一，目前我国的法律援助制度乃处于探索阶段，相应措施、手段尚不健全。第二，我国的法律服务队伍虽然近年来有了一定发展，但对这样一个人口众多，经济尚不发达的农业大国来说，法律服务队伍仍然供不应求。因此，在法律援助力量有限的今天，应该把有限的法律援助力量用于最需要的服务中去。第三，从世界各国法律援助制度发展过程来看，法律援助制度都是由小到大逐步发展的，而且在服务内容上有所侧重。该论者认为，我国应该在赡养费、抚养费、抚育费及残疾人权利保障等方面，予以优先提供法律援助。③

---

① 李汉昌、詹建红：《刑事法律援助制度论要》，载《法学评论》2000 年第 5 期。

② 周玮：《我国法律援助制度的若干问题》，载《湖南公安高等专科学校学报》2002 年第 3 期。

③ 赵辉：《浅谈中国法律援助制度的作用和实施》，载《辽宁师范大学学报》（社会科学版）1997 年第 6 期。

有论者认为，由于目前我国律师的法律援助工作尚处在起步阶段，律师数量有限，因而律师法律援助的案件范围不宜过宽；否则，援助组织将不堪重负，也失去了建立我国法律援助制度的意义。当然律师法律援助的案件范围也不能过窄；否则，将会把一些本应得到援助的当事人排斥在援助范围之外，失去建立我国法律援助制度的目的。依该论者主张，案件范围应限制在刑事诉讼、民事诉讼、行政诉讼中直接与当事人的基本权利和切身利益密切相关的那部分案件。如刑事诉讼中的被告人为聋、哑、盲、未成年人，或者可能被判处死刑而没有委托辩护人的案件，以及公诉人出庭公诉，被告人因经济困难而没有委托辩护人的案件；民事诉讼中的请求赡养、扶养、抚养、婚姻、工伤、劳动争议方面的案件；行政诉讼中的请求依法发给抚恤金、请求行政赔偿的案件。①

三 法律援助的方式

有论者将目前世界各国法律援助的方式分为三种，一是私人律师模式，即由公共基金支付私人律师的相关费用，由私人律师提供法律援助服务。二是公职律师模式，即通过政府创立法律咨询与服务的专门公共机构，由有政府工资报酬的专职律师提供法律援助。三是将上述两种模式相混合。我国采用的接近于第三种混合模式，即向当事人提供法律援助以公职律师为主、私人律师为辅的有限混合模式，并且公职律师获得的工资报酬必须是超出其法定的义务援助案件数量，这种模式比较节约费用，较适合现有国情。但这就需要适度提高公职律师的劳动报酬，使其能达到国家公务员的标准工资水平。同时应当考虑律师业的平均收入，不使其报酬与非公职律师的收入有太大的差距，以此保证法律援助案件的质量与数量的平衡。②

也有论者将世界各国的法律援助的实现方式分为三种类型：一是公共辩护人模式。这种模式是指，由专职或兼职律师担任职员的公设或私设律师执业机构向公众提供法律服务的模式。英美法系国家大多数设立了专门的公设辩护人办公室。这一机构隶属于政府，财政上直接或间接由地方政

---

① 严本道：《完善我国法律援助制度之管见》，载《法商研究》1996年第5期。
② 王昀、许刚、刘唯翔、陈斐轶：《对上海市现行法律援助制度的思考》，载《华东政法学院学报》2000年第2期。

府支持。在公设辩护人办公室工作的律师拿国家的薪水，因此有责任为所有贫穷的被告人辩护。公设辩护人办公室的工作非常专门化，每个律师通常只负责某种案件的辩护。这种模式体现了国家对法律援助的控制。二是合同制律师模式。这种模式的特征是，通过法院、法律援助管理机关等同律师（包括律师个人、律师事务所、律师协会）订立为法律援助对象提供法律援助的合同，来实现法律援助。这种模式又分为合同期内固定收费模式和每案固定收费模式两种。前种模式有利于减少、控制法律援助的费用，但没有考虑个案的复杂程度对律师在时间、精力上的要求，往往会影响法律援助的质量。后种模式虽有利于对合同律师办案的时间、精力、费用的保障，但是有可能出现高级律师受案、低级律师处理案件的情况。三是指派律师模式。这种模式实际上是指，法院从律师事务所的律师名册中为贫困被告人指定律师，国家为接受指定的辩护人提供一定的补偿。这种模式的优点是简便、易行、便于操作。但有两个很大的缺陷：一是法院指派往往存在任意性，从而极易压抑律师的独立性；二是对被指定的律师通常没有资格的限制，无法保证法律援助的质量。①

该论者认为，从我国立法规定来看，律师对刑事被告人的法律援助是通过法院的指定进行的，故这种由专一主体指定辩护人的方式是实现刑事法律援助的唯一方式，其与世界上许多国家的规定不完全一致。在西方各国，刑事诉讼立法对实行法律援助的审定权一般也是规定由法院行使，但在特定情况下，警察、检察官甚至律师组织也有部分审定权。该论者认为，基于控辩对立的不可融合性，在我国现行司法体制下，赋予法院专属的法律援助审定权，既可避免"谁都有责，谁都不负责"的现象发生，也便于对被告人权益的统一保护。②

有论者将法律援助的提供方式分为四种类型。一是司法保障模式，也称"私人律师模式"，一般由法律援助计划管理部门（委员会、中心或基金会等）按法律规定的费率，向私人开业的律师按小时或阶段或案件数支付费用，以提供法律援助服务。该模式强调当事人的选择权、自治权。二是专职律师模式，即由法律援助计划管理部门通过合同雇用支领工资的

① 李汉昌、詹建红：《刑事法律援助制度论要》，载《法学评论》2000 年第5 期。

② 同上。

专职律师，来提供法律咨询和案件代理。采用这种模式的地方，一般由独立的法律援助委员会管理法律援助。一般情况下，受援助人不能选择律师。三是混合模式，即司法保障与专职律师等多种模式并存，分别提供法律援助的模式。这是目前各国法律援助实践中比较普遍采用的模式。四是合同制或承包制模式。即由法律援助管理机构和私人律师事务所或律师订立合同，或采用招标方式将某类案件或一批案件承包出去，为中标者根据约定的条款支付报酬，由他们提供法律援助服务①。除上述四种外，还有一些社区诊所、值班律师等辅助模式。②

有论者认为，法律援助的方式与法律援助的对象、法律援助的范围三者密切相关，相辅相成。法律援助的对象愈多，法律援助的范围愈广，法律援助的方式可能愈丰富与完善。事实也正是如此，当法律援助的对象不再局限于穷人和重罪犯，法律援助的范围由诉讼领域延展至非诉讼领域时，法律援助的方式也相应由法庭辩论、法律代理扩大到法律咨询、法律协助的预防性服务。

该论者认为，法律援助的方式由两部分组成：减免收费的方式和法律帮助的方式。关于减免收费的方式部分，一般认为应包括诉讼费用的缓交、减交或免交，律师费用的缓交、减交或免交，公证、仲裁费用的缓交、减交或免交。法院减、免诉讼费用的举措，不过是出于经济上的考虑。法律服务是法律援助的中心，法院减、免诉讼费用应被视为司法公正性举措，而不能将之视为法律援助举措。对于减免收费的方式，我国法律援助相关法律法规并未作出明确规定。另一方面，法律援助受援人在减免收费的前提下，可获得哪些形式的法律帮助，这是法律援助的方式的第二部分，即法律帮助的方式所应回答的问题。法律代理是整个法律援助制度中最主要的一种援助形式，通常法律援助人根据法院的指定或法律受援人的要求，在诉讼中代表受援人完成些法律事务。与法律协助不同，法律援助人在法律代理中具有较为独立的诉讼地位。我国将法律援助的形式明确规定为六种：（1）法律咨询、代拟法律文书；（2）刑事辩护和刑事代理；（3）民事、行政诉讼代理；（4）非诉讼法律事务代理；（5）公证证明；

---

① 官晓冰：《外国法律援助制度简介》，中国检察出版社 2003 年版，第 273 页。
② 孙艳：《论我国法律援助制度的现状与完善》，载《黑龙江省政法管理干部学院学报》2005 年第 4 期。

（6）其他形式的法律服务。这种更为明细的分法，既有利于我们正确理解、把握法律援助概念，又便于法律援助工作的具体施行。[1]

有论者从各国对法律援助的定义出发，认为世界上很多国家的法律援助形式是多样的。除提供出庭辩护外，还包括法律咨询、制作法律文书、申请取保候审等辅助性的诉讼活动。该论者认为，在我国，法律援助的方式具有单一性。尽管司法部已于《关于开展法律援助工作的通知》中对刑事法律援助的形式作了较为合理的规定，其第 3 条规定：法律援助主要采取以下形式：法律咨询、代拟法律文书；刑事辩护和刑事代理；民事、行政诉讼代理；非诉讼法律事务代理；公证证明；其他形式的法律服务。但是，因缺乏法律的硬性规定，故在刑事诉讼实践中，法律援助工作只以法庭公开审理阶段的刑事辩护为中心。[2]

有论者探讨了被害人法律援助的方式，认为主要包括受聘律师为被害人提供相关法律咨询、制作法律文书、出庭进行刑事代理活动。根据被害人的不同情况，这种援助还应包括为被害人联系法律援助机构下属的医疗保健、心理咨询服务机构；在被害人身体受到伤害而不能正常从事工作时，告知雇主暂停其工作；在被害人财产受到重大损失时，其向债权人说明情况，延期再还债等。可见，被害人法律援助除了帮助其充分行使程序权利，使其获得满意的诉讼结果的内容外，还包括诉讼程序外的纯粹的实体权益的保护，这是不同于被告人法律援助制度的方面。[3]

第四节　中国法律援助的问题与保障

深入了解中国法律援助制度立法和实践中的各种问题，是我们研究中国法律援助制度的切入点和逻辑起点。只有做到了这一点，我们才可能做到对症下药，切中肯綮。针对中国法律援助制度在立法和实践中存在的诸多问题，本节围绕制度保障、机构保障、经费保障、沟通保障和其他保障

---

① 周玮：《我国法律援助制度的若干问题》，载《湖南公安高等专科学校学报》2002 年第 3 期。

② 李汉昌、詹建红：《刑事法律援助制度论要》，载《法学评论》2000 年第 5 期。

③ 彭海青：《被害人法律援助制度探究》，载《湖南工程学院学报》2004 年第 1 期。

五个方面进行了尽可能系统的总结，以期能够为重构中国的法律援助制度以及提升相关研究水平有所帮助。

一 法律援助的问题

有论者认为，受经济、社会、法治发展水平的限制和相关因素的制约，我国的法律援助制度在实施过程中暴露出了一些亟待解决的问题。主要包括：第一，法律援助制度的宣传工作不到位，一方面造成政府及相关部门因为对法律援助工作缺乏深入了解，而不能积极支持法律援助工作；另一方面弱势群体对法律援助制度知之甚少，甚至不知道法律援助的存在。第二，经费紧张而且没有保障机制。第三，法律援助"刑重民轻"现象严重，影响着法律援助制度的社会作用。法律援助机构办理的法律援助诉讼案件，80%以上都是刑事援助，民事援助不到20%。究其原因，首先是因为刑事援助制度法律规定明确，指定辩护制度渠道通畅，而民事援助都是受害人以个人的名义申请。第四，司法机关和劳动和社会保障、工商、医疗卫生、鉴定、仲裁等部门缺乏对法律援助工作的配合机制。第五，弱势群体维权机构各自为政，缺乏联系。第六，基层法律援助机构设置简单草率，法律援助机构人才缺乏。①

有论者认为，我国的法律援助制度实施存在以下问题：第一，在整个刑事诉讼构造倾向于职权主义的背景下，我国并不存在审前程序的法律援助制度。我国1996年《刑事诉讼法》中侦查阶段的律师在法律用语上并没有被称为"辩护人"，与他国立法例上的律师相比，其相应的诉讼权利明显要少很多。因此，在立法上必须首先对此加以完善。第二，在构建我国的刑事法律援助制度时，也应考虑到被告人对指定律师的选择权。法院有时为省时省力，会为被告人指定并非合格和优秀的律师。在此情况下，被告人应有权在法院指定律师之前提出自己的选择。这在制度的设置上，有利于帮助被告人维护自身的合法权益。第三，在构建我国的刑事法律援助制度时，还应当考虑被害人的援助问题。被害人是刑事诉讼主体之一，加强刑事程序中被害人的保障，并对被告人、被害人的权利加以合理、适当的平衡，已成为世界各国刑事程序发展的普遍趋势。检察院在行使国家

---

① 王宏翼：《我国法律援助制度实施中存在的问题及对策》，载《大理学院学报》2005年第2期。

追诉权时，有时并不能完全代表被害人的合法权益。如果被害人由于贫穷或生理缺陷而未能委托诉讼代理人，其合法权益将难以得到保护。德国刑事诉讼法为我们解决此问题提供了一个很好的范例。该法明确规定，在法定情形下，被害人依有权作为附带诉讼原告人参加公诉之申请，可以临时指定律师作为辅佐人。①

有论者以上海为范本进行实证研究，认为法律援助制度在实施中存在以下几个问题：第一，目前各法律援助中心办理的援助案件，在数量不能满足社会对法律援助的需求。一方面，法律援助服务的主要提供者律师的数量不足。另一方面，当前受援者的条件是很严格的，这就大大限制了受援者的范围，使一部分人的合法权益无法得到保障。第二，法律援助诉讼案件的服务质量总体上低于有偿服务的质量。要求律师无偿履行法律援助的义务是不合理的，这与律师作为市场个体的性质不符。现行法律援助制度分配案件时，并没有考虑律师的专业，这也是导致法律援助诉讼案件的服务质量不高的另一个主要原因。第三，社会各方面对于法律援助工作缺乏重视。这可以从三方面来分析，首先是人民法院系统对此缺乏应有的重视。我国法律规定对于当事人交纳诉讼费用确有困难的案件，可酌情予以缓、减、免交诉讼费，是否予以缓、减、免由人民法院审查决定，但在现实中，得到诉讼费减免的当事人数量微乎其微。其次，普通市民对于法律援助服务的具体内容并不真正理解。在大多数人的眼中，法律援助与街头的免费法律咨询是一样的，他们对法律援助诉讼了解甚少，因此也无法很好地利用这根权杖。最后，各区县的政府、领导对法律援助工作不够重视，这主要反映在经费问题上。经费若不到位，就无法正常地开展法律援助，从而阻碍整个制度的实施。经费紧张，于是受理案件的标准也跟着提高，大量的需要法律援助的案件都无法得到援助。同时由于经费不足，无法顺畅地支付援助律师的补贴，影响律师的办案质量。这些情形同时存在所造成的恶性循环，导致了法律援助制度的实施不利。②

_____

① 张曙、方方：《论我国刑事法律援助制度的完善》，载《法学杂志》2003 年第 2 期。

② 王昀、许刚、刘唯翔、陈斐轶：《对上海市现行法律援助制度的思考》，载《华东政法学院学报》2000 年第 2 期。

二　法律援助的保障

（一）制度保障

有论者认为，应尽快完善刑事法律援助的相关立法。我国刑事法律援助制度建立的立法依据是 2012 年《刑事诉讼法》和 2012 年《律师法》，但这两部法律只对有关刑事法律援助的内容作了原则性的规定，并没有规定刑事法律援助的运行机制。可以说，我国刑事法律援助制度的法律渊源缺乏系统性。当然，由于法律援助制度在我国还是一项新兴事业，理论上缺乏成熟的研究，实践中积累的经验不足，故通过权衡，该论者认为，司法部应尽早出台一部规章，待时机成熟时再由国务院制定行政法规，直至进行专项立法。①

有论者认为，在条件成熟的情况下，应制定《法律援助法》。否则，宪法中的"法律面前人人平等"的原则与精神，就很有可能成为一句空话。因此，根据我国的具体国情，制定一部较为详尽的《法律援助法》（包括法律援助的指导原则、资金的来源和管理、主体和对象、法律援助的模式等规定）应是一种急迫的需要。② 也有论者持相同观点，认为出于规范刑事法律援助的目的，应尽快制定《法律援助法》。"如英国的 1967年《法律援助法》，加拿大安大略省的 1966 年《法律援助法》等都规定：有适当理由进行诉讼但又支付不起诉讼费用的人有权获得免费诉讼。"③

有论者认为，应当从以下几个方面来完善法律援助的立法。第一，在《宪法》中明确规定公民的法律援助权利。该论者认为，应将公民有权获得法律援助的条款明确写进宪法，引起全社会对法律援助的重视，以利于法律援助的贯彻执行。第二，制定专门的法律援助法。为使宪法的法律援助原则得以落实，应由全国人大常委会制定一部统一的法律援助法，全面、具体、详细规定有关法律援助的所有内容，包括法律援助的性质、任务、指导原则、机构设置、管理模式、资金来源和管理、主体、对象、范

---

① 李汉昌、詹建红：《刑事法律援助制度论要》，载《法学评论》2000 年第5 期。

② 张曙、方方：《论我国刑事法律援助制度的完善》，载《法学杂志》2003 年第 2 期。

③ 吴四江：《我国刑事法律援助制度的规范化》，载《江西社会科学》2002 年第 4 期。

围、程序、权利义务和责任等。第三，完善部门法中有关法律援助的内容。目前我国刑事诉讼法、民事诉讼法、律师法、老年人保护法等法律已有零星的关于法律援助的内容，但是，随着法律援助被写进宪法以及制定专门的法律援助法，上述法律中有关法律援助的内容必须与宪法的基本原则相一致，同时也必须与法律援助法在立法精神和条文内容上相一致，对于法律援助法有规定而刑事、民事诉讼法等法律没有规定的应予规定，予以完善。对于没有规定法律援助内容的法律，如未成年人保护法、残疾人保护法、国家赔偿法等应在今后修改相应法律时，将法律援助的内容写进去。第四，完善地方法规和政府规章。在与宪法和未来的法律援助法的精神基本原则相一致的情况下，各地应根据当地的经济发展水平，社会发展变化的实际情况，在本地法律援助条例办法的基础上，进一步完善地方法规、规章，来规范本地区的法律援助工作。①

有论者认为，在立法上应当明确法律援助的性质是政府行为、国家责任。现有对法律援助的定位是既是政府保障公民合法权益的应尽责任，又是全社会和法律服务者应该关心的社会公益事业。模棱两可的性质定位使得我国既未设立国家和政府的专项经费，又不能名正言顺地向社会募集资金，处于两难境地。该论者认为法律援助应属于政府职责行为，而不是纯粹的公益事业。其理由如下：（1）"法律面前人人平等"是我国宪法规定的原则，通过对公民诉权的保障以实现对基本人权的保护和法律的公正实施。在新的审判模式下，当事人主义特征明显，胜诉的概率与当事人的请求、辩论等诉讼技巧密切相关，如果没有好的律师就很可能会败诉。这就要求国家保护那些无力支付诉讼费用的公民，给予他们同样的机会保护自己的权利，从而真正地实现宪法所规定的"法律面前人人平等"的基本原则。（2）政府的权力来源于法律，既然宪法已赋予其一定的职权，政府就有义务履行这些职权。如果政府不作为，即为违反了法律。因此，现在亟待解决的问题是，要通过立法将法律援助的性质加以明确。②

有论者认为，在法律援助的具体制度设计上，可以借鉴日本的做法，

---

① 孙艳：《论我国法律援助制度的现状与完善》，载《黑龙江省政法管理干部学院学报》2005年第4期。

② 王昀、许刚、刘唯翔、陈斐轶：《对上海市现行法律援助制度的思考》，载《华东政法学院学报》2000年第2期。

在审前程序中建立值班律师制度。这样可以使得那些因贫困而无力聘请律师的犯罪嫌疑人得到辩护人，从而强化了审前程序的辩护职能。律师协会可以根据律师本人的意愿制作值班表，值班律师即根据值班表安排的日期与犯罪嫌疑人联系和会面。同时，在立法上规定对被害人的法律援助制度，以使被害人的诉讼权利与被告人得以平衡。①

有论者认为，人民法院在诉讼费的缓、减、免问题上应结合具体的情况制定统一的执行标准，并通过成文的形式表现出来。这样将更有利于保护弱者的合法权利。②

有论者认为，应当完善我国的律师制度，为律师执业提供充分的权利保障。从某种意义上说，完善的刑事法律援助制度必然涉及律师制度的深层次的改革和完善，因此，必须充分调动律师履行职责的积极性和主动性。西方国家对律师的权利保障规定得十分完善，对律师权利的保障作出了许多具体的规定，如辩护享有辩护豁免权、证言拒绝权，充分保证了律师在执业时的合法权益。但是，就我国目前律师在刑事诉讼中的作用而言，律师在刑事诉讼中的地位不容乐观。在司法实践中，有些律师在处理刑事案件时被逐出法庭甚至被捕，因此，很多律师不愿参与刑事案件。因此，要完善刑事法律援助制度必须要在诉讼中充分保障律师参与刑事诉讼的积极性，充分保障其权利，与此有紧密联系的因素很多，在当前主要是完善律师的调查取证权和确立律师的证言拒绝权。③

有论者认为，应当在制度上明确民事法律援助的范围、条件和程序，增加民事法律援助案件的批准数量，缓解刑事援助案件严重挤占民事援助经费的现象。各地应尽快明确《法律援助条例》中的"法律援助范围"、"经济困难的标准"等授权规定事项，明示公告民事法律援助的申请范围、条件和程序，方便弱势群体提出申请，同时约束法律援助机构的审批行为，减少主观随意性。另外，应当注意到这样一个问题：法律援助机构未建立之前，刑事指定辩护是由人民法院负责，办案补助在法院的办案经

---

① 张曙、方方：《论我国刑事法律援助制度的完善》，载《法学杂志》2003 年第 2 期。

② 王昀、许刚、刘唯翔、陈斐轶：《对上海市现行法律援助制度的思考》，载《华东政法学院学报》2000 年第 2 期。

③ 伍浩鹏：《论我国刑事法律援助制度的改革和完善》，载《甘肃政法学院学报》2005 年第 2 期。

费中列支，法律援助机构建立后，人民法院经费未减，刑事援助经费改由法律援助机构支出，财政上未作调整。在法律援助经费十分紧张的现有条件下，应当将这部分经费划拨给法律援助机构。再在法律援助经费通过各种途径增加的情况下，加大民事法律援助力度，改变法律援助"刑重民轻"一条腿走路的状况，全面发挥法律援助制度应有的作用。①

（二）机构保障

司法部 1997 年《关于开展法律援助工作的通知》第 1 条关于"法律援助机构"部分规定：司法部设立法律援助中心，指导和协调全国的法律援助工作；各级司法行政机关要积极向党委、政府报告，争取有关部门的支持，尽快设立法律援助中心，指导、协调、组织本地区的法律援助工作；未设立法律援助中心的地方，由司法局指派人员代行法律援助中心职责；律师事务所、公证处、基层法律服务机构在本地区法律援助中心的统一协调下，实施法律援助；其他团体、组织、学校开展的法律援助活动，由所在地法律援助中心指导和监督。

有论者探讨了国外法律援助机构的设置，认为从职能上看，国外法律援助机构一般分为三大类：一是代表国家、政府的法律援助管理型机构，如英国的法律援助委员会；二是地方法律援助实施机构，包括地方法律援助中心、地方律师事务所等；三是身兼法律援助的管理和实施双重职能的机构。世界上众多国家都采用第一、二类型机构模式，如英国、瑞典、瑞士、美国等。设有第三类型机构模式的，除我国香港特区外，还有日本、新加坡等国。②

有论者认为，由于法律援助制度在中国尚处初建阶段，许多地方法律援助机构还没有成立，致使法律援助没有组织上的保证。该论者主张在中央设立国家法律援助委员会，作为全国最高被害人法律援助工作领导机构，从宏观上统一领导、规划、协调全国被害人法律援助工作。委员会由公、检、法、司、民政及工青、妇相关部门人员组成，统一管理援助资金的运作与使用。各省、市、区（县）设有各自的法律援助中心，其中省

---

① 王宏翼：《我国法律援助制度实施中存在的问题及对策》，载《大理学院学报》2005 年第 2 期。

② 周玮：《我国法律援助制度的若干问题》，载《湖南公安高等专科学校学报》2002 年第 3 期。

级法律援助中心主要职能是对本辖区的法律援助工作进行管理和指导；市、区级法律援助中心主要担负具体的法律援助实施工作。为保证法律援助工作的质量，法律援助中心的成员应当是取得全国统一律师资格考试证书或国家统一司法考试合格证书，具备良好的职业素质和业务能力的律师，并且要具备五年以上从业经验，不能是刚从法学院校毕业，毫无实践经验的实习律师。法律援助中心应在与法院协商后，事先准备好援助律师名单，按轮流原则指派律师。[1]

有论者认为，法律援助的机构设置问题是建立法律援助制度、实施法律援助工作的关键。[2] 法律援助的运作程序，法律援助的资源配置都取决于法律援助的机构如何设置。我国自 1996 年发出《关于迅速建立法律援助机构开展法律援助工作的通知》后，全国各地纷纷建立起自己的法律援助机构模式，其中出现了三种较有代表性和影响的模式：分散管理，事后审查，拥有自己的法律援助基金会的北京模式；统一管理运作，带有明显政府特征的广州模式；一级管理，一级具体实施的武汉模式。三种试点模式各具特色，互有利弊。1996 年，司法部法律援助中心正式成立，我国法律援助机构体系已基本成型。司法部法律援助中心是管理、指导、协调全国法律援助工作的机构，省（自治区、直辖市）、地（市、州）、县各级都成立相应的法律援助机构，省级法律援助机构主要行使法律援助工作的管理职能，地市级以下法律援助机构兼具管理职能和具体实施法律援助职能。[3] 各地法律援助中心根据本地的实际情况订立法律援助的试行办法或规定，律师事务所、公证处、基层法律服务机构在本地法律援助中心的统一协调下，实施法律援助。

有论者认为，我国法律援助的机构设置中合理与不足并存。合理的地方在于进行集中管理，形式灵活多样。为了保证我国法律援助工作健康、有序、协调的发展，有必要由一个统一的机构来进行集中组织和领导。[4] 同时，法律援助机构形式多样，既有国家政府设立的，也有地方民间成立

---

① 彭海青：《被害人法律援助制度探究》，载《湖南工程学院学报》2004 年第 1 期。

② 李长喜：《英国法律援助制度概述》，载《中外法学》1998 年第 5 期。

③ 肖胜喜：《律师执业概论》，法律出版社 1998 年版，第 124 页。

④ 许永俊：《谁来承担法律援助》，载《中国律师》1997 年第 8 期。

的；既有管理与实施分离的，又有管理与实施统一的。形式的灵活多样将为尚处于初级阶段的我国法律援助注入更多的活力，进一步推动其发展。与此同时，不足之处也很明显。我国法律援助机构、法律援助队伍还远远不能满足社会对法律援助的需要，所以不断提高法律援助的质量和数量成为当务之急。　方面，应不断提高法律援助人员的专业水平和素质；另一方面，可适当放宽对律师事务所或个人从事法律援助的限制，如建立对非营利机构以及志愿者、律师事务所从事法律援助的审核制度，也可扩大法律援助的外围组织，如组织退休律师、法官、法学教师及法律专业学生等成立法律援助咨询中心等。①

有论者认为，应当建立运转有序的刑事法律援助机构。为了保证刑事法律援助制度能真正落到实处，组织保障是首要的问题。根据立法规定，我国的刑事法律援助工作应由主管社会法律服务业的司法行政机关统一管理。研究法律援助机构设置问题，除要考虑立法的规定外，该论者认为还应遵循以下两个原则：一是可行性原则，即要有利于发挥中央和地方的两个积极性，不脱离现实性和可能性；二是有效性原则，即设置法律援助机构要有利于法律援助工作的管理，便于协作，既保障援助的质量又利于提高援助的效率。基于上述考虑，结合司法部在部署此项工作的有关文件、报告中的具体安排，我国法律援助机构设置的总体思路是，在中央设立三个机构：（1）国家法律援助委员会，从宏观上统一规划、指导和协调全国的法律援助工作；（2）司法部法律援助中心，具体行使国家对法律援助的管理职能；（3）中国法律援助基金会，为开展法律援助工作筹集资金。各省（区、市）、地区（市、州、直辖市区）、县（区）均设立法律援助中心。中央、省两级法律援助中心的主要职能，是对辖区的法律援助工作进行管理和指导；地市级以下的法律援助中心兼有管理和具体实施法律援助的双重职能。②

有论者认为，加强法律援助机构建设应从三个方面进行：第一，在法律援助经费的分配上，应主要倾向于经济落后、法律资源稀缺、设立法律

---

① 周玮：《我国法律援助制度的若干问题》，载《湖南公安高等专科学校学报》2002年第3期。

② 李汉昌、詹建红：《刑事法律援助制度论要》，载《法学评论》2000年第5期。

援助机构有困难的地区，帮助他们尽快建立起法律援助机构。同时法律援助机构还应加强内部管理，建立起工作人员守则、电话专线值班制度、来访接待制度、收结案制度、案件立卷归档制度、案件办理奖惩办法等内部规章制度。第二，在边远地区推行法律援助巡访制度。政府应当大力支持和鼓励法律援助人员定期或不定期到指定的服务区巡访，或由司法行政部门指派本部门内专门人员代为法律援助，或委托律师事务所组织实施援助工作，以及时为广大人民群众提供最优质的法律援助服务。第三，建立法律援助主管协调机构。针对法律援助机构与相关部门的工作还缺乏必要的协调规范的问题，可以在各级人大内务司法委员会下设一个法律援助主管机构，专门负责协调法律援助案件办理过程中涉及的有关部门之间的关系。使得司法行政部门、法院、检察院、公安机关、民政部门等机关在对同级的法律援助工作上，得以更好地支持和配合。①

（三）经费保障

解决法律援助经费问题是建立和发展法律援助制度最大的难题。1997年，中国法律援助基金会于北京成立，它的诞生为全国法律援助工作开辟了可靠的资金渠道。中国法律援助基金会的基金来源包括：国内社会团体、企业、商社及个人捐赠和赞助；基金会存入金融机构收取的利息；购买债券和企业股票等有价证券的收益。同年5月，全国首家地方性法律援助基金会也在北京成立。"北京市法律援助基金会"的基金来源于北京律师协会的专项经费，国内外企事业单位及个人捐赠的基金，主要用于对具体承办法律援助的单位或个人给予补贴和奖励。广州、上海、武汉、郑州等地也都根据各自的实际情况，采取了相应措施来解决本地法律援助的资金问题。②

有论者根据援助资金的来源不同，将世界范围内的刑事法律援助分为两种模式，即以瑞典、丹麦为代表的国家福利型援助模式和以美国与英国为代表的私人社团型援助模式。国家福利型援助模式把为受援人解决各项诉讼、代理费用作为与解决公民失业、住房、养老等项困难相同的社会福

---

① 周艳红：《论我国法律援助制度中亟待解决的问题》，载《河南省政法管理干部学院学报》2006年第4期。

② 周玮：《我国法律援助制度的若干问题》，载《湖南公安高等专科学校学报》2002年第3期。

利。在这种模式下，由国家财政对法律援助拨给巨额款项。在私人社团型援助模式下，法律援助主要由私人基金会提供资金的独立的私人团体、组织、律师协会乃至律师个人来进行，国家主要是通过制定有关法律法规，从客观上对整个社会的法律援助进行规划、控制和指导。目前在我国，中央和地方各级政府尚未将法律援助经费纳入财政预算，因而从被告人法律援助实践来看，律师主要是义务无偿承担法律援助工作，由于利益驱动，律师们不愿从事法律援助业务，致使法律援助制度施行受阻。

该论者认为，我国援助模式的选择应当在借鉴国外援助模式的合理因素基础上立足于本国国情，建立一种"国家—社会"双轨型模式。即由国家与社会共同承担援助资金的支出。国家出资可以"被害人法律援助款项"形式列入每年财政预算。社会出资可以税收形式，即对年收入超过 100 万元的个人或年利润超过 1000 万元的企业，征收被害人法律援助税，可采用比例税形式征收，同时也欢迎各种形式的捐助等。这种模式由于国家的实际参与和调控，避免了私人社团型援助模式在管理上的不足和地区发展上的不平衡，大大提高了法律援助的社会化程度，同时又使国家较国家福利型援助模式下所承受的财政负担大大减轻，因而是一种理想的选择。在这种模式下，法律援助制度不再是律师的无偿奉献，又重回归其国家责任的品格。[1]

有论者认为，立足我国的现实，应通过国家财政拨款、法律援助基金会的资助和社会各界、海内外人士、企业的赞助、律师组织的捐赠来解决援助资金，如此，既有强大的国家财力为后盾，又能利用社会闲散资金以减轻国家财政负担。[2]

也有论者认为，在明确了刑事法律援助制度的性质后，各级政府应视其财政能力状况，在每年的财政预算中列入法律援助的专项开支。应建立政府与社会共尽责任的多渠道经费投入体制。其中包括社会的捐赠，如设立基金会等。鉴于中国的律师在立法上的性质还属于为社会提供法律服务的从业人员，而不是像日本那样在法律中明确规定了其高度的法律职业信

---

[1] 彭海青：《被害人法律援助制度探究》，载《湖南工程学院学报》2004 年第 1 期。

[2] 周玮：《我国法律援助制度的若干问题》，载《湖南公安高等专科学校学报》2002 年第 3 期。

念。因此，基于公正、平等理念建立的刑事法律援助制度，其主要义务要让律师来承担，在理论上说不通，在司法实践中也不可行。但是，却可以让律师和其他法律服务工作者尽一定的义务，如让他们每年无偿办理少量的法律援助案件。①

有论者首先分析了法律援助资金的一般来源和渠道，认为主要有以下五个方面。一是政府拨款。二是律师信托基金利息收入。三是律师界的出资。如由各地法律基金会收取律师在银行设立的信托账户的利息，用其中一部分设立基金；律师协会会员交纳的费用；立法中规定的律师在办理案件中所收费用应预扣的一部分资金；自愿或强制的义务服务等。四是法律援助受益人的交费和分担费用。五是其他一些筹资方式②。

在此基础上，该论者认为，应广开渠道，多方面筹措资金。第一，法律援助资金主要应靠政府财政拨款。法律援助是国家和各级政府的责任，中央财政拨款应针对贫富不同地区，采取不同政策，对经济发达的富裕地区，可以少拨或不拨，对贫困落后地区，多拨款。国家通过中央拨款的上述手段，协助贫困地区省份贯彻关于法律援助的国家标准，缩小地区间差距，使不同地区的公民享有相对平等的待遇。第二，接受社会各界的捐赠。即使是经济发达财力雄厚的英美等西方国家，政府的拨款亦不能满足受援需要，资金很大一部分也靠社会捐赠，因此，在我国接受社会各界捐赠，也是广纳资金的重要途径。因此，应开展广泛的宣传，让全社会都认识到它的重要性，以期获得更广泛的捐赠。第三，从律师、公证处、基层法律服务机构的业务收费中，提取一定的比例。律师、公证员、基层法律服务人员，是从事法律事务的专业人员，他们亦有一定的提供法律援助的责任和义务，从他们的业务收费中提取一定的比例作为法律援助资金，也是他们提供法律援助的体现。第四，当事人费用返还和分担。根据受援人的经济条件，可以要求他交纳少量的申请费，如果受援人在胜诉案件中获得了较大的收益，可要求他在事后交纳全部实施法律援助支出的费用。第五，投保法律服务保险。目前可以鼓励经济效益好的单位给职工投保法律服务保险，一旦职工涉讼，需要提供法律援助，则由保险公司视交费额和

---

① 张曙、方方：《论我国刑事法律援助制度的完善》，载《法学杂志》2003 年第 2 期。

② 官晓冰：《外国法律援助制度简介》，中国检察出版社 2003 年版，第 274 页。

案件情况支付援助费用的全部或一部。这也是将来解决法律援助费用的一个发展方向。第六，可以将下列费用和款项作为法律援助的资金，而不是一律上缴国库。这些费用有：案件受理费，毒品犯罪、走私犯罪、经济犯罪等收缴的被告人的违法所得，对被告人判处的刑罚附加刑如罚金和没收的财产，没收的取保候审保证金，在民事诉讼中对妨害民事诉讼的行为人处以的罚款等费用和款项。上述某些款项被充作资金来源的做法，在国外如美国、加拿大的法律援助中也有规定。①

有论者认为，我国是发展中国家，各级政府的财力有限，完全像西方国家那样由政府承担法律援助经费也是不现实的。因此，应该建立由政府和社会共同承担的多渠道筹资体制来解决刑事法律援助的经费问题。一是各级政府的拨款。刑事法律援助是政府应尽的责任，政府理应将其经费纳入财政预算。二是建立法律援助基金会，接受社会的捐赠。三是各级法律援助机构可以兼事有偿法律服务，以所得收入弥补法律援助资金的不足。四是由律师事务所缴纳部分法律援助基金，或从律师协会收取的律师管理费中提取一定的比例作为援助基金。②

有论者认为，应当建立以政府投入为主，政府投入与行业奉献、社会赞助相结合的法律援助经费保障机制。首先应争取政府按《法律援助条例》的规定，将法律援助经费列入财政预算，按时拨付，推动建立法律援助最低经费保障制度，争取中央和省级财政拨付法律援助专项经费，用于扶持贫困地区法律援助工作。这是法律援助经费最基本的保障。其次，对每个案件办案补助标准与实际支出要一致，也就是要保证律师等援助人员工作的无偿性。最后，提高法律援助工作的影响力，号召各种社会力量进行捐助，建立法律援助基金和管理组织，按各地实际需要解决一定法律援助经费的不足。③

有论者认为，在建立以政府财政为主导，全方位筹措法律援助经费的保障机制的前提下，法律援助资金可从以下几个方面加以保障：第一，明

---

① 孙艳：《论我国法律援助制度的现状与完善》，载《黑龙江省政法管理干部学院学报》2005 年第 4 期。

② 李汉昌、詹建红：《刑事法律援助制度论要》，载《法学评论》2000 年第 5 期。

③ 王宏翼：《我国法律援助制度实施中存在的问题及对策》，载《大理学院学报》2005 年第 2 期。

确法律援助是政府责任，确保同级财政直接拨款。必须要将法律援助经费纳入各级政府年度财政预算中，建立起政府对法律援助的最低经费保障机制，单独列支，专项拨款，并随当地经济发展状况和法律援助的需求量逐步增加经费，以保证法律援助事业同社会、经济协调发展。第二，形成相关部门联动机制。就世界各国的法律援助制度来看，法律援助本应包括律师法律援助和法院诉讼费的减、免、缓三个方面，但我国目前尚未将法院诉讼费的减、免、缓纳入法律援助制度，进行法律援助的律师到有关工商、税务单位取证，所需费用也得不到相应减免。第三，拓宽法律援助经费来源渠道。在国家给予财政拨款的同时，各级司法行政部门还可经民政部门批准，设立法律援助基金会，调动社会力量，争取社会捐赠、行业奉献，积极拓宽经费来源。同时，也要加强同国际组织、国外法律援助机构以及海内外人士的密切合作，接受有关的国际组织、外国机构和个人为我国法律援助提供资金和物质帮助①。第四，加强对经费的管理与监督。法律援助经费应当由各级司法行政部门实行统一管理，实现专款专用，各级审计、监察等部门也应设立相应的监督检查机制，对法律援助资金的使用进行监督，以保证资金发挥其应有的最大功效。②

（四）沟通保障

有论者认为，应当建立法律援助机构和司法机关等相关部门的经常性协调机制，真正畅通法律援助这一"绿色通道"。刑事援助中，应当逐步建立起公安机关、检察机关与法律援助机构的联系制度，使刑事援助对象能与有能力委托律师的犯罪嫌疑人一样，在第一次受到强制措施时就能享有律师帮助的权利，人民法院与法律援助机构的联系应当规范化、制度化，什么案件，什么时间应当报送什么材料等基本问题，应形成工作规范，减少各自工作的不便和矛盾。改善法律援助人员的执业环境，帮助和支持他们完成援助任务。民事法律援助案件中，法律援助机构应会同人民法院、鉴定机构、仲裁机构等部门，制定出全部认可和统一的法律援助审批文书，法律援助机构根据相关法律标准审查了援助对象符合援助条件，

---

① 林凤章：《我国法律援助的困境分析》，载《福建师范大学学报》（哲学社会科学版）2002 年第 3 期。

② 周艳红：《论我国法律援助制度中亟待解决的问题》，载《河南省政法管理干部学院学报》2006 年第 4 期。

其相关文件就应当成为法院以及其他机关缓、减、免交诉讼费或其他费用的凭证和依据。工商、卫生等职能部门也应当在各自的职责范围内给予法律援助机构支持和帮助，建立经常性的联系协调机制。从而真正畅通整个法律援助渠道。①

有论者认为，应当妥善协调社会团体与政府法律援助的关系。这些社会团体包括了市老龄委、市妇联、市律师协会等团体。虽然由政府代表国家全部承担法律援助责任更符合法律援助的本质，但在实践中这很难做到。如果将社会团体的法律援助纳入政府工作体系，那么政府必须为社会团体法律援助工作的开展划拨经费，而社会团体自己要向社会募集法律援助资金的行为就成了政府行为。政府向社会收费在法律上只限于税收，这样的募集资金似乎形成两次征税。另外，将社团法律援助工作纳入政府法律援助工作体系之中，也不符合"小政府，大社会"的政治体制改革方向。该论者认为，将政府法律援助之职权授予社会团体，是一较合理的处理方式。现行的市和各区县的法律援助中心属于事业法人，但实际上属于市和各区县的司法局管理。政府既要在宏观上加以调控，又要在微观上进行管理，这与市场经济条件下的政府职能—宏观调控不相适宜。但如果政府将法律援助的职责授权给律师协会，由律师协会在会员的权利义务中约定其援助的义务，不必由政府来管理具体的事宜，将更有利于法律援助具体工作的展开。同时政府的宏观调控主要体现在对法律援助经费的支持上，当经费不足时，又能以社会团体的名义向社会集资。这样的模式也许可以使法律援助工作更好地运作。②

有论者认为，应当加强和建立弱势群体维权机构和法律援助机构的日常联系机制。妇联、老龄委、残联等机构在相关人员合法权益受到侵害时，如需通过法律途径解决的应及时与援助机构联系，法律援助机构在完成相应案件后，应将相关情况及时反馈到维权机构。另外，维权机构如果有相关证据材料，应及时提供给法律援助人员，以便于法律援助诉讼服务。这种联系应当规范化和制度化。该论者还认为，应当整顿落实基层法

---

① 王宏翼：《我国法律援助制度实施中存在的问题及对策》，载《大理学院学报》2005年第2期。

② 王昀、许刚、刘唯翔、陈斐轶：《对上海市现行法律援助制度的思考》，载《华东政法学院学报》2000年第2期。

律援助机构的建设，建立律师业和法律援助制度之间和各地域之间的人才共享机制。基层法律援助机构设立、经费拨付、日常工作制度和责任机制应监督落实，保证应当设立法律援助机构的地区都真正有法律援助工作的实际开展。在法律援助机构人员无法满足工作要求的地方，可以通过律师协会或司法行政机关直接协调，让律师轮流到法律援助机构去值班，负责对外的咨询和诉讼援助。利用和律师业之间的人才共享，缓解目前法律援助机构的人才瓶颈。同时，司法行政机关应当从通过国家司法考试的人员中选任人才充实到法律援助机构中，逐步解决法律援助机构人才缺乏的状况。再者，法律援助机构应打破地域限制，建立人员共享机制，建立较大区域范围内的律师库或法律援助人才库并使之联网，区域内的各法律援助机构都可以在未完成当年援助任务的律师或法律援助人员中，选派人员进行援助。对相对落后的地区，可跨地域派人援助，促进这些地区弱势群体的维权工作，以实现区域内的人才共享。①

有论者认为，应当利用信息技术，推进刑事法律援助。网络的应用打破了人们传统的对信息交流和共享的时空观念，通过网络人们能够即时地、全方位地获取各种信息，为全球的信息流通和信息共享带来极大的便利，对社会经济的发展和人类生存方式产生了深远的影响。我国刑事法律援助制度改革之后，我国面临的最为紧迫的问题是大量增长的刑事法律援助的需求和有限的资金和从事刑事法律援助的律师之间的矛盾。因此，我们应当充分利用信息技术，加强司法机构之间以及司法机构与刑事法律援助提供者之间的信息交流和共享，最大限度地提高刑事法律援助的运作效率及其针对性。②

（五）其他保障

有论者认为，我国应当加强对提供刑事法律援助的律师进行教育和培训，并建立定期培训和考核制度，以保障刑事法律援助能够落到实处。该论者还认为，应当确立刑事法律援助的服务标准。为了解决贫穷被告人辩护质量的问题，确立一个统一的标准是确保贫穷被告人辩护质量的最有效

① 王宏翼：《我国法律援助制度实施中存在的问题及对策》，载《大理学院学报》2005 年第 2 期。

② 伍浩鹏：《论我国刑事法律援助制度的改革和完善》，载《甘肃政法学院学报》2005 年第 2 期。

的方式。因此，我们一方面应当提倡律师能够积极地参与刑事法律援助。另一方面也应当借鉴国外有益经验，制定提供刑事法律援助的服务质量标准，从而使刑事法律援助能够落到实处。该论者进一步认为，应当完善刑事法律援助的实施主体。根据《法律援助条例》第21条的规定，法律援助机构可以指派律师事务所安排律师或者安排本机构的工作人员办理法律援助案件；也可以根据其他社会组织的要求，安排其所属人员办理法律援助案件。实施主体的多元化，在短期内，对于解决当前的突出矛盾即大量增长的刑事法律援助的需求和有限的资金与从事刑事法律援助的律师之间的矛盾是有益的。但是当中存在的问题也应引起我们的重视。即鉴于刑事诉讼的特殊性和重要性，一方面，非律师人员提供刑事法律援助，很难保证其具有提供法律服务的能力。另一方面，在刑事诉讼中非律师人员的权利保障相对于专业律师而言，还是有所欠缺，不利于其充分履行职责。因此，该论者认为，刑事诉讼中的法律援助，尤其是担任犯罪嫌疑人、被告人的援助者，必须要具有律师资格，这是保障法律服务质量的前提条件。[1]

有论者认为，应当有针对性地加强法律援助制度的宣传，让社会各界和弱势群体真正了解法律援助。首先，要结合当前以人为本和倡导社会公正的执政理念，加强对政府和相关部门的宣传，让它们在充分了解法律援助制度的基础上，认同和支持法律援助制度，在法律援助经费拨付、工作开展、机构建立和人员编制、创造相关社会环境等方面给予重大支持，改变法律援助工作由司法行政机关一家维持的局面。同时，法律援助制度的宣传要深入基层，特别是贫困农村、改制国有企业、建筑工地和个体私营企业等弱势群体集中的地方。让这些人充分了解法律援助制度，掌握通过法律援助制度帮助其维护合法权益的方法和途径。最后，宣传还要有意识地为法律援助经费的社会捐助打下基础。[2]

有论者认为，应当规范高等院校的法律援助工作。高校开展的各种法律援助方式，包括设立咨询站、定点服务队、公民代理等等。各高校

---

[1] 伍浩鹏：《论我国刑事法律援助制度的改革和完善》，载《甘肃政法学院学报》2005年第2期。

[2] 王宏翼：《我国法律援助制度实施中存在的问题及对策》，载《大理学院学报》2005年第2期。

在设立此类机构时，更应当注重对其成员的业务素质的培训，同时应当配备一些指导教师，比如公职律师、法学院的教授等，从而提高成员素质。①

有论者认为，在确立国家亦即政府法律援助主体地位的同时，也要鼓励其他机构、组织和人员积极投身于法律援助事业，建立国家援助机构为主、多种援助主体并存的法律援助体系。第一，加强法律援助公职律师队伍的建设与人员素质的整体提高。该论者认为，在提高强制性法律援助义务的同时，还应不断加强由政府所有的法律援助公职律师队伍。根据法律援助资源和需求状况，按照精干高效的原则，把具备法学专业大专以上或其他专业本科以上学历，具有律师资格或法律职业资格人员作为选任对象，由政府为他们提供稳定的收入，使公职律师没有后顾之忧，专心工作，队伍稳定，保障法律援助工作的顺利开展。在人员素质上，需要不断强化公职律师的政治和业务知识的学习力度，积极探索建立新的学习平台和培训方式，强化律师职业道德，提高与职位相匹配的思想、文化、业务等从业素质和胜任法律援助工作的能力及敬业精神。第二，要建立多种援助主体并存的法律援助体系。除去国家司法部门的法律援助机构外，还可以充分调动和发挥政府机构以外的其他组织、机构及法律工作者个人的积极性，例如高等院校、工会、妇联等社会团体，形成以法律援助机构为中心，以律师事务所、公证处、基层法律服务所为主体，由社会有关部门共同参与的多种法律援助体系。②

小　结

马克思、恩格斯在《德意志意识形态》中指出："无论是政治的立法还是市民的立法，都只是表明和记载经济关系的要求而已。""不应该忘记，法和宗教一样，都是没有自己的历史的。"法律援助制度的产生和发展也是一样的道理。作为一种近代法律制度，法律援助制度的发展状况也

---

① 王昀、许刚、刘唯翔、陈斐轶：《对上海市现行法律援助制度的思考》，载《华东政法学院学报》2000 年第 2 期。

② 周艳红：《论我国法律援助制度中亟待解决的问题》载《河南省政法管理干部学院学报》2006 年第 4 期。

在相当程度上取决于生产力和生产关系的发展进程。正如有论者认为的那样，在西方国家，法治传统或相当一部分法律制度是在市场经济自然发生过程中逐渐演化变革形成的。① 如果我们把英国初期的法律援助视为近代法律援助制度的渊源的话，那么，这种制度的产生和在世界范围内的迅猛发展，无疑与英国资本主义生产方式在全球范围内的扩张是分不开的。但这并不意味着当权者纯粹地从功利与实用主义的角度出发来构建法律援助制度。对于法学研究中"人性恶"和经济学中"理性人"的理论假定，我们不能做过分机械的理解，否则我们就无法解释如今大量存在的资本家的慈善行为和人道举动。事实上，历史上许多的革命家或改革者都曾经是自身所处阶级的背叛者。忽视了这一点，我们就无法对法律援助的性质作出完整而深刻的理解。

从这个意义上说，完善中国的法律援助制度至少有两个方面的工作需要我们去做：一是坚定不移地推进市场经济的深入发展，以期能够从根本上激活法律援助制度的本源性力量；二是在此基础上科学强化法律援助的鼓励性机制和惩戒性机制，以此来推动和规制人性朝着善的一面发展，并最终促进法律援助制度的良性发展。笔者相信，随着改革开放和民主法治的不断推进，中国的法律援助制度一定会迎来一个快速发展的时期。

---

① 苏力：《法治及其本土资源》，中国政法大学出版社1996年版，第11页。

第 七 章

刑事辩护制度研究

刑事辩护制度是我国刑事诉讼制度的重要组成部分。近几十年来，我国的刑事辩护制度发展迅速，一方面，刑事辩护理论研究不断深入，刑事辩护准入、有效辩护、程序辩护、量刑辩护、审前辩护等问题成为理论研究的热点；另一方面，刑事辩护立法的步伐不断加快，2012 年《刑事诉讼法》的修改，使得我国的刑事辩护制度得到了极大的发展和完善。相比理论研究和立法的飞速发展，我国的刑事辩护制度在司法实践中却遭遇重重阻碍，立法规定很难得到有效落实，刑事辩护律师也面临着执业环境恶化和执业权利得不到保障的境况。为了推动我国刑事辩护制度在未来更好地发展，我们既要促使有关立法更加完善、使相关理论更加成熟，也要更加关注司法实践的贯彻落实，进一步优化辩护律师执业环境，加强辩护律师执业保障。

第一节　刑事辩护制度概述

辩护制度是指，"法律规定关于犯罪嫌疑人、被告人行使辩护权和司法机关有义务保障他们行使辩护权的一系列规则所形成的有机整体，它包括辩护权、辩护种类、辩护方式、辩护人的范围、辩护人的责任、辩护人的权利和义务等。"① 其中，辩护是辩护权、辩护制度的外在表现形式，

---

① 陈卫东主编：《刑事诉讼法学研究》，中国人民大学出版社 2008 年版，第143 页。

辩护权的实现需要通过各种辩护活动完成；辩护权是辩护、辩护制度的基础，没有辩护权，就没有辩护活动和辩护制度；辩护制度是辩护、辩护权的保障，各项辩护制度均围绕辩护活动和辩护权的实现设定，以利于保障犯罪嫌疑人、被告人充分、正确行使辩护权。① 辩护人在辩护制度中占有重要地位，是辩护活动的重要参与者，辩护人既是辩护权的主体，也是被追诉人行使辩护权的协助者。

一　辩护的含义和种类

（一）辩护的含义

根据《中国大百科全书》（法学卷），"辩护是刑事诉讼中被告人及其辩护人在事实上和法律上为论证对被告人有利的理由而进行的诉讼活动。"

根据我国《刑事法学大辞典》（第 1 版），"辩护是刑事被告人或其辩护人针对控诉进行申辩的活动，是基本的诉讼职能之一，与控诉相对称，有控诉才有辩护。其主要职能是根据事实和法律进行申述、辩解或反驳，以证明被告人无罪、罪轻，或者应当从轻、减轻或免除处罚。目的是使审判机关在诉讼中能从正反两个方面客观、全面地了解案情，查明事实真相，作出正确、合法的判决或裁定。"

我国 1982 年《宪法》规定："人民法院审理案件，除法律规定的特别情况外，一律公开进行，被告人有权获得辩护。"针对《宪法》的该项条款，我国《刑事诉讼法》作出进一步的规定："被告人有权获得辩护，人民法院有义务保证被告人获得辩护。"另外，《刑事诉讼法》中"辩护与代理"被单独作为一章，该章详细规定了刑事辩护制度的有关内容，并将辩护与代理区别开来。相比较来看，我国的《民事诉讼法》和《行政诉讼法》中则没有关于辩护的规定，由此可以看出，在我国，辩护是刑事诉讼领域特有的名词，辩护仅指刑事辩护。关于刑事辩护的含义，学者们的观点不一。

有论者认为，辩护是法律赋予被指控人的诉讼权利，在现代法治国家，辩护不仅规定在各国的刑事诉讼法律上，而且许多国家还规定在宪法

---

① 参见汪建成《刑事诉讼法学概论》，北京大学出版社 2001 年版，第 142 页。

上，作为一项公民的基本权利加以确认和保护，联合国的文件也都将辩护权视为任何成员国所有公民的基本权利。①

有论者认为，现代刑事诉讼格局应当是控辩平等、控审分离、审判中立，此诉讼构造应当由控诉、辩护、审判三项相互独立、制衡的基本诉讼职能构成，刑事辩护是其中不可缺少的基本诉讼职能之一。该论者进一步指出，刑事辩护与控诉、审判相比处于劣势地位，现代法治国家为了达到辩护与控诉、审判相制衡的目的，往往会加强被追诉人及辩护人这一方的权利，限制控诉方的权利并规制审判权以保证其独立和中立。②

还有论者认为，辩护是指："被指控人及其辩护人为维护被指控人的合法权益，从事实和法律方面反驳控诉，提出有利于被指控人的证据和理由，证明被指控人无罪、罪轻或者应当减轻、免除其刑事责任的诉讼活动。"③ 首先，辩护活动的参与者包括被指控人、律师、代理人，他们都是辩护方；其次，辩护活动贯穿刑事诉讼的全过程，包括实体辩护与程序辩护。

还有论者从刑事诉讼结构和价值两方面对刑事辩护的含义进行界定，首先，该论者认为，辩护是决定刑事诉讼结构的基本因素之一，辩护职能的发挥程度、作用、与控、审方的关系等决定了刑事诉讼的运作和案件的质量；其次，该论者认为，辩护还是刑事诉讼公正与民主价值的集中体现。④

刑事辩护在现代辩护制度中具有丰富的内涵，辩护是一项基本的公民权利和诉讼权利，是一项基本的诉讼职能，也是由辩护方参与的，贯穿刑事诉讼整个过程的诉讼活动，学者们的以上观点，是从不同的角度与侧面，对刑事辩护的含义进行阐释。虽然辩护具有权利、职能和活动等含义，但是学术界倾向于将辩护界定为一种诉讼活动，正如有学者指出的那样，辩护直到近代才被赋予了权利的内涵，而辩护作为一种活动在原始社

---

① 参见顾永忠《刑事辩护的现代法治涵义解读——兼谈我国刑事辩护制度的完善》，载《中国法学》2009 年第 6 期。

② 参见樊崇义主编《刑事诉讼法学》，中国政法大学出版社 2002 年版，第 90 页。

③ 陈卫东主编：《刑事诉讼法》，武汉大学出版社 2010 年版，第 95 页。

④ 参见樊崇义主编《刑事诉讼法学》，中国政法大学出版社 2002 年版，第 91 页。

会就已经出现了。如此界定，便于对辩护进行历史考察，也可以更好地区分辩护、辩护权和辩护职能这三个概念。

（二）辩护的种类

依据不同的标准，辩护可以进行不同的分类，如根据辩护主体不同，可将辩护分为被追诉人自行辩护和辩护人代为辩护；根据辩护人的确定方式不同，可将辩护分为委托辩护和指定辩护；根据辩护内容的不同可将辩护分为实体辩护和程序性辩护等，实体辩护又可以进一步分为无罪辩护、罪轻辩护和量刑辩护。我国《刑事诉讼法》将辩护分为自行辩护、委托辩护和指定辩护三类。学者们在理论上提出了其他的辩护种类。

1. "自然意义上的辩护"与"法律意义上的辩护"

有论者认为，传统刑事辩护的界定方式忽略了辩护方与作为第三方的裁判者的关系，进而提出将刑事辩护区分为"自然意义上的辩护"与"法律意义上的辩护"。根据该论者的观点，"自然意义上的辩护"是指，在没有裁判者参与的诉讼活动中，被追诉人及其辩护人对刑事指控所进行的辩护活动，犯罪嫌疑人在审前阶段所作的辩护就是"自然意义上的辩护"；"法律意义上的辩护"是指，被告一方在中立裁判者面前对刑事指控所进行的辩护活动。该论者认为，"自然意义上的辩护"很难发生实质性的法律效果，辩护方提出的各种程序上的申请和申辩，很容易遭到被置之不理或被驳回的命运；只有在"法律意义上的辩护"中，被告方与控方才有可能成为控辩双方，被告人及其辩护律师所进行的辩护活动才可能会有实质效果。该论者进一步指出，此种区分方式会引起对刑事审前程序改革的思考，他提出应探索在审前程序中构建司法审查机制。该论者还认为，此种区分方式也有利于重新构建律师的职业伦理，重新调整辩护律师与法院之间的关系，促使法院更加尊重辩护律师的辩护权与辩护意见。①

2. 审前辩护

有论者提出，根据2012年《刑事诉讼法》的有关规定，辩护律师可以以辩护人的身份在侦查阶段进行辩护，这表明审前辩护程序在我国得到越来越多的重视。根据该论者的观点，刑事审前辩护是指辩护方为从事法庭辩护所进行的防御准备活动，对象是侦查人员、检察人员对犯罪嫌疑人

_____

① 参见陈瑞华《刑事辩护的几个理论问题》，载《当代法学》2012年第1期。

所采取的刑事追诉，其目的多是寻求对犯罪嫌疑人有利的程序性保障，如会见、阅卷、申请变更强制措施等。该论者进一步指出，虽然辩护人介入诉讼的时间提前到了侦查阶段，但是我国目前的审前程序并没有形成由中立的裁判者参与、控辩平等交涉的司法格局，当辩护律师的审前辩护权受到侵害时，无法向中立的裁判者寻求救济。①

3. 程序性辩护

有论者提出，传统的刑事辩护是一种实体性辩护，辩护人根据事实和法律，从犯罪要件是否具备等方面做无罪辩护，或从是否具有自首、立功等从轻或减轻情节方面做罪轻辩护；程序性辩护与这种实体辩护不同的是，辩护人并不围绕刑事实体法进行辩护，而是直接根据刑事诉讼程序规则，提出程序上的申请或异议，其目的是寻求法院宣告有关机关及人员的程序性违法行为无效，从而使"官方违法者"遭受某种程度的惩罚和制裁，使被侵害的权利获得司法救济。②

还有论者将程序性辩护视为一种典型的刑事辩护方法，认为这种辩护方式将使刑事辩护的广泛存在有更为扎实的基础；有助于规范侦查、司法部门的行为，预防、遏制、减少其违反诉讼规则的现象；还有助于进一步强化刑事诉讼程序的地位，维护诉讼程序的尊严。该论者指出，我国刑事诉讼法对程序性辩护并没有明确、充分的肯定和保障，因此虽然程序性刑事辩护方法在我国司法实践中已经被辩护方经常采用，但是效果却不明显。③

4. 量刑辩护

有论者提出，量刑辩护是一种独立的辩护形态，有其独特的内容，也有其独特的操作方式。根据该论者的观点，量刑辩护是一种广义上的实体辩护，量刑辩护不同于无罪辩护，它实际上建立在辩护律师对定罪问题没有异议的基础上的；量刑辩护也不同于罪轻辩护，在实践中，罪轻辩护往往是辩护人所做的论证控方指控犯罪不成立以及被告人构成另一较轻罪名

---

① 参见陈瑞华《增列权利还是加强救济——简论刑事审判前程序中的辩护问题》，载《环球法律评论》2006 年第 5 期。

② 参见陈瑞华《程序性辩护之初步考察》，载《燕山大学学报》（哲学社会科学版）2005 年第 1 期。

③ 参见王敏远《刑事辩护中的程序辩护》，载《法制日报》2001 年 12 月 23 日第 3 版。

的辩护，虽然罪轻辩护在最终的效果上与量刑辩护相类似，但两者的性质是完全不同的。该论者认为，量刑辩护通常是针对控方的量刑意见展开的，在量刑辩护中，辩护律师提出本方的量刑情节和信息，论证各量刑情节对量刑裁决的影响，从而最终提出对被告人从轻、减轻或者免除刑罚的意见，以说服法院作出对有罪被告人宽大处罚的裁决。

该论者以进一步指出，辩护律师在量刑辩护程序中所做的主要工作，一是调查量刑信息，向法庭提供有利于被告人的新的量刑情节，对公诉方的量刑情节进行反驳，为说服法官选择宽大量刑奠定事实基础；二是评价单个量刑情节的法律影响，论证每个量刑情节对于从轻、减轻或者免除刑事处罚的意义；三是论证全案量刑情节对于量刑裁决的影响，特别是论证量刑情节与某一量刑结果之间的因果关系。①

二 辩护权与辩护人

（一）辩护权

根据《现代汉语大词典》（第 6 版），辩护权是指："被告人或辩护人对被指控的事项进行申辩和解释的权利。"

根据《刑事法学大辞书》（第 1 版），辩护权是指："刑事被告人在诉讼过程中享有的对控诉进行反驳、辩解，以维护其合法权益的诉讼权利。"

辩护最早可追溯至氏族部落时代，随着经济的发展和社会的进步，刑事辩护制度逐渐形成并发展完善。辩护权伴随着辩护的产生而出现，辩护权可以说是犯罪嫌疑人或被告人的一项自然权利，是其人权的一种；辩护权也是法律赋予刑事诉讼中被指控犯罪的人的一项民主权利，在刑事诉讼中，被指控犯罪的人依法行使辩护权，并应受国家专门机关保障。从总体上来讲，"刑事诉讼的历史就是扩大辩护权的历史"。②

1. 辩护权的分类

学者们根据不同标准，对辩护权进行了不同的划分。

有论者认为，辩护权有狭义和广义之分，一是辩护权内容上的狭义与广义之分，狭义上的辩护权是指，被指控的人针对指控进行反驳、辩解以

---

① 参见陈瑞华《论量刑辩护》，载《中国刑事法杂志》2010 年第 8 期。
② ［日］田口守一：《刑事诉讼法》，法律出版社 2000 年版，第 89 页。

及获得辩护帮助的权利，广义上的辩护权除包括狭义辩护权之外，还包括其延伸部分，如证据调查请求权、上诉权、申诉权等；二是辩护权主体上的广义与狭义之分，狭义上的辩护权仅指被指控人即犯罪嫌疑人、被告人自己行使的辩护权，广义的辩护权利包括辩护人为其当事人进行防御所拥有的各项诉讼权利。①

有论者按辩护权的主要作用，将辩护权划分为手段性辩护权、条件性辩护权、保障性辩护权。根据该论者的观点，手段性辩护权利主要指直接针对追诉、指控行为行使的各项辩护权利，如陈诉权、质证权；条件性辩护权利主要指为行使手段性辩护权利提供条件的权利，如会见权、阅卷权；保障性辩护权利主要指保障犯罪嫌疑人、被告人在诉讼过程中的诉讼权利以及其他合法权利不受侵犯的权利，如非法证据排除权、申诉权。②

还有论者按辩护权的主体，将辩护权划分为当事人的辩护权和律师辩护权。该论者认为这两种辩护权存在根本性质的不同，当事人的辩护权是人类社会的基本权利派生的重要权利，在刑事诉讼的任何阶段都应给予充分的保护和尊重；而律师的辩护权是一项政治权利，是刑事诉讼中辩护权的有力保障和扩充。③

2. 辩护权的特征

有论者认为，辩护权具有专属性、防御性和绝对性三个特征，其中专属性是指，辩护权专属于犯罪嫌疑人、被告人，辩护人只是协助被追诉人行使辩护权；防御性是指，辩护权与具有攻击性的控诉权相对立而存在，旨在对抗控诉方指控，削弱其控诉效果；绝对性是指，辩护权的行使贯穿刑事诉讼的整个过程，无论在刑事诉讼的哪个阶段，也无论何种刑事案件，被追诉人都享有辩护权。④ 有论者针对辩护权的绝对性进一步指出，被追诉人的辩护权还不受被追诉人是否有罪以及罪行轻重的限制，也不受

① 参见陈兴良《为辩护权辩护——刑事法治视野中的辩护权》，载《法学》2004年第1期。
② 参见顾永忠《刑事辩护的现代法治涵义解读——兼谈我国刑事辩护制度的完善》，载《中国法学》2009年第6期。
③ 参见管宇《刑事诉讼视角下辩护权界说》，载《政法论坛》2007年第6期。
④ 参见陈卫东主编《刑事诉讼法学研究》，中国人民大学出版社2008年版，第143页。

其认罪态度和辩护理由的限制。①

有论者对辩护权特征的"三性说"提出质疑，该论者认为，辩护权"三性说"只是从特定视角对辩护权特征的解读，辩护权还应从更广泛和更深层次的角度去审视。该论者进一步指出，辩护权是国际社会和国内法律普遍确认和保护的一项权利，是一项国际公法和国内宪法、法律上的权利，因此辩护权具有国际普遍性和国内宪法权的至上性。另外，该论者认为，一方面，辩护权具有私权的特征，辩护权的行使主体是被追诉人及其辩护人，其可对辩护权进行一定的处置；另一方面，辩护权又是基于现代民主、法治而产生，有维护社会公益和司法秩序的价值，不能完全适用意思自治。因此，辩护权不能单纯归入公权或是私权利，而是介于两者之间，具有"准公权"的特性。该论者还认为辩护权具有二元分立性，辩护权既是被追诉人作为特殊社会主体的特殊权利，也是辩护人作为相对独立的辩护主体所享有的特殊权利，辩护人为被追诉人提供辩护帮助，行使辩护权，有相对独立性。②

还有论者认为辩护权具有广泛性，一是辩护权主体的广泛性，任何公民无论其国籍、出身、宗教信仰还是经济状况，都享有辩护权；二是辩护权内容的广泛性，辩方可以会见、阅卷、调查取证，还可以上诉、申诉等。

（二）辩护人

根据《现代汉语词典》（第 6 版），辩护人是指："受被告人的委托或者经法院许可或指定，在法庭上为被告人辩护的人。"

根据《中华法学大辞典》（诉讼法学卷），辩护人是指："接受被告人或其法定代理人委托，或者经人民法院指定，依据事实和法律，在审判阶段为被告人进行辩护的人。"

根据《北京大学法学百科全书》（第 1 版），辩护人是指："接受犯罪嫌疑人、被告人的委托或者人民法院的指定，协助犯罪嫌疑人、被告人行使辩护权的诉讼参与人。"

---

① 参见岳悍惟主编《刑事诉讼法教程》，对外经济贸易大学出版社 2007 年版，第 100 页。

② 参见张步文、刘仲秋《辩护权三论》，载《重庆邮电学院学报》2004 年第 1 期。

根据学界的普遍观点，辩护人是指："接受犯罪嫌疑人、被告人的委托或人民法院的指定，帮助犯罪嫌疑人、被告人行使辩护权，以维护其合法权益的人。"①

1. 辩护人的范围

根据我国 2012 年《刑事诉讼法》的规定，犯罪嫌疑人、被告人除自己行使辩护权外，还可以委托 1—2 人作为其辩护人，且在共同犯罪的案件中，一名辩护人不得为两名以上的同案犯辩护。辩护人的范围包括，律师、人民团体或者犯罪嫌疑人、被告人所在单位推荐的人以及犯罪嫌疑人、被告人的监护人、亲友。

法律还规定了一般情况下不能担任辩护人的人的范围，包括被宣告缓刑和刑罚尚未执行完毕的人，依法被剥夺、限制人身自由的人，无行为能力或限制行为能力人，人民法院、人民检察院、公安机关、国家安全机关、监狱的现职人员，本院的人民陪审员，与本案审理结果有利害关系的人以及外国人或无国籍人。

除了上述法律规定的限制性规定外，学界对辩护人的其他禁止情况也进行了探讨，很多学者都认为，本案的证人、鉴定人、翻译人员也不适合担任本案的辩护人，因为这些人与辩护人的诉讼地位、权利义务等有冲突。②

2. 辩护人的诉讼地位

辩护人的诉讼地位是指，辩护人在刑事诉讼法律关系中所处的位置。学者们从不同的角度，对辩护人的诉讼地位进行了阐释。

有论者认为，辩护人不是完全的刑事诉讼主体。根据该论者的观点，在我国，辩护人虽然能够在一定程度上影响审判的结果，但是辩护人却与案件的结果没有法律上的利害关系，另外，辩护人对是否参加刑事诉讼没有决定权，辩护人只是附属于被追诉人，协助其行使辩护权，而非独立的刑事诉讼主体。③

---

① 樊崇义、吕萍主编：《刑事诉讼法学》，中国人民公安大学出版社 2002 年版，第 149 页。

② 参见陈卫东主编《刑事诉讼法学研究》，中国人民大学出版社 2008 年版，第 149 页。

③ 参见樊崇义主编《刑事诉讼法学》，中国政法大学出版社 2002 年版，第 97 页。

有论者认为，辩护人在刑事诉讼中的法律地位是独立的诉讼参与人，是犯罪嫌疑人、被告人合法权益的专门维护者。根据该论者的观点，其一，辩护人在刑事诉讼中只具有单一的辩护职能，辩护人不承担控诉的职能，不能成为第二控诉人，且辩护人与控诉人的诉讼地位是平等的，在程序上没有地位上的高下之分。其二，辩护人与审判人员在本质上是一种协作关系，辩护人辩护职能的充分行使离不开审判人员的支持，而辩护人的辩护又能帮助审判人员更好地进行审判，另外，辩护人不受审判人员的干涉。其三，虽然公、检、法机关都有义务维护被追诉人的合法权益，但是只有辩护人是被追诉人权益的专门维护者，且辩护人维护的只能是被追诉人的合法权益，而不是非法利益；辩护人既不从属于被追诉人，也不从属于公、检、法机关，辩护人是独立的诉讼参与人，依法独立行使辩护权，独立开展辩护活动，不受被追诉人意志的约束。①

学者们普遍认同，辩护律师在侦查阶段具有辩护人的诉讼地位。根据1996年《刑事诉讼法》的有关规定，律师可以介入到侦查程序中，但并不具有辩护人的诉讼地位；2012年《刑事诉讼法》首先对辩护人的责任进行了重新界定，肯定了辩护人维护被追诉人诉讼权利的程序辩护，又在第33条赋予了律师在侦查阶段辩护人的地位，根据新法的有关规定，辩护律师可以在侦查阶段进行实体辩护和程序辩护。

虽然辩护人应当具有独立且与控诉方平等的诉讼地位，但是在我国法律制度和司法实践中，辩护人的这种应然的诉讼地位还并未完全实现。

有论者指出，当前我国控辩双方的诉讼地位仍不平等。其一，根据我国法律规定，检察机关是刑事诉讼中的法律监督机关，这一方面会导致裁判者倾向于听取控方的意见，而对辩方意见难以予以平等关注。另一方面使辩方对位于自己上位的控方，受到更多心理和能力上的束缚，难以展开有效的防御。其二，在我国，检察机关在法律上被规定为国家的专门机关，而不是刑事诉讼的一方当事人，因此控辩双方不可能有真正意义上的平等。② 针对这一问题，该论者提出了平等保护和平等合作的学说，即通

---

① 参见陈卫东主编《刑事诉讼法学研究》，中国人民大学出版社2008年版，第151页。

② 参见冀祥德《我国控辩平等的检视与思考》，载《法学论坛》2007年第6期。

过平等武装和平等保护来实现控辩双方的平等合作与平等对抗。该论者还提出了重构我国控辩关系的设想，即从目前控辩双方的敌视、非理性、不平等对抗，转向控辩平等，在控辩平等的基础上，控辩双方既可以平等对抗，也可以平等合作。①

还有论者指出，在我国目前的司法实践中，作为国家公权力机关的法院与检察院及其工作人员被赋予了较大的权力，法官对检察官的发言打断、限制较少，而对辩护方的发言以"诱导被告人""发问方式不当""公诉人已发问"等打断、限制较多，律师相对处于劣势的诉讼地位。

3. 辩护人的责任

学者们普遍认为，辩护人的首要责任是依法为被追诉人进行辩护，即辩护人根据事实和法律，从犯罪要件是否具备等方面做无罪辩护，或从是否具有自首、立功等从轻或减轻情节方面做罪轻辩护。根据我国 2012 年《刑事诉讼法》的规定，辩护人的责任是根据事实和法律，提出犯罪嫌疑人、被告人无罪、罪轻或者减轻、免除其刑事责任的材料和意见，维护犯罪嫌疑人、被告人的诉讼权利和其他合法权益。该条款将旧条款中的"证明"二字去掉，表明辩护人不再承担举证责任，并且该条款还将辩护人的责任从维护犯罪嫌疑人、被告人的"合法权益"，修改为维护犯罪嫌疑人、被告人"诉讼权利和其他合法权益"，表明辩护人不仅负有实体辩护的责任，还负有程序辩护的责任。

有论者认为，辩护人的责任还包括维护犯罪嫌疑人、被告人的合法权益，根据该论者的观点，为保障被追诉人在诉讼过程中充分维护自身合法权益，法律赋予被追诉人一系列诉讼权利，包括申请回避权、质证权、最后陈述权等，辩护人有责任帮助被追诉人依法正确地行使这些权利，当被追诉人的这些权利受到侵犯的时候，辩护人也又责任帮助其寻求救济。②

还有论者认为，辩护人也负有为犯罪嫌疑人、被告人提供其他法律帮助的责任，如代写法律文书、提供法律咨询、告知被追诉人其享有的诉讼权利等；就辩护律师而言，其还负有严格遵守法律法规，恪守律师职业道

---

① 参见冀祥德《和谐社会语境下的控辩平等——以构建平等合作诉讼模式为中心的研究》，载《法学家》2008 年第 3 期。

② 参见周伟主编《刑事诉讼法学》，北京大学出版社 2006 年版，第 300 页。

德和执业纪律的责任。①

另外，有论者提出，如果将立法中"辩护人的责任"改为"辩护人的职责"会更好，因为"职责"表明辩护人在刑事诉讼中是一项重要的职务，具有专业性和职业性，这样有利于提高辩护人在刑事诉讼过程中的地位，也与未来我国所有辩护人由律师担任的发展方向相符合。②

三　刑事辩护的功能与定位

（一）刑事辩护的功能

刑事辩护的功能是指刑事辩护所能发挥的有利作用，也就是刑事辩护的意义和价值。

有论者认为，刑事辩护能够保证被追诉人的合法权益，保障被追诉人的人权。该论者指出，犯罪嫌疑人、被告人处于被追诉的地位，人身自由受到限制，无法全面了解案情，无法收集对自己有利的证据材料等；另外，辩护具有专业性，被追诉人普遍欠缺法律知识，不能正确、有效地为自己进行辩护，辩护人的存在可以协助被追诉人更好地行使自身的辩护权，可以制约公权力的滥用，维护被追诉人的合法权益。

该论者还认为，刑事辩护也具有实现刑事诉讼教育任务的功能，法庭上控辩双方的辩论，一方面能促使被追诉人认罪服法，接受改造。另一方面也能使旁听的群众全面了解案情，受到法制教育，从而树立正确的司法观念。③

有论者认为，刑事辩护有利于司法机关和办案人员全面、客观地了解案情，准确、及时地查明案件事实，正确地适用法律，从而提高办案质量。根据该论者的观点，面对复杂的案件，办案人员只有认真听取控辩双方的意见，才能全面掌握案情，作出正确的判断，避免主观臆断，也避免冤假错案的发生。④

有论者认为，刑事辩护能够起到监督、制约控诉和审判职能，从而实

---

① 参见谭世贵主编《刑事诉讼法学》，法律出版社 2009 年版，第 133 页。

② 参见顾永忠《刑事辩护制度的修改完善与解读》，载《甘肃政法学院学报》2011 年第 6 期。

③ 参见陈卫东主编《刑事诉讼法学研究》，中国人民大学出版社 2008 年版，第 14 页。

④ 参见周伟主编《刑事诉讼法学》，北京大学出版社 2006 年版，第 295 页。

现司法公平和正义的作用。根据该论者的观点，刑事辩护的确立使控诉、审判权力的行使置于社会力量的视野之下，被追诉人能够与控方平等对抗，对其有利或不利的证据都能全面地展示在法官面前，法官在审判时也能中立、客观地对证据进行评判和取舍，从而作出公正的判决。①

有论者认为，刑事辩护还有利于构建现代刑事诉讼结构。刑事诉讼结构体现为控诉、辩护、审判三方在刑事诉讼中的地位及其相互关系，现代刑事诉讼结构要求实现控辩双方的平等诉讼地位；控诉和审判机关在刑事诉讼中处于优势地位，相对地辩护方却处于弱势的地位，只有对被追诉人的辩护权利进行有效的保障，才能加强对司法权力的制衡，以促进现代刑事诉讼结构的构建。②

还有论者认为，刑事辩护具有培养公民权利意识，弘扬法治精神的功能。辩护权是被追诉人享有的一项基本人权，对被追诉人辩护权的保障，实际上就是对法治的践行，这有利于使公民相信法律对人权的保障，培养公民的人权保障意识以及弘扬法治精神。③

（二）刑事辩护的定位

1. 刑事辩护的定位

有论者认为，刑事辩护的定位是指刑事辩护在刑事诉讼结构中所处的地位。刑事诉讼结构又是指，国家专门机关在当事人和其他诉讼参与人的参加下进行刑事诉讼的基本方式，以及专门机关、诉讼参与人在刑事诉讼中形成的法律关系的格局。

该论者指出，当今世界分为以法国和德国为代表的大陆法系的职权主义的诉讼结构，以英国和美国为代表的普通法系诉讼结构和以日本为代表的以当事人主义为主、职权主义为辅的混合诉讼结构这三种基本模式；一个国家的价值取向决定了其采取何种刑事诉讼结构模式，而其无外乎是在惩罚犯罪与保障人权，实体正义与程序正义的价值目的之间选择。

该论者进一步指出，我国的刑事辩护的定位以及刑事诉讼的结构模

---

① 参见岳悍惟主编《刑事诉讼法教程》，对外经济贸易大学出版社 2007 年版，第 100 页。

② 参见谭世贵主编《刑事诉讼法学》，法律出版社 2009 年版，第 128 页。

③ 参见樊崇义、吕萍主编《刑事诉讼法学》，中国人民公安大学出版社 2002 年版，第 141 页。

式，也是由我国刑事诉讼的价值取向决定的，具体来看，我国刑事诉讼传统的价值取向是打击犯罪、维持社会安定，我国采取的是一种超职权主义的刑事诉讼结构，在此结构中，刑事辩护的地位较低，辩护权十分有限，辩方与控方、审判方的地位不平等。随着我国经济、社会的发展进步，法治建设更加完善，保护人权的观念得到关注，我国刑事诉讼的价值取向增加了保护被追诉人人权的功能。但是我国只是在审判阶段采用了当事人主义模式，在侦查和审查起诉阶段仍然采取职权主义模式，控辩双方仍不平等，其结果就是导致辩护方在侦查、审查起诉阶段无法充分收集证据，而在审判阶段又被要求与控诉方平等对抗，这种状况是不公平的。在我国刑事诉讼中增加保护被追诉人人权是大势所趋，在整个刑事诉讼结构中都必然要提高辩方地位，扩充辩方权利，使刑事辩护的角色定位前后一致。①

2. 刑事辩护律师的定位

刑事辩护律师的角色定位是指，辩护律师在刑事诉讼结构以及在刑事诉讼活动中所处的地位，刑事辩护律师的角色定位问题是律师制度存在和发展的最基本、最重要的问题，也在一定程度上影响着刑事辩护在一国法制运行中所发挥的作用。我国 2012 年《刑事诉讼法》明确了侦查机关、检察机关以及审判机关的定位，却没有对辩护律师定位进行明确。

有论者认为，现在国际上普遍把辩护律师看作是促进法律正确实施、保障人权、维护社会公平和正义的重要力量，国际上公认的对辩护律师的角色定位是，"独立的自由执业者、平等的诉讼参与者、诉讼体制的平衡者和权益的有效维护者"。

根据该论者的观点，我们应当结合我国的具体国情，参照国际上对辩护律师公认的定位，对我国辩护律师的角色进行科学定位：首先，辩护律师与检察官、法官一样，同属于法律职业共同体的一员，应具有共同的职业道德价值取向和职业思维，律师通过提供法律服务的方式，与其他法律职业者共同实现维护社会公平正义的目的；其次，辩护律师还应负担对其委托人的合法权益尽力维护的义务，这也是辩护律师与法官、检察官角色不同之处。该论者进一步指出，对辩护角色的定位，不仅要有观念上的正确认识、立法上的明确规定，还要有对辩护人执业权利的保障和大众的广

①　参见冀祥德《中国刑事辩护的困境与出路》，载《政法论坛》2004 年第 2 期。

泛认知，而这又依赖于通过刑事辩护准入制度的建立，来提高刑事辩护人的素质和刑事辩护的质量。①

关于辩护律师定位的"车轮说"，形象地表明了辩护律师在诉讼结构中的应有定位，即"公、检、法、律是推进社会法治进程不可或缺的四个'车轮'，缺乏现代辩护律师制度的刑事司法制度，永远不可能驶入现代法治的轨道"。该论者认为，司法机关必须改变过去长期以来形成的那种律师参与刑事诉讼会给侦查、起诉、审判工作造成困难的观念，树立律师参与诉讼是为了保证被追诉人的合法权益，保障程序公正的现代法治观念，在刑事诉讼中平等的、善意地对待辩护律师，与辩护律师携手并肩，共同推动我国法治建设的进程。②

四　刑事辩护的理论基础

法学理论研究一方面能够指导法律制度的建立，促进法律制度的进一步完善。另一方面也能促进法律制度在司法实践中更好地贯彻施行。刑事辩护的立法和实践同刑事辩护理论密切相关，刑事辩护理论的深入研究，有利于澄清人们观念上的错误，使人们形成正确的和新的认识，从而促进刑事辩护立法的进一步完善和司法实践中的有效运行。总之，刑事辩护的发展和完善是以刑事辩护理论的不断深入研究为基础和支撑的。

（一）刑事辩护的物质基础

有论者认为，社会分工和经济发展为刑事辩护的产生奠定了物质基础。在原始的氏族社会中，已经出现了审判基本结构，被告人也有权为自己进行辩解，享有一定的辩护权。但是这一时期并没有职业的辩护人，一直到古罗马帝国初期，职业辩护人才开始出现。古罗马时期，经济繁荣，商业和手工业发达，经济关系日益复杂，各种纠纷也逐渐增多。为了调整复杂的法律关系，古罗马制定了一系列的法律，法律的增多使得诉讼更加地专业化和技术化，辩护律师作为一种职业就应运而生了，独立的律师阶

---

① 参见冀祥德等《建立中国刑事辩护准入制度理论与实证研究》，中国社会科学出版社 2010 年版，第 73 页。

② 参见冀祥德《刑事诉讼法修改能否解决辩护"三难"》，载中国法学网 http://www.iolaw.org.cn/showArticle.asp? id = 3098，最后访问时间：2013 年 3 月 3 日。

层的出现也是社会第三次大分工的产物。由此，社会分工和经济发展是辩护制度产生的社会条件和物质基础。①

（二）对立统一规律与真实发现理论

一种比较传统且权威的观点认为，刑事辩护的理论基础是对立统一规律，学者们也普遍认同对立统一规律是刑事辩护的哲学基础。矛盾的对立统一规律是马克思唯物辩证法的根本规律，它指任何领域的任何事物都包含着矛盾，矛盾的双方既对立又统一；根据对立统一规律，我们应用矛盾分析法来全面、科学地认识事物，考察问题，刑事诉讼活动离不开唯物辩证法的指导。辩护制度对案件事实发现的作用，主要是通过"对立统一规律"实现的，即依靠控辩双方的陈述和批驳，全方位展示案件事实，从而使裁判人员作出正确的裁判。

有论者在对立统一规律的基础上提出真实发现理论是我国刑事辩护的理论基础之一。该论者认为，刑事诉讼的目的主要有两个方面，一个是正当程序，一个是实体真实，根据我国传统的刑事诉讼观念，后一个才是主要的目的，因此，刑事辩护的存在很大程度上是为了保障案件事实的发现。刑事诉讼活动的基本内容是查明已经发生的客观存在的案件事实，在此基础上正确适用法律，惩罚犯罪分子，保障无辜的人不受刑事追究。刑事辩护制度的设置使刑事诉讼的过程能够以辩论的形式进行，在此过程中，相关参与人能加深对案件的认识，从而促进问题的解决，这样一来，最后的裁判结果也更为各方所接受。

（三）无罪推定原则与程序性主体理论

有论者突破了对立统一规律的传统学说，提出无罪推定原则和程序性主体理论也是刑事辩护的理论基础。根据该论者的观点：其一，无罪推定是国际社会所普遍认同和遵循的刑事诉讼原则，其已经在各国普遍确立，根据无罪推定原则，刑事被追诉人在未经法律规定的程序判决有罪之前，应被推定为无罪，被追诉人不负有证明自己无罪的责任，法院是被告人是否有罪的最终裁判者；无罪推定原则与刑事辩护有着密切的关系，它是被追诉人享有辩护权的前提和依据，有助于被追诉人充分地行使辩护权，其确保了刑事辩护制度能真正起到作用，而不至于流于形式。其二，刑事诉

———————

① 参见冀祥德《中国刑事辩护本体省思》，载《中国司法》2005 年第 6 期。

讼活动是国家追诉犯罪、惩罚犯罪的活动，因而享有追诉权的国家专门机关是刑事诉讼的主体，程序主体性理论认为，刑事诉讼被追诉人与司法机关享有平等的诉讼主体地位；该理论要求，被追诉人不能单纯地被当作国家追诉犯罪的工具，其人格尊严不能被侵犯，而是应在诉讼过程中享有基本人权；刑事诉讼中各主体享有的权利和承担的义务应是一致的，我国刑事诉讼法中关于被告人享有辩护权等的规定，实际上就是程序主体性理论的体现和要求。①

（四）人权保障说与程序公正理论

有论者认为，人权保障说是刑事辩护的价值基础。刑事诉讼主要是围绕国家与被告人的刑事追诉而展开的，国家享有司法权，能够采取强制措施，并在追诉成功之后，对被告人的自由和生死进行裁决。在被追诉人在强大的国家机器面前处于弱势地位时，为了防止国家权力的滥用，有必要赋予被追诉人以辩护权，并保障其辩护权行使的有效性。因此，被追诉人的人权保障是刑事辩护制度的价值基础。②

有论者认为，程序公正理论也是我国刑事辩护的理论基础之一。程序公正是刑事诉讼的目的之一，刑事诉讼程序公正不仅具有工具性意义，还有其独立的价值，即保障裁判结果的正当性和合法性。刑事辩护制度对程序公正具有重要意义，如果没有刑事辩护，那么刑事诉讼程序则就会失去其公正性，具体而言，刑事辩护使刑事诉讼程序有一个合理的结构，保障了被追诉人的诉讼权利，并使刑事诉讼程序具有了理性的特征。③

（五）民主原则

有论者认为，民主原则也是刑事辩护制度的理论基础之一，民主原则为刑事辩护制度的产生和发展奠定了政治学基础。根据该论者的观点，一方面，现代民主制度和民主观念是在否定封建专制的基础上发展出来的，民主政治取代专制制度导致纠问式诉讼模式的崩溃；另一方面，民主政治的实现和民主理念的发展促进了权利观念的进步和权利体

① 参见熊秋红《论刑事辩护制度之理论基础》，载《政法论坛》1997 年第 2 期。

② 参见冀祥德《中国刑事辩护本体省思》，载《中国司法》2005 年第 6 期。

③ 参见田文昌主编《刑事辩护学》，群众出版社 2001 年版，第 114—122 页。

系的完善。在该论者看来，民主的力量直接催生了以权利为核心的现代辩护制度。该论者进一步指出，在刑事辩护制度中，民主原则主要是通过参与原则、辩护原则、控审分离原则、平等对抗原则以及程序自治原则得以实现。①

传统的观点认为，对立统一规律是刑事辩护制度唯一的理论基础，辩护制度存在的理由也往往被归结为保障案件事实的发现。但随着刑事辩护制度的发展，学界关于刑事辩护理论基础的认识也有了很大的变化。很多学者都认识到，单方面地论述刑事辩护的理论基础有失偏颇，刑事辩护制度也不能仅仅建立在一个理论基础上。刑事辩护既要保证案件真相的查清，又要保障被追诉人的合法权益，还要保护受害人的合法权益。因此，只有多元的理论基础，才能对刑事辩护进行完整和彻底的说明，它们共同构成了刑事辩护的理论基础。

第二节　刑事辩护准入与退出机制

我国刑事辩护制度起步较晚，其发展一直面临重重障碍，虽然经过了几十年的发展，也取得了很大的进步，但是仍然存在很多问题，如刑事辩护率与刑事辩护质量越来越低。面对此困境，很多学者主张扩充辩护权、规制控诉权或者是优化辩护律师执业环境，加强辩护律师执业保障等，也有论者认为应从辩护律师自身剖析，从提高刑事辩护质量的目标出发，在我国逐步建立起完善的刑事辩护准入制度。专业、高素质的辩护人一方面能够为其委托人提供有效的辩护，帮助其委托人实现诉讼权利和维护合法权益；另一方面也能够制约公权力，促进事实的发现和司法公正的实现。

一　刑事辩护准入制度概述

有论者认为，刑事辩护准入制度，是指政府部门或者是受委托的行业组织，出于保护被追诉人辩护权有效实现的需要，依法对在刑事诉讼活动中提供刑事辩护法律服务的主体的资格进行确认和批准，并对其进行监督

---

① 参见欧卫安《对刑事辩护制度理论基础的再认识》，载《广州大学学报》2002 年第 6 期。

和管理的各项规则的总称。①

（一）刑事辩护准入制度的理论基础

1. 法理学基础

辩护准入制度是有关辩护人资质的制度，是辩护人制度的基本组成部分，其存在的正当性基础源于辩护制度在刑事诉讼中所发挥的价值。有论者认为，刑事辩护制度的价值在于它在实现刑事诉讼的三项价值目标——实体正义的实现、程序正义的实现、诉讼效率的提高中所起的作用。② 因此，建立辩护准入制度的法理学基础主要表现为实现程序正义与实体正义，制约公权力和保障人权这几个方面。

2. 经济学基础

市场准入制度相当于经济学中所称的进入壁垒，是政府部门或行业组织出于公共利益的需要，以矫正和改善市场机制内在问题为目的，制定的对社会经济活动主体进行限制的各种规则。有论者认为，刑事辩护准入制度也是市场准入管制的一种。该论者认为，一般来讲，简单的经济市场中的主体包括生产者和消费者两个方面，对于刑事辩护市场而言，生产者即为刑事辩护服务的提供者——刑事辩护人，消费者即为刑事辩护服务的需求者——犯罪嫌疑人或被告人；建立刑事辩护准入制度，具有广泛而深厚的经济学基础，主要表现为克服经济人的有限理性、克服市场失灵、降低交易成本和适应专业化分工等方面。③

3. 社会学基础

有论者认为，从社会学的角度看，建立刑事辩护准入制度的社会学基础，主要体现在以下几个方面：实现职业专业化、确立与委托人乃至社会公众的信任关系以及明确自身的角色定位。④

（二）刑事辩护准入制度与辩护率

在辩护准入制度的研究中，辩护准入制度是否会使目前已经很低的辩护率更低，是一些学者和实务界人士担心的问题，有论者认为，刑事辩护

---

① 参见冀祥德等《建立中国刑事辩护准入制度理论与实证研究》，中国社会科学出版社 2010 年版，第 7 页。

② 参见熊秋红《刑事辩护论》，法律出版社 1998 年版，第 124 页。

③ 参见焦玉良《对市场准入制度的经济学分析》，载《改革》2004 年第 2 期。

④ 参见冀祥德等《建立中国刑事辩护准入制度理论与实证研究》，中国社会科学出版社 2010 年版，第 14—36 页。

准入制度的建立会使刑事辩护率低的形势更为严峻，因此，该论者不建议建立刑事辩护准入制度。

对于该种担忧和观点，许多学者和实务界人士给予了有力回应。有论者强调，现在刑事辩护率低的原因不是辩护的人数不够，不是没有人来辩护，而是请不起律师，辩护没用，还有就是辩护律师有风险，这才是问题的实质，所以辩护率低不能成为阻碍建立辩护律师准入制度的理由；另外，我们在提高辩护率的同时，也应该抓辩护质量，不能等辩护率提高了再强调辩护质量。该论者进一步指出，律师应该立足于现在的条件，提高业务水平和辩护技巧，通过高质量的辩护赢得警官、检察官、法官的尊重，使法官能更多地采纳辩护律师的意见，促进辩护率的提高。①

还有论者指出，刑事辩护率低只是一个表象的问题，我们应当深刻地认识到，在刑事辩护率趋于低下的背景之下，还有律师辩护质量越来越低和律师辩护信赖越来越弱的现实。刑事辩护质量的低劣，要比刑事辩护率低更影响被追诉人合法权利的保障；同时，律师辩护信赖越来越弱，则必然使得刑事辩护率越来越低。该论者进一步指出，就刑事辩护率与刑事辩护专业化的关系而言，无论从哪个逻辑起点予以考察，均不可能得出刑事辩护率的提高与刑事辩护专业化必然实现之间的因果关系，刑事辩护率的提高必须依赖于辩护人的资格准入，只有首先实现辩护人队伍的专业化，才能实现辩护"产品"的专业化。②

（三）刑事辩护准入制度与有效辩护

有论者认为，有效辩护的概念已经在国际准则、公约中得到确立，其基本的含义应包括：其一，被追诉人在刑事诉讼过程享有充分的辩护权。其二，允许被追诉人在刑事诉讼的各个阶段获得能够为其提供有效辩护的辩护人的帮助。其三，保障被追诉人自行充分刑事辩护权。③

有论者指出，目前我国出现了有效辩护供需严重失衡的现象，一方

---

① 参见张文静、简乐伟《建立辩护准入制度提高刑事辩护质量——"中国刑事辩护30年暨刑事辩护准入制度"国际研讨会综述》，载《中国司法》2009年第2期。

② 参见冀祥德《再论刑事辩护准入制度在我国的建立》，载《法学杂志》2008年第4期。

③ 参见宋英辉《刑事诉讼法原理》，法律出版社2003年版，第118页。

面，我国对抗式刑事诉讼改革形成了对有效辩护的高需求，专业辩护律师的有效参与对维护被告的权益越来越重要。另一方面，在我国司法实践中，刑事辩护率以及刑事辩护质量呈逐年下降的趋势。① 造成我国这种现象的原因有很多，其中包括："刑事辩护三难"，即"会见难""阅卷难""调查取证难"，律师在场权缺失，辩护律师执业环境不佳、执业风险大，律师自身素质有待提高等。

另有论者提出，造成这种现象的另一个很重要的原因是，我国没有建立刑事辩护准入制度，对从事刑事辩护的人员没有限制，甚至是普遍公民都可以成为辩护人，因此辩护质量受到很大影响。该论者进一步指出，刑事辩护准入制度与有效辩护原则是紧密相连的，刑事辩护准入制度是有效辩护实现的条件和保障，有效辩护又是刑事辩护准入制度的追求目标和规则支持。为了更好地实现有效辩护原则，我们需要建立刑事辩护准入制度，提高刑事辩护准入门槛，选拔高素质律师进行刑事辩护，并改善律师执业环境，提高其社会地位。②

有论者对建立刑事辩护准入制度以解决我国有效辩护不足的观点提出了质疑，该论者认为，我国有效辩护不足的重要原因是内在动力不足，解决我国刑事辩护率和刑事辩护质量低的问题，需要激发律师进行积极辩护的动力。一方面，我们应建立对辩护律师不称职辩护行为的制裁体系，包括撤销原判、发回重审、民事损害赔偿以及职业惩戒；另一方面，我们应在对诉讼模式进行改革的同时，对刑事案件的收费模式做相应改革，转变当前刑事案件固定收费的模式，以增强辩护律师进行辩护的动力。③

二　构建我国刑事辩护准入制度的必要性和可行性

（一）构建我国刑事辩护准入制度的必要性

有论者指出，在我国建立刑事辩护制度具有很大的必要性。该论者认为：其一，建立刑事辩护准入制度能够保证刑事辩护人的素质、提高刑事

① 参见吴纪奎《对抗式刑事诉讼改革与有效辩护》，载《中国刑事法杂志》2011 年第 5 期。

② 参见冀祥德等《建立中国刑事辩护准入制度理论与实证研究》，中国社会科学出版社 2010 年版，第 79—85 页。

③ 参见吴纪奎《对抗式刑事诉讼改革与有效辩护》，载《中国刑事法杂志》2011 年第 5 期。

辩护质量，有助于国家权力的制约和被追诉人权利的保障和控辩平等局面的形成，从而促进刑事辩护制度的完善和发展，由此推动我国刑事诉讼制度和刑事法治的健康发展；其二，提高刑事辩护的专业水平和辩护人的专业素质，是刑事诉讼实践的急迫要求；其三，建立刑事辩护准入制度，严格设置刑事辩护人进入条件，对规范辩护市场，提高刑事辩护质量具有重要意义；其四，通过设立刑事辩护准入制度，有助于保障刑事辩护律师的素质水平，确保其刑事辩护的专业性和有效性，也能使其执业行为更加规范，这能大大提高辩护律师的形象，而且有利于提高辩护律师的社会地位和政治地位，使其能够在法治社会中发挥更大的作用。①

另有论者提出了相反的观点，该论者认为，目前没有必要对已经取得执业资格的律师提出过多的限制，而应该把他们真正推进到诉讼的市场当中进行自我的淘汰和提高，这个职业本来就是一个优胜劣汰的职业，应该是市场来淘汰，没有必要人为地设立一种障碍，用权力淘汰。②

（二）构建我国刑事辩护准入制度的可行性

有论者认为，根据我国目前的社会发展状况，我国也已经具备了建立刑事辩护准入制度的条件：其一，和谐社会的构建客观上需要建立刑事辩护准入制度，也为刑事辩护准入制度的建立创造了良好的政治环境；其二，我国的刑事诉讼基本理论，尤其是刑事诉讼构造和价值理论不断发展成熟，这为刑事辩护准入制度的建立奠定了坚实的理论基础；其三，随着我国刑事诉讼法程序和制度的改革，对抗式诉讼模式不断完善，这是刑事辩护准入制度在我国建立的诉讼制度基础；其四，我国的刑事诉讼观念逐渐由主要是打击犯罪逐步转向控制犯罪与保障人权并重，这种观念的转变使我国刑事辩护准入制度的建立具备了刑事司法实践环境的可行性；其五，从市场供求环境来看，随着我国律师业的迅速发展，我国律师的数量越来越多，符合刑事辩护准入条件的律师也会越来越多。③

有论者对目前构建中国刑事辩护准入制度的可行性提出了质疑，认

---

① 参见冀祥德等《建立中国刑事辩护准入制度理论与实证研究》，中国社会科学出版社 2010 年版，第 163—166 页。

② 张文静、简乐伟：《建立辩护准入制度 提高刑事辩护质量——"中国刑事辩护 30 年暨刑事辩护准入制度"国际研讨会综述》，载《中国司法》2009 年第 2 期。

③ 参见冀祥德等《建立中国刑事辩护准入制度理论与实证研究》，中国社会科学出版社 2010 年版，第 167—171 页。

为，刑事辩护准入制度的构建必须考虑到在中国的司法制度、法律制度，包括辩护制度的发展过程中，不同发展阶段的不同要求，不能超越这个发展阶段。该论者指出，刑事辩护的准入制度需要有一个前提，这个前提就是必须要有律师的分业制，而目前在我国，这个前提条件并不具备，因此，刑事辩护准入制度的提出，可能缺乏整体的制度框架的安排。

该论者进一步指出，我国目前很多律师不愿意从事刑事辩护业务，刑事辩护准入制度建立之后，可能会更加不利于刑事辩护业务的开展，而且在我国个别的地区，辩护律师的数量都很少。另外，该论者还提出，刑事辩护准入制度的构建可能会隐藏一些宪法问题，即刑事辩护准入制度可能会违反了法律面前人人平等的宪法原则。[①]　其二，还有论者认为，在我国目前刑事辩护极其低迷的情况下，为律师参与刑事辩护再设置一道门槛，可能会给律师刑事辩护带来更为不利的影响。该论者指出，现在全国拥有律师执业证书的人虽然已经达到 16 万之众，但是相对于法律服务需求并不算多，而且分布极其不均衡，全国尚有 200 多个县没有执业律师，在犯罪嫌疑人、被告人连辩护都得不到的情况下，设立刑事辩护准入制度也不现实。中国首先需要的是建立吸引律师从事刑事辩护的制度，使更多的律师有热情、有意愿从事刑事辩护，而不是增设从业门槛。另外，该论者还认为，刑事辩护准入制度的建立必须以刑事律师的专业化发展到一定程度为前提，只有实现了刑事律师的大规模专业化，刑事辩护准入制度才有现实意义，也才能真正成为一项保障人权的基础性制度，否则刑事辩护准入制度就是空中楼阁。[②]

三　构建我国刑事辩护准入制度的基本构想

（一）进入机制

进入机制解决的是什么样的人可以成为刑事辩护人的问题，我国目前对刑事辩护人的资格规定得比较简单，门槛很低。

---

① 参见张文静、简乐伟《建立辩护准入制度　提高刑事辩护质量——"中国刑事辩护 30 年暨刑事辩护准入制度"国际研讨会综述》，载《中国司法》2009 年第 2 期。

② 参见张青松《从刑事辩护的专业化到刑事辩护的准入制度》，载 http://www.xici.net/u14673756/d81573858.htm，最后访问时间：2013 年 3 月 8 日。

有论者认为，我国目前的刑事辩护律师供应量还不足以满足刑事案件的需要，且司法实践工作人员和社会公众需要一个缓冲期，因此，要分步骤、分阶段地进行机制构建。首先，该论者认为，必须取得司法部统一颁发的刑事辩护执业证书的律师，才能从事刑事辩护；凡是取得法律职业资格，从事律师业务 3 年以上，并通过专门的刑事辩护考试者，可以在基层法院从事刑事辩护；在基层法院从事 3 年以上辩护的律师，经过培训考核合格者，可以在中级法院从事一般刑事案件的辩护；在中级法院从事 5 年以上一般刑事案件辩护的律师，经过培训考核合格者，可以从事死刑案件的辩护。其次，该论者认为，从中国的国情出发，循序渐进地推广该项制度更为实际，在目前，尚不适宜在所有的刑事案件中同时实行辩护准入制度，而应该从死刑案件和法律援助案件开始，逐步推广到所有刑事案件中。此外，从地区差别上看，可以考虑先在北京、上海、广州等一线城市执行该制度，等到试点成熟时，再推广到其他地区。①

还有论者认为，首先从死刑辩护、审级、重大社会影响、疑难复杂案件切入，逐步探索和积累经验，再根据其他一些标准，比如，按照犯罪情节或者是量刑轻重逐步实行这个制度。具体而言，死刑是剥夺人生命的极刑，一旦执行，便无法挽回，因此，有可能判处死刑（包括死缓）的案件，其辩护律师要实行准入制度；一审在中级人民法院审理的案件、上诉、再审、疑难复杂、有重大社会影响的案件，也应实行准入制度；对于符合上述条件的法律援助案件，人民法院也不能随便指定辩护律师，而是指定符合准入条件的律师辩护。②

另有论者主张，其一，在中级人民法院从事刑事辩护的资质条件应为：律师执业 2 年以上，累计办理刑事案件 10 件以上，提出申请后，由相应的考评委员会考评，授予资质。其二，在高级人民法院从事刑事辩护的资质条件应为：取得在中级法院从事刑事辩护资质 2 年以上，提出申请后，由相应的考评委员会考评，授予资质；尚未取得中级人民法院刑事辩护资质的，如从事律师执业 4 年以上，累计办理刑事案件 30 件以上，经

---

① 参见冀祥德《建立中国刑事辩护准入制度理论与实证研究》，中国社会科学出版社 2010 年版，第 172—186 页。

② 参见张志勇《逐步推行刑事辩护准入制度》，载中国刑事辩护网 http://www.xingfaboshi.com/fzdttwo.aspx？id＝154，最后访问时间：2013 年 3 月 8 日。

相应的考评委员会考评，也可授予资质。其三，在最高人民法院从事刑事辩护的资质条件应为：取得高级人民法院从事刑事辩护资质 3 年以上，提出申请后，由相应的考评委员会考评，授予资质；取得中级法院从事刑事辩护资质 5 年以上，累计办理刑事案件 60 件以上，提出申请后，经相应的考评委员会考评，也可授予资质。在人民检察院、公安机关、国家安全机关、军队保卫部门从事刑事辩护相关业务的资质，对应以上级别法院的资质。① 至于资格授予部门，学者们的主张各不相同，有人主张司法部，也有人主张全国律师协会。

（二）刑事辩护准入相关配套机制建设

有论者指出，刑事辩护准入制度的相关配套机制包括监督考核机制、惩戒机制、退出机制、防范机制以及环境建设机制这几个方面。该论者认为：

其一，关于监督考核机制，严格的刑事辩护进入机制也无法保证刑事辩护人具有良好的品行，建立刑事辩护人的监督和考核机制，对于促进刑事辩护人始终严格遵守职业道德和执业纪律具有重要作用；可以考虑律师协会内部的刑事辩护委员会负责对辩护律师的考核、培训以及惩戒，并且是由省一级律师协会和全国律师协会内部的刑事委员会负责；监督的工作要通过定期和不定期的对律师的工作进行考核，包括评议和公示，内容主要是辩护律师的政治素养、业务水平、职业道德、执业纪律遵守情况等；另外，监督、考核的标准，以律师法、执业律师管理办法、律师事务所管理办法以及律师执业标准等有关规定为标准。

其二，关于惩戒机制，惩戒机制的构建需要遵循"同等情况，同等对待"的原则，具体包括对辩护律师和非辩护律师的惩戒（具体内容见下文）。

其三，关于退出机制，为了保障刑事辩护业的健康发展，必须要设立一个有进有出的良性运行机制，为此需构建一个合理的退出机制，包括自愿性退出机制和强迫性退出机制（具体内容见下文）。

其四，关于防范机制，主要是防范可能会给刑事辩护准入制度的建立和运行产生不良影响的问题，主要有以下两个方面：首先，要防止"政

---

① 参见王波《论我国刑事辩护准入制度的构建》，载 http://www.xblaw.com/news.asp? nid = 7270，最后访问时间：2013 年 3 月 8 日。

府失灵"的情况，即要在刑事辩护准入制度建立的过程中，最大限度地发挥政府的资源优势，克服政府的有限理性带来的消极后果；其次，还需要防止"寻租行为"，寻租会带来不公平竞争和腐败，因此要加大制度建立过程中的民主性，强化制度的透明度和刚性，尽量减少自由裁量的空间，构建有效的监控和约束机制等。

其五，关于环境建设机制，刑事辩护准入制度的建立和运行需要有一个良好的环境，具体而言，首先，应当加强刑事辩护执业环境的建设，包括规范刑事辩护市场，提高律师社会地位，保障辩护律师的执业权利，强化对辩护律师的正面舆论宣传等；其次，还要拓展辩护律师职业发展的空间，如建立辩护律师向其他社会职业转换的机制，尝试从优秀的律师中选聘公务员、司法工作人员等；最后，也要建立合理的刑事辩护收费机制，辩护律师的收费制度须反映出我国刑事辩护市场多元、多层次的特点，根据律师资历、水平的差异和案件的不同等，设置不同的收费标准。[①]

另外，有论者提出，在立法上，应修改《刑事诉讼法》《刑法》的相关规定，为刑事辩护准入提供制度上的保障。具体而言，一是应修改《刑事诉讼法》第 32 条，规定只有律师才能担任辩护人，从而为刑事辩护准入提供立法上的保障；二是废除《刑法》第 306 条的规定，设立律师执业豁免权，使律师执业能够真正独立起来，解除刑辩律师执业的后顾之忧，为刑事辩护准入制度提供必要的安全保障。

该论者还提出，应完善律师准入制度，严格律师实习制度，严把进口关，使准入的律师真正具备律师的才能；营造良好的外部环境，从正面宣传刑辩律师的作用，树立刑事辩护的责任感与精英意识；提高刑事案件收费标准，形成合理的利益驱动机制，使刑事辩护律师承担的风险、付出的辛苦劳动与收入形成合理的正比，稳定刑事辩护律师队伍，吸引优秀人才向刑事辩护领域靠拢；改善外部环境，不断输送刑辩人才，为刑事辩护准入制度提供人力资源的保障。[②]

还有论者提出，在中国建立刑事辩护准入制度的过程中，需要统筹好

---

① 参见冀祥德等《建立中国刑事辩护准入制度理论与实证研究》，中国社会科学出版社 2010 年版，第 177—188 页。

② 张志勇：《逐步推行刑事辩护准入制度》，载中国刑事辩护网 http：//www.xingfaboshi.com/fzdttwo.aspx? id＝154，最后访问时间：2013 年 3 月 10 日。

几个方面的关系：一是刑事辩护准入制度的效率与公平问题；二是考虑地域因素、有偿服务与无偿援助的差异；三是统筹考虑准入制度的执行成本与预期目标；四是统筹考虑初次准入与动态管理；五是统筹考虑准入制度与其他制度的衔接。①

四　刑事辩护律师退出机制

一个健康的职业必然是一个有进有出的开放型系统，对于律师执业不仅需要设置严格的入口，同时也需相应地设置一个科学的出口，以形成有进有出的良性运转机制。关于律师退出制度的研究，学界多是从律师行业管理的角度，提出完善对律师遵从法律职业伦理的监督与惩戒机制，指出对于律师和律师事务所的一般违法行为，应交由律师协会进行调查并惩戒，而司法行政机关仅负责律师和律师事务所的出现严重违法行为，即司法行政机关只干预"准入"和"出口"。② 笔者认为，广义上的律师退出制度实际上包括惩戒机制和退出机制两部分内容，"惩戒"通常是"退出"的前提。

（一）惩戒机制

惩戒是一种有效的监督方式，是对律师准入机制的必要补充，目的在于防止和惩罚可能出现的律师败德行为和其他违反律师行业进入机制的行为。有论者认为，惩戒机制的构建必须遵循"同等情况，同等对待"基本原则，惩戒机制主要包括对辩护律师的惩戒、对非辩护律师的惩戒以及相应救济机制的设置等三个方面。③

1. 对辩护律师的惩戒

出于对政府公权力的信任，公众会当然地信任一个持有执照的律师，并认为其有能力提供优质的服务。只有建立对律师的惩戒机制，才能避免其以执照作为庇护进行败德行为，降低其再次伤害社会的机会。

关于惩戒的种类，可以根据情节不同给予律师轻重不同的处罚，例

① 参见王波《论我国刑事辩护准入制度的构建》，载 http：//www. xblaw. com/ news. asp？nid=7270，最后访问时间：2013 年 3 月 10 日。

② 参见谭世贵等主编《律师权利保障与律师制度改革》，中国人民公安大学出版社 2010 年版，第 275—276 页。

③ 参见冀祥德等《建立中国刑事辩护准入制度理论与实证研究》，中国社会科学出版社 2010 年版，第 179—182 页。

如，通报批评、警告、罚款、暂时停止执业，严重的还可以吊销执照，取消辩护律师资格。当然，惩戒措施的运用应该非常慎重，因为暂停或取消律师资格不仅会对辩护律师的职业发展造成极其负面的影响，而且由于辩护律师职业的特殊性，惩戒措施运用不慎或者惩戒程序太草率，都会增加刑事辩护律师的执业风险，从而可能给刑事辩护业带来消极的影响。

2. 对非辩护律师的惩戒

刑事辩护资格是辩护人素质的基本保证。不具备刑事辩护资格的人从事刑事辩护，不仅会损害被追诉人的权利，而且也会破坏整个司法制度及社会公共利益。所以，对于此类行为应该给予必要的惩罚。可以考虑设置举报机制，发现非律师主体从事刑事辩护的公民或单位，可以向有关部门举报。视不同情节，可以对其进行不同处罚，例如，可以给予警告、罚款、行政拘留等行政处罚；对于因其不适格的辩护给被追诉人带来的损失，可以要求其承担相应的民事责任；冒充辩护律师非法提供刑事辩护服务的行为造成恶劣影响或给被追诉人造成严重后果的，还应该要求其承担刑事责任，可以比照《刑法》招摇撞骗罪对其定罪处罚。

3. 惩戒程序和救济机制

所有的惩戒都必须有一套严格的程序，比如说，对律师比较严厉的处罚要经过听证；公布律师的不利情况要先告知律师本人；律师在处罚决定下达前有申辩权、申诉权；所有的处罚都必须有标准的文书；等等。被惩戒主体如果认为有关机关对其进行的处罚不当的，可以申请行政复议或向有关部门提起申诉。

4. 惩戒结果公示

为了加强惩戒的效果，也为了让公众及时掌握刑事辩护律师的情况，可以考虑将刑事辩护律师的惩戒结果加入到拟构建的全国性刑事辩护律师数据库中，对外公示，公开其不利情况，对律师来说本身已是一种严厉的惩罚。

（二）退出机制

有论者认为，退出机制包括自愿性退出和强迫性退出：①

对于自愿性退出，应该使自愿退出刑事辩护职业的律师有退出的后

---

① 参见冀祥德等《建立中国刑事辩护准入制度理论与实证研究》，中国社会科学出版社2010年版，第179—182页。

路，即有路可退。这里有两种情况，第一种情况是不做刑事辩护律师改由做其他律师业务，如转而从事其他律师业务，这是一条退路，基本上没有什么困难。第二种情况是不但不做刑事辩护律师，而且希望结束整个律师生涯，从事另外一种职业，比如做法官、检察官等。当前，我国法律职业共同体内尚未形成一个有机的流动机制，似乎法官、检察官、警察可以向律师业转行，而律师除了当律师还是当律师，想从事其他法律职业非常困难。这样一种单向的流动机制极大地束缚了律师的职业发展，也阻碍了整个法律职业共同体的健康发展。

该论者建议，逐步建立起从优秀辩护律师中选拔法官、检察官的体制，为自愿退出刑事辩护行业的律师提供一条于律师、于社会都有益的退路。律师与法官、检察官之间的双向流动，是目前法学界、政治界等相关领域共同关注的课题。

对于强迫性退出，即因业务水平所限或者严重违反执业纪律，不适合再从事刑事辩护职业而被取消刑事辩护资格的情况。强迫性退出是一种在外在力量的强迫下而被动地被取消刑事辩护资格的机制。具体而言：

第一，关于取消刑事辩护资格的条件，应当制定明确、严格的条件，应当做到慎之又慎。因为取消刑事辩护资格意味着刑事辩护律师职业生涯的结束。第二，关于取消刑事辩护资格的程序，应当设计科学、民主、文明的刑事辩护资格取消程序。既要进行全面、客观、真实的事实调查，又要给予拟被取消刑事辩护资格的辩护律师充分的辩护机会，并且保障这种机会得到有效的实现，最后在充分的证据基础上，严格依据相关的法律法规作出是否取消其刑事辩护资格的决定。第三，关于享有取消刑事辩护资格之决定权主体，它直接关系到资格取消的科学性和权威性，应该由级别相对较高的主体作出取消刑事辩护资格的决定，在我国，可以考虑由司法部承担此项权力。第四，关于救济机制，救济机制的目的是保护受到取消辩护资格惩罚的辩护律师的合法权利，这既是程序正义的客观要求，又是防止错判、实现实体正义必不可少的步骤。因此，应该赋予被取消辩护资格的律师相应的救济权，即不服取消辩护资格决定的辩护律师，有权向有关部门提起申诉，有关部门必须受理，并在充分调查后作出相应的决定。第五，关于辩护资格恢复问题。刑事辩护资格被取消不应是永久性的，如果有证据证明被取消辩护资格的主体确实已经改正不良行为，适宜从事刑事辩护的，经过严格审核，可以恢复其刑事辩护律师资格，允许其重新执业。但是，执业资格重新获得的条件和程序都必须非常严格，一般来说，应该由取消其资格的主体作出准予其重新执业的决定。但是，必须对这类律师进行更为严格的跟踪考察，确保其真正适合提供刑事辩护服务。

另外，该论者指出，刑事辩护是专业性、技术性和适应性极强的工作，退出机制有别于一般律师的督促执业机制。对于那些得到刑事辩护准入资格，却多年不从事刑事辩护事务，或者执业情况十分糟糕的刑事律师，应当以合法程序取消其刑事辩护律师的资格。这就区别于目前我国律师执业只要拿到律师证便能一劳永逸，永远具有从业资格。从刑事辩护准入制度设立的宗旨出发，要保证每个刑事辩护律师达到刑事辩护的基本标准，其提供的刑事辩护是基本合格的，就要求刑事律师在拿到准入资格后，至少每年要办理一定数量的刑事案件。①

第三节　辩护律师的权利与义务

辩护律师的权利与义务是指，辩护律师接受被追诉人的委托或法律援助机构的指派担任辩护人，依法在刑事诉讼中享有的权利和履行的义务。

一　辩护律师的权利

辩护律师的权利是指，辩护律师在刑事诉讼的过程中享有的法律赋予的权利，主要包括辩护律师依法实施一定行为的可能性，辩护律师依法请求他人为一定行为或不为一定行为的范围，以及辩护律师权益受到侵犯时请求救济的可能性。

（一）辩护律师权利的分类方式

通常情况下，辩护律师的权利可以分为工作权利和人身权利两类，辩护律师的工作权利就是辩护律师执行具体职务时所享有的权利，也即具体的执业权利，刑事诉讼法和律师法对此类权利进行了较为详细的规定；辩护律师的人身权利在《律师法》第37条中有规定，即"律师在执业活动中的人身权利不受侵犯"。在学理上，一般又将律师的具体执业权利划分为固有权和传来权，其中固有权是指辩护律师基于本身的地位而获得的权

---

① 参见冀祥德等《建立中国刑事辩护准入制度理论与实证研究》，中国社会科学出版社2010年版，第181—183页。

利，传来权则是诉讼权利本身为被追诉人所有，但辩护律师可根据其意志来行使的权利。[①]

有论者对将辩护律师的权利分为工作权利和人身权利的方式提出了质疑，他认为，辩护律师的权利在本质上是一种职务性权利，不同于一般公民所享有的人身权利，另外，像辩护律师言论豁免权等明显不是人身权的范畴。该论者主张，将辩护律师的权利按照辩护律师的具体执业权利和执业保障权，具体执业权利按照固有权和传来权进行划分。[②] 我们认为，此种分类方式能比较清晰、系统地说明问题，下文将主要按照此分类方式对辩护律师的权利问题进行阐述。

（二）辩护律师的具体执业权

1. 固有权

辩护律师的会见权、阅卷权和调查取证权是辩护律师最主要的三个固有权，有论者曾针对这三项权利提出"刑事辩护三难说"（会见难、阅卷难、调查取证难）。2012 年《刑事诉讼法》吸收了《律师法》的相关规定，有论者认为，刑事诉讼法与律师法的冲突已经得到解决，辩护"三难"问题也会因此彻底解决。但是有论者认为，新刑事诉讼法并未彻底解决刑事辩护"三难"问题，中国的刑事辩护制度的发展仍然面临阻碍。

首先是会见权。在实践中，辩护律师行使该权利时往往面临重重障碍，如会见程序复杂，会见往往需要经过多重批准，有关机关拖延安排会见，会见次数和时间受到限制，会见时受到监听等。2012 年《刑事诉讼法》吸收了《律师法》的有关规定，对辩护律师会见、通信权进行了完善。

有论者指出，新刑事诉讼法关于会见、通信权的规定及时回应了实践中的问题，如删除了备受争议的原第 96 条，取消了侦查机关可能会援引来干扰律师会见权的授权性条款，并禁止侦查机关对律师会见过程进行监听；另外，新刑事诉讼法也细化了相关程序设置，使律师会见的程序更加具有操作性和可行性，如明确规定了律师会见所需要的手续以及安排会见的时间限制。该论者进一步指出了律师会见、通信权仍然存在的问题，一

---

① 参见田文昌主编《刑事辩护学》，群众出版社 2001 年版，第 153 页。
② 参见陈卫东《刑事辩护律师权利体系的合理架构与立法规制》，载《国家检察官学院学报》2005 年第 3 期。

是立法有些文字表述不明,如"监听"一词容易产生歧义,"不被监听"并不必然推导出侦查机关不得派员在场;二是律师录音、录像、拍照权缺失,致使辩护律师即使在会见时发现了侦查机关刑讯逼供等非法行为,也无法提供足够的证据证明;三是新刑事诉讼法关于辩护律师权利救济的规定缺乏可操作性,如第47条虽然为律师会见权提供了救济的路径,但救济程序十分模糊,使得救济的实效性大打折扣。①

有论者认为,对于一些特殊案件,律师的会见要经过侦查机关的许可,是考虑到了国家利益、社会利益和个人利益的平衡,但也有论者对此观点提出了质疑,该论者认为,会见权有可能因为案件的特殊而被剥夺,律师会见可以限制但不得禁止,对于特殊案件的律师会见权,可以从会见的次数、时间和方式等进行限制,此外,立法上还应当明确规定限制会见的法定理由,以防止侦查机关肆意拒绝律师会见。②

还有论者认为,新刑事诉讼法中关于会见权的有关表述在实践中存在被曲解的可能,如"了解有关案件情况"和"不被监听",就有可能被理解为"只能问涉嫌罪名、不能问案情"和"不被监听但可以派人在场",再比如,"安排会见"被理解为只要安排就行,不一定保障实现。③

其次是阅卷权。在实践中,辩护律师行使该项权利面临很多阻碍,如辩护律师在侦查阶段无权阅卷,在审查起诉阶段的阅卷范围,也仅限于诉讼文书和技术性鉴定资料等。2012年《刑事诉讼法》对辩护律师阅卷权进行了完善,根据该法第38条的规定,辩护律师自人民检察院对案件审查起诉之日起,可以查阅、摘抄、复制本案的案卷材料。

有论者认为,新刑事诉讼法没有规定有关部门执行有关辩护律师阅卷权的规定而应承担的法律责任以及辩护律师相应的救济渠道;新刑事诉讼法规定,辩护律师自人民检察院对案件审查起诉之日起,可以行使阅卷权,该规定中辩护律师阅卷权启动的时间不明确,检察机关有可能在审查

---

① 参见傅林、徐龙崇《新刑诉法对律师会见权立法规定的改进与疏漏》,载《西华大学学报》2013年第2期。

② 参见王岸丰《对新〈刑事诉讼法〉限制律师会见权的思考》,载《法制博览》2013年第1期。

③ 参见冀祥德《刑事诉讼法修改能否解决辩护"三难"》,载中国法学网,http://www.iolaw.org.cn/showArticle.asp? id = 3098,最后访问时间:2013年3月5日。

起诉阶段拖延安排辩护律师阅卷。①

　　还有论者认为，一些重大、复杂、集团犯罪、共同犯罪的案件，卷宗往往很多，需要律师花费较长的时间去阅读，但实践中，辩护律师阅卷的时间很难保证；另外，法院给律师行使阅卷权提供的场地和技术支持十分有限，一方面，法院往往不能提供场地给律师阅卷；另一方面，法院的复印费很高，复印人员又较多，这给律师阅卷带来了很多不便。②

　　另有论者提出了律师阅卷权在实践中存在的问题，一是有关办案人员思想认识不到位，片面夸张辩护律师阅卷带来的不利后果；二是实践中对于律师阅卷的相关工作没有统一的做法，有些机关要求律师阅卷要预约，有些机关则是随到随阅，有些机关规定由案件的承办人员接待，有些机关规定由业务科内勤人员接待等，有些机关提供纸质文档，有些则提供电子文档。③

　　再次是调查取证权。辩护律师的此项权利在实践中并未得到充分的保障，反而受到法律的诸多限制，例如，辩护律师在侦查阶段没有调查取证权，在审查起诉和审判阶段的调查取证权也不具有强制性，辩护律师进行调查取证时，也往往需要经过有关机关或个人的同意。2012年《刑事诉讼法》关于辩护律师此项权利的规定更加完善，如辩护律师认为公安机关、人民检察院在侦查、审查起诉阶段收集的证明犯罪嫌疑人、被告人无罪或者罪轻的证据材料未提交的，有权申请公安机关、人民检察院调取证据。

　　有论者认为，刑事诉讼法修改后，律师调查取证权的范围从审查起诉阶段扩展到了侦查阶段，但由于侦查活动具有特殊性，辩护律师在侦查阶段的调查取证应谨慎、节制，不应随便进行。另外，该论者认为，刑事诉讼法修改后律师调查取证权的属性并无变化，律师的调查取证权仍然只是一种"权利"而非"权力"，对被调查对象并无强制力，但该论者又指

---

　　①　冀祥德：《刑事诉讼法修改能否解决辩护"三难"》，载中国法学网，http：//www.iolaw.org.cn/showArticle.asp？id＝3098，最后访问时间：2013年3月5日。

　　②　参见梁白美《我国刑事诉讼中辩护律师阅卷权的保障》，载《科学大众》2012年第9期。

　　③　参见王刘章《审查起诉阶段律师阅卷权保障之实证探析》，载《黑龙江政法管理干部学院学报》2012年第6期。

出，从世界范围来看，律师的调查取证权都具有权利属性，不具有强制力，而且 2012 年《刑事诉讼法》第 37、39 和 40 条的规定，都是为了弥补律师调查取证权不具有强制力的不足，2012 年《刑事诉讼法》对律师阅卷权的完善，也在一定程度上降低了律师调查取证的必要性。①

有论者认为，其一，2007 年《律师法》规定辩护律师只要凭着律师执业证书和律师事务所的证明就可以自行调查取证，无须经过有关机关批准或许可，但 2012 年《刑事诉讼法》仍然规定，辩护律师调查取证仍要经过证人或其他单位和个人的同意，辩护律师向被害人或者其近亲属、被害人提供的证人调查取证，需经他们同意，且需经人民检察院或人民法院许可；其二，依 2012 年《刑事诉讼法》规定，辩护律师在侦查、审查起诉期间，如果认为公安机关、检察机关收集的对被追诉人有利的证据材料没有提交，则可申请检察院、法院调取，但是实际上，律师往往是无法了解到公安机关、检察机关是否收集到了对被追诉人有利的证据；其三，2012 年《刑事诉讼法》也同样没有规定有关机关没有执行有关调查取证的规定应承担的法律后果以及辩护律师的救济机制。②

最后是其他固有权利。以上三种权利是辩护律师最主要的固有权利，辩护律师的其他固有权利还包括：申请回避权、向侦查机关了解案情权、申请解除强制措施权、出庭辩护权、陈述意见权、发问权、出示证据权、辩论权等。

辩护律师的上述固有权利也存在许多不完善的地方，有论者指出，实践中往往会出现法官随意限制甚至禁止辩护律师发问的问题；还有很多论者提出，应增加关于辩护律师的讯问在场权的规定，他们认为，讯问被追诉人时，律师有权在场，是世界大多数国家刑诉法所规定的，缺乏辩护律师制约是我国侦查机关滥用权力，进行刑讯逼供的原因之一，因此，应构建辩护律师讯问在场权来对侦查阶段的讯问进行外部监督。

2. 传来权

辩护律师享有的传来权主要包括：申请取保候审权，代理控告、申诉

---

① 参见顾永忠《浅析〈刑事诉讼法〉修改后律师调查取证权的变化与不变》，载《中国司法》2012 年第 10 期。

② 参见冀祥德《刑事诉讼法修改能否解决辩护"三难"》，载中国法学网，http://www.iolaw.org.cn/showArticle.asp? id = 3098，最后访问时间：2013 年 3 月 5 日。

权、上诉权等。有论者指出，根据 2012 年《刑事诉讼法》的有关规定，辩护律师的上诉权仍然是代行的上诉权，辩护律师不享有独立的上诉权，这与其独立的诉讼主体地位相矛盾，也不利于当事人合法权益的保护和法律的正确实施。①

（三）辩护律师的执业保障权

有论者认为，在我国目前的律师权利体系当中，辩护律师的具体执业权利规定得比较详细，但辩护律师的执业保障权却没有得到立法和理论研究的重视，而辩护律师的执业保障权又是具有较大执业风险的辩护律师在进行执业活动时有效保护自身人身权利和具体执业权利的依据。②

其一，执业豁免权。我国辩护律师享有的执业豁免权主要是辩护律师言论豁免权，针对的是辩护律师在诉讼中以及法庭上的言论。2012 年《刑事诉讼法》并未对辩护律师的执业豁免权进行规定。

有论者认为，辩护律师是具有高风险的职业，其执业活动需要与国家机关打交道，甚至是进行对抗，这很容易引起双方的冲突，而且辩护律师又面临着被追究伪证罪或包庇罪的危险，只有赋予辩护律师执业豁免权，才能使辩护律师更好地履行职责，维护当事人的合法权益。另外，该论者还指出，当前《律师法》规定的律师执业豁免权仅仅是律师在法庭辩护时的言论豁免权，该论者主张，辩护律师履行职责的行为，如举证、质证也应有豁免权，而且豁免权的内容还应包括辩护律师在履行职责的过程中，其人身自由权利不受侵犯。③

其二，保守职业秘密权。辩护律师职业秘密包括辩护律师的保密义务和保密权这两方面。2012 年《刑事诉讼法》新增了关于辩护律师保守职业秘密权的规定。

有论者认为，辩护律师的保密权和保密义务密切相关，保密权是建立在保密义务的基础上的，但两者存在很大不同，辩护律师的保密权是在诉

---

① 参见程滔《辩护律师的诉讼权利研究》，中国人民公安大学出版社 2006 年版，第 205 页。

② 参见陈卫东《刑事辩护律师权利体系的合理架构与立法规制》，载《国家检察官学院学报》2005 年第 3 期。

③ 参见程滔《辩护律师的诉讼权利研究》，中国人民公安大学出版社 2006 年版，第 291 页。

讼过程中行使的，主要是对抗发现真实的压力，以保障比辩护律师和其委托人之间交流的秘密性，而保密义务主要是就辩护律师和其委托人内部的一种关系来讲的，在于维护委托人的利益；规定辩护律师保守职业秘密权可以维护辩护律师与当事人之间的信任关系，保障辩护律师独立的诉讼地位，使辩护律师能够更加有效地为当事人提供法律服务。[①]

另有论者指出，虽然2012年《刑事诉讼法》确立了辩护律师保守职业秘密的权利，但是辩护律师的此项权利却没有相应配套措施来保障，为了更好地保障辩护律师行使保密权，也应在法律上赋予辩护律师拒绝搜查和扣押的权利。[②]

其三，拒绝辩护权。一般情况下，辩护律师一旦接受了当事人的委托，无正当理由是不得拒绝辩护的，但在某些特殊情况下，应当允许辩护律师享有拒绝辩护的权利。现行《律师法》规定了律师有权拒绝辩护或代理的情形，但2012年《刑事诉讼法》没有关于辩护律师拒绝辩护权的规定。

有论者指出，《律师法》中的有关规定没有体现出辩护制度的特殊性，因为刑事辩护中不存在"委托事项违法"或"委托人利用律师提供的服务从事违法活动"的情况；另外，"委托人隐瞒事实"也不能作为辩护律师拒绝辩护的条件，因为这将使被追诉人处于不利的地位，不能充分保护其辩护权，有违我国辩护制度设立的精神。[③]

我国目前的辩护律师权利体系，尤其是辩护律师的执业保障权方面还存在很多问题，这也是导致我国刑事辩护制度发展困境的原因之一，为了更好地解决我国刑事辩护难和质量低的问题，需要完善和拓展我国刑事辩护律师的权利，这方面问题将在辩护律师执业环境与执业保障一节中进行具体阐述。

二 辩护律师的义务

辩护律师在享有一系列权利的同时，也应负担相应的义务，根据我国

---

① 参见程滔《辩护律师的诉讼权利研究》，中国人民公安大学出版社2006年版，第254页。

② 参见陈卫东《刑事辩护律师权利体系的合理架构与立法规制》，载《国家检察官学院学报》2005年第3期。

③ 参见程滔《辩护律师的诉讼权利研究》，中国人民公安大学出版社2006年版，第210页。

法律的相关规定，我国辩护律师应当履行的义务有以下几个方面：

其一，维护当事人合法权益的义务。学者们普遍认为，该义务是辩护律师最核心的一项义务。关于其该义务的具体内容，有论者认为，一是要求辩护律师为被追诉人进行实体辩护，即根据事实和法律，提出犯罪嫌疑人、被告人无罪、罪轻或者减轻、免除其刑事责任的材料和意见；二是要求辩护律师为被追诉人提供法律帮助，如法律咨询等。① 有论者认为，辩护律师的该项义务还要求辩护律师为被追诉人进行程序性辩护，即维护被追诉人的诉讼权利。还有论者提出，该项义务也要求辩护律师一旦接受委托或指定之后，无正当理由不得拒绝辩护。

其二，真实义务。有论者认为，我国辩护律师的真实义务应当包括以下四方面，一是辩护律师的真实义务具有消极性，受到维护被追诉人正当利益的职责和保守职业秘密的限制；二是辩护律师不得伪造、毁灭、教唆他人伪造证据，也不得向法庭提交明知是虚假的证据；三是辩护律师不得在法庭上做虚假陈述；四是辩护律师应尽量避免被告人在法庭上做伪证。②

另有论者指出，律师伪证罪和辩护律师的真实义务有着紧密的联系，在我国，辩护律师承载了过高的真实义务，而律师伪证罪证明标准相对较低，这对我国脆弱的刑事辩护制度造成了巨大的伤害。根据该论者的观点，律师的首要职责是为受刑事追究者提供无罪或罪轻辩护，这一点决定了其真实义务不但不能过高，甚至还要低于普通民众的真实义务。该论者进一步指出，辩护律师较低的真实义务主要表现在以下四个方面：一是辩护律师的真实义务具有一定的偏袒性，辩护律师对于有利于被告人的证据可以积极地收集举证，对于不利于被告人的证据不得向司法机关披露；二是辩护律师的真实义务具有消极性，法律不能从正面要求辩护律师如实地陈述案情，揭露委托人的罪行；三是辩护律师追求的真实是程序保障下的法律真实；四是辩护律师真实义务较低极端的表现是其享有保密特权，在辩护律师对当事人的忠诚义务和对司法机关的真实义务发生冲突的情况下，后者要让位

---

① 参见田文昌主编《刑事辩护学》，群众出版社 2001 年版，第 156 页。
② 参见李宝岳、陈学权《辩护律师对法庭的真实义务》，载《中国司法》2005 年第 9 期。

于前者。①

其三，法律援助的义务。根据《律师法》的规定，律师、律师事务所应当按照国家规定履行法律援助义务，2012 年《刑事诉讼法》扩大了法律援助的范围，并将被追诉人获得法律援助的时间提前到了侦查阶段。在法定情形下，辩护律师有义务根据法律援助机构的指派提供辩护，辩护律师的法律援助义务，对于实现社会公平和司法公正具有重要意义。

其四，正当执业的义务。有论者认为，正当执业义务是指："律师执业活动应当诚实地执行职务，不可通过正当的司法程序以外的其他非正当途径为自己办案寻求便利，这一义务主要体现为辩护律师与当事人、法官、检察官和其他律师的关系上。"② 辩护律师正当执业义务主要体现在我国《律师法》第 40 条及第 41 条，该条款规定了律师在执业活动中被禁止的行为。

其五，保密义务。根据我国《律师法》的规定，辩护律师应当保守在执业活动中知悉的国家秘密、商业秘密，不得泄露当事人的隐私。有论者认为，刑事案件中律师的职业保密义务已经是一项国际公认的规定，其基本含义是，在刑事诉讼中，辩护律师与其委托人的关系应在职业的特殊关系期内，对其已知的一切相关事项保守秘密。该论者认为，我国法律对律师职业保密义务没有明确的规定，一方面，国家极力倡导保障人权；另一方面，又要求辩护律师向有关机关提供对被告人不利的证据，这会损害律师与其当事人之间的信任关系，也不利于被追诉人权益的保障，因此，我国应在法律中确立律师保守职业秘密的义务，并明确保密范围、例外情形等。③

其六，遵守法庭规则的义务。该义务主要是指辩护律师要严格遵守法定诉讼程序，严格遵守法庭秩序，听从法官的指挥，切实履行按法院要求出庭或提供有关材料等的职责。

---

① 参见葛同山《辩护律师的真实义务与律师伪证罪》，载《商丘师范学院学报》2011 年第 8 期。

② 田文昌主编：《刑事辩护学》，群众出版社 2001 年版，第 158 页。

③ 参见蔡宏毅、叶萍《浅论刑事辩护律师的职业保密义务》，载《法制与社会》2011 年第 6 期。

第四节 辩护律师执业环境和执业保障

一 辩护律师执业环境

辩护律师的执业环境是指，能够影响辩护人执业的各种外部因素，主要包括立法环境、司法环境和社会环境三个方面，良好的执业环境是辩护律师开展执业活动的前提和保障。我国目前的辩护律师执业环境令人担忧，已经严重影响了我国刑事辩护制度的发展和法治社会的建设，因此，改善我国辩护律师执业环境已迫在眉睫。

（一）我国辩护律师执业环境现状

自律师制度恢复以来，我国刑事辩护制度发展较快，刑事辩护律师的执业环境也得到了很大的改善，尤其是 2012 年《刑事诉讼法》的修订，辩护律师的权利更加完善，辩护律师的地位也得到提高；但是受多种因素的影响，中国辩护律师的执业环境仍然不容乐观，无论是辩护律师执业的立法环境、司法环境还是社会环境，都存在着很多问题。

1. 立法环境

随着人权问题不断受到关注和重视，关于辩护律师权利的规定也不断完善，尽管如此，我国当前关于辩护律师权利的立法仍存在很多问题，关于我国辩护律师权利立法存在的问题，已经在辩护律师的权利与义务一节中进行了详细的阐释，此处不再赘述，这里主要探讨的是《刑事诉讼法》及《刑法》中律师伪证刑事责任的规定，尤其是《刑法》第 306 条律师伪证罪的立法缺陷。

有论者认为，首先，从立法技术上来看，一是《刑法》第 306 条将律师单独作为此罪的特殊主体，这是对律师的一种歧视，不具有正当性，也会加剧控辩双方地位的失衡；二是该条款的一些用语比较模糊，如"威胁""引诱"等；三是律师伪证罪与《刑法》第 305 条和第 307 条的规定在主体要件和客观要件方面存在重合关系，律师伪证罪的社会危害性并非普通条款所不能涵盖，所以，《刑法》第 306 条有多余之嫌。其次，从立法价值上来看，该条款的规定违背了人人平等的原则，也违背了刑事诉讼法的立法理念。① 还有论者认为，虽然 2012 年《刑

---

① 参见蔡军《律师伪证罪的立法问题分析》，载《信阳师范学院学报》2007 年第 2 期。

事诉讼法》将"辩护律师和其他辩护人"的表述修改为"辩护人或者其他任何人",使该条约束的主体从辩护人一方扩展到参与到刑事诉讼活动中来的各方,但是"辩护人"仍被作了突出规定,立法表述上仍有歧视律师的嫌疑。

有论者认为,实践已经证明了该条文的危害后果,一是该条文往往成为司法实践中司法机关打击报复辩护律师的工具,迄今为止,已经有很多辩护律师因此罪而被追诉,但其中有不少最后被判无罪;二是该条文给辩护律师执业带来了极大的风险,使辩护律师处于弱势的地位,这不利于控辩双方进行平等的对抗,从而无法有效实现刑事辩护的目的;三是此条款的存在直接导致辩护律师执业环境恶化,从而导致我国辩护律师人数下降,刑事辩护率低、刑事辩护质量不高的状况,这严重阻碍了我国律师业以及刑事辩护制度的发展。

2. 司法环境

由于立法缺陷以及司法机关和其工作人员观念问题等,刑事辩护律师在司法实践中面临着艰难的处境,法律规定的辩护律师的权利不能充分落实,辩护律师的执业活动也面临重重阻碍。

有论者将我国刑事辩护律师在司法实践中面临的突出困难,概括为"刑事辩护三难"问题,该论者认为,辩护律师首先面临"会见难",辩护律师的会见权在实践中形同虚设,侦查机关往往利用其强大的职权为辩护律师的会见设置重重障碍,如拖延安排会见或是对辩护律师的会见进行监听等;其次是"阅卷难",有关机关往往设置障碍限制辩护律师阅卷权的行使,如限定阅卷的时间和范围等;最后是"调查取证难",辩护律师的调查取证权不具有强制性,在实践中会面临其调查取证的对象不予配合等情形,其申请调查取证权也往往得不到司法机关的配合。①

另有论者认为,我国刑事辩护"三难"已经发展为了"十难",除了会见难、阅卷难、调查取证难这"三难"之外,其他"七难"包括,取保候审难、证人出庭难、二审开庭难、无罪辩护难、死刑复核难、废除《刑法》第306条难、想证明非法取证难。还有论者认为,不管刑事

---

① 参见冀祥德《中国刑事辩护的困境与出路》,载《政法论坛》2004年第2期。

辩护是"三难"还是"十难"，最核心的应当是辩护意见采纳难，该论者指出，会见难、阅卷难、调查取证难、证人出庭难等是程序方面的风险，而辩护意见采纳难是实体方面的风险；应当采纳的辩护意见如果不被采纳，律师和当事人都会对刑事辩护失去信心，律师将不愿或不敢从事刑事辩护，当事人将不愿委托律师，这对刑事辩护的影响是全局的、长远的。①

2007 年《律师法》实施之后，相关的一些规定虽然得到了完善，但是司法实践中仍未破解刑事辩护"三难"问题，有关机关往往以《律师法》与其上位法《刑事诉讼法》的规定不一致而拒不执行新法。2012 年《刑事诉讼法》针对刑事辩护"三难"问题作出了较大的修改，但是有论者认为，由于 2012 年《刑事诉法》存在会见权救济缺乏细致规定，阅卷权的及时性难以保障，调查取证权保障乏力等问题，2012 年《刑事诉法》也不会彻底解决刑事辩护"三难"问题。②

3. 社会环境

我国目前正处于社会转型时期，辩护律师所处的社会环境十分复杂。有论者认为，受传统司法观念的影响，我国古代"讼棍"的形象深入人心，再加上我国缺乏无罪推定的传统，很多民众仍然对于刑事辩护律师持有偏见，往往把辩护律师看作是正义的对立面，社会公众普遍存在辩护律师是坏人帮凶的观念，辩护律师往往被视为唯利是图，替人消灾的人。有论者认为，虽然我国法治建设取得了很大的成就，但是民众的法治观念仍然没有完全树立起来，"官本位"的思想依然存在，对辩护律师不信任，甚至是排斥，辩护律师在开展业务时往往会遇到阻碍，如证人不配合等。有论者认为，社会舆论对律师正面宣传不够，往往倾向于树立警察、检察官或法官的正义形象，社会公众意识的普遍存在偏向性；还有论者认为，从社会经济的角度来看，受经济发展不平衡的影响，我国律师业发展的水平也高低不齐，经济发达地区的律师业发展较好，经济欠发达地区的律师业发展相对落后，基层的辩护律师相比较大城市的辩护律师面临着更为恶

---

① 参见孙继斌《刑事辩护"三难"为何变"十难"》，http：//news. hexun. com/2011 - 01 - 19/126877341. html，最后访问时间：2013 年 3 月 6 日。

② 参见冀祥德《刑事辩护"三难"问题与刑诉法修正案》，《中国社会科学报》2011 年 9 月 27 日第 8 版。

劣的执业环境。

（二）我国辩护律师执业环境恶化的原因及完善途径

1. 我国辩护律师执业环境恶化的原因

造成我国辩护律师执业环境恶化的原因有多种，学者对此问题观点各不相同。有论者认为，我国立法体系关于辩护律师规定存在缺陷，尤其是《刑法》第 306 条律师"伪证罪"的规定，已经成为悬在辩护律师头上的"达摩克利斯之剑"；另外，法律关于辩护律师执业保障和权益救济机制的规定较为欠缺。有论者指出，我国司法体制存在缺陷，部分司法工作人员的观念陈旧，在司法实践中，辩护律师同司法机关相比，仍旧处于弱势地位，控辩双方的地位仍然不平等，辩护律师的执业活动面临极大的障碍；另外，司法不公和司法腐败也严重威胁着辩护律师的执业环境，对辩护律师的生存和发展产生了不良的影响。有论者认为，社会公众的法治观念未完全树立，对辩护律师的功能、作用认识不充分，对辩护律师仍存有极大的偏见。还有论者认为，由于辩护律师的执业门槛低，辩护律师的水平参差不齐，一些辩护律师业务水平不高，缺乏应有的执业技能，一些辩护律师职业道德意识不强，社会责任感差，唯利是图甚至是违法乱纪，这降低了当事人对律师的期望，也严重影响了辩护律师在人们心目中的形象。

2. 改善我国辩护律师执业环境的途径

我国刑事辩护律师的执业环境亟待改善，根据学者们的观点，改善途径主要有以下几个方面：其一，从立法的角度来看，完善关于辩护律师的执业权利的规定，增加关于辩护律师权益保障和救济的规定，修改法律中关于辩护律师伪证刑事责任的有关规定，该问题将在辩护律师执业保障这一部分进行详细的阐述。其二，从司法的角度来看，加强司法实践中对辩护律师执业的保障，深化司法体制改革，转变司法工作人员的传统观念，提高其对辩护律师作用和地位的认识，防止司法腐败等。其三，构建法律职业共同体，提高辩护律师的诉讼地位。其四，深入加强普法教育，提高社会公众的法律意识和法治观念，纠正民众对辩护律师的偏见认识。其五，构建刑事辩护准入制度，加强辩护律师队伍建设，提高辩护律师自身素质，其中既包括业务素质，也包括职业道德素质。

二　辩护律师执业保障

(一) 辩护律师执业保障的必要性

其一，德肖维茨曾说："认真负责，积极热心的辩护律师是自由的最后堡垒，是抵抗气势汹汹的政府欺负它的子民的最后依靠防线。"① 只有在法治国家才存在着独立自主的律师队伍，辩护律师是制约国家权力，维护公民权利的重要力量，辩护律师执业保障问题关系到一个国家民主和法治社会的建设。

其二，维护犯罪嫌疑人、被告人的合法权益是辩护律师的职责，如果辩护律师的执业得不到保障，则辩护律师就无法有效地履行其职责，辩护律师执业保障问题不仅仅关系到辩护律师本身权利的保障，更是维护犯罪嫌疑人、被告人合法权益的必然要求。

其三，关于辩护律师权利的立法不够完善，辩护律师的权利在司法实践也很容易受到侵犯，辩护律师往往不能有效地行使其权利，也不能很好地维护自身的合法权益；另外，辩护律师在办理刑事案件的时候面临着极大的风险，包括人身风险、职务风险以及刑事风险等，辩护律师稍不留神就有可能被追究刑事责任或被取消律师资格。刑事辩护律师面临的这些问题，导致我国出现刑事辩护率低以及刑事辩护质量低的状况，这严重阻碍了我国刑事辩护的发展。因此，保障辩护律师执业权利具有极大的必要性。

(二) 辩护律师执业保障的途径

1. 完善辩护律师的权利体系

从现有的法律规定来看，我国辩护律师的具体执业权利体系已经比较完备，但是仍然有很多问题并未解决，为了更好地保障辩护律师的执业活动，辩护律师的权利还需要进一步的完善和扩充。

首先是完善辩护律师的已有权利。关于辩护律师的会见权，有论者认为，应确保被追诉人有充分的时间和条件选任聘请律师以及与律师联系，确保被追诉人与其律师在完全保密的情况下进行交流，不被窃听；关于辩护律师的阅卷权，应进一步明确辩护律师阅卷权启动的时间；关于辩护律

---

① 德肖维茨：《最好的辩护》，唐交东译，法律出版社 1994 年版，第 482 页。

师的调查取证权，取消辩护律师调查取证须经证人或有关单位、个人同意以及经人民法院、人民检察院且经被害人、其近亲属、其提供的证人的同意，方能向他们收集有关证据材料的规定；另外，法律还应规定有关机关违反有关辩护律师会见权、阅卷权和调查取证权的规定时应负的法律后果，以及辩护律师相应的救济机制。① 关于上诉权，有论者认为，辩护律师作为独立的诉讼主体，应享有独立的上诉权，这既有利于维护当事人的合法权益，也有利于促进法律的正确实施。关于执业豁免权，有论者认为应扩充其涵盖的范围，在法律中规定，辩护律师在履行职责的过程中发表的言论不受法律追究。② 关于保守职业秘密权，有论者认为，应当规定辩护律师对于在执业过程中获知的秘密，有权拒绝作证，在法律赋予辩护律师拒绝搜查和扣押的权利，以保障其切实履行对委托人的保密义务。③ 关于拒绝辩护权，有论者认为，一是作为辩护律师拒绝辩护的利益同作为律师拒绝代理的理由应当有差异；二是取消将"委托人隐瞒事实"作为辩护律师拒绝辩护的理由，而是规定辩护律师在没有能力办理案件、辩护律师与本案有利害关系或利益冲突、被告人严重侮辱辩护律师的人格，致其无法进行继续提高辩护服务的情形下行使拒绝辩护的权利。④

其次是扩充辩护律师的权利。很多学者都提出，应在我国建立辩护律师讯问在场制度，赋予辩护律师讯问在场权。关于辩护律师在场权，有以下几个问题需要说明：其一，辩护律师在场权不仅是审判阶段的在场权，更是侦查阶段的在场权。其二，侦查阶段律师在场权有广义和狭义之分，从广义上来看，律师在场权是指搜查、扣押以及讯问犯罪嫌疑人时律师在场的权利，狭义上的律师在场权，仅指讯问时律师在场的权利。有论者指出，因为我国已有了搜查、扣押时证人在场的制度，所以我国的律师在场

---

① 参见冀祥德《刑事诉讼法修改能否解决刑事辩护"三难"》，载中国法学网，http：//www. iolaw. org. cn/showArticle. asp？id＝3098，最后访问时间：2013 年 3 月 6 日。

② 参见程滔《辩护律师的诉讼权利研究》，中国人民公安大学出版社 2006 年版，第 291 页。

③ 参见陈卫东《刑事辩护律师权利体系的合理架构与立法规制》，载《国家检察官学院学报》2005 年第 3 期。

④ 参见程滔《辩护律师的诉讼权利研究》，中国人民公安大学出版社 2006 年版，第 211 页。

权仅指讯问时的律师在场权。其三，规定辩护律师的在场权是正当程序的要求，体现了无罪推定原则和辩护原则，有利于促进诉讼结构的合理化，制约国家权力，防止权力滥用，更好地维护人权。其四，辩护律师在场权可以分为形式意义上的在场权和实质意义上的在场权，前者指辩护律师只起到监督和见证的作用，后者指辩护律师可以为被追诉人提供法律帮助，并可以对讯问及笔录等问题提出意见。对于我国采取哪种形式的在场权，目前学者的观点不一致。

有论者认为，在我国规定形式意义上的律师在场权更合适，因为我国律师既是当事人合法权益的维护者，也是国家法律的捍卫者，规定实质意义上的律师在场权，不符合我国现行的法律制度和司法现状，也不利于被害人合法权益的救济。但有的论者认为，律师在场应当是实质意义上的在场，即侦查人员在侦查阶段讯问犯罪嫌疑人的时候，辩护律师有权在场，提供法律帮助，提出法律意见等，因为只有这样才能真正起到辩护律师在场的作用。该论者提出，法律不仅要明确规定讯问时律师的在场权，还应当明确侦查机关的配合义务，并且还要扩大法律援助的范围，另外，该论者建议，为了防止律师在场给侦查活动带来负面的影响，律师在场可以"看得见，听不见"的方式进行。①

2. 完善追究辩护律师伪证刑事责任的相关规定

辩护律师帮助当事人毁灭、伪造证据等行为，会极大地妨害司法活动，影响司法公正，因此，应对辩护律师的此类行为进行惩罚，这是没有异议的。刑事诉讼法和刑法都有关于辩护律师伪证刑事责任的规定，但相关规定存在很大问题，此部分的具体内容在前文已有论述。为了更好地保障辩护律师的执业活动，亟须对有关规定进行完善。但对于具体完善的途径，学者的观点不一。

很多论者认为，《刑法》第306条不仅在立法技术上存有缺陷，在观念上具有误导公众的嫌疑，在司法实践中，该条也逐渐演变为司法机关打击报复律师的手段，因此，应当取消律师伪证罪。有对此持支持态度的论者认为，伪证罪、妨害作证罪以及帮助毁灭、伪造证据罪这些罪名的存在，足以将律师伪证行为涵盖进去，废止律师伪证罪并不会出现刑法适用

---

① 参见陈光中《我国侦查阶段律师辩护制度之完善》，载《中国司法》2012年第7期。

的"真空"而放纵罪犯，也不会损害法律的权威和尊严。① 有其他持支持态度的论者进一步提出，取消律师伪证罪并不是说对律师伪证行为放任不管，只不过是不要用刑法来管。有论者认为，律师协会和司法行政机关应当担当起应有的角色，通过成立"律师职业道德委员会"或"律师惩戒委员会"这类组织来对违纪律师进行处理，只有对少数严重的律师伪证行为，才需动用刑罚武器来惩处。②

但也有一些论者认为不应当废除律师伪证罪，他们认为，司法的不合理运作导致的司法恶果，并不构成废除律师伪证罪的理由，立法者和司法者通过对《刑法》第306条的修订和司法实践的慎重运用，可以弥补其目前存在的不足。③ 有论者提出，律师伪证罪应当存而慎用，首先，该论者认为，律师职业具有公共性，但我国的律师职业发展，却过早出现了技术性职业主义和商业主义的倾向，一些律师为达目的不择手段，对于目前处于初级阶段的我国律师行业来讲，仍然需要《刑法》第306条作为警示，警告律师注意自己的社会责任；其次，该论者指出，虽然其主张保存律师伪证罪，但其强调律师伪证罪的适度运用，包括进一步细化和明确律师伪证罪的适用条件，明确排除容易混淆但不属于律师伪证罪的若干行为，建立预防滥用律师伪证罪的程序性制约机制等。④

还有论者认为，应从实体上限制辩护律师伪证刑事责任的认定。其一，关于"串供"的界定，认定辩护律师串供，首先应当确认其主观上的故意性，即其主观上是为了使犯罪嫌疑人、被告人逃脱罪责；另外，串供的证据不能通过监听的方式获得，也不宜通过被追诉人的举报获知，即使有关机关通过此途径获知了有关辩护律师串供的证据，也要作为非法证据加以排除。其二，关于"引诱"的界定，应通过精确的描述，防止其被曲解，如明确列举"引诱"通常使用的一些手段，像金钱、物质等利益，明确"引诱"的目的是引起证人违背事实作伪证，

---

① 参见蔡军《律师伪证罪的立法问题分析》，载《信阳师范学院学报》2007年第2期。

② 参见汪亚光、薛荣《论取消"律师伪证罪"》，载《山西政法管理干部学院学报》2006年第2期。

③ 参见王永杰《律师伪证罪的存废之争》，载《复旦学报》2011年第4期。

④ 参见"检察过程中律师权利保障问题研究"课题组《律师伪证罪应当存而慎用》，载《法学杂志》2009年第3期。

另外，还应排除将辩护律师在法庭上经正常询问引起证人改变证言的情形作为"引诱"。

该论者进一步指出，还应完善追究辩护律师伪证刑事责任的程序。其一，完善追究辩护律师伪证刑事责任的回避与管辖的规定，在回避方面，严格执行 2012 年《刑事诉讼法》第 42 条的规定，即辩护律师涉嫌犯罪的，应当由办理辩护律师所承办案件的侦查机关以外的侦查机关办理，并应当及时通知其所在的律师事务所或者所属的律师协会；在管辖方面，如果案件交给上级办理，则上级会有偏袒之嫌，而且可能会增加上级的负担，削弱其监督等职能的履行，因此这里规定的另外的侦查机关不应当是上级侦查机关，法律应当对此进一步作出规定。其二，完善追究辩护律师刑事责任的立案程序，为了更好地保障辩护律师的执业，法律有必要对辩护律师涉嫌伪证案件的启动条件、时间等程序进行特别规定，对辩护律师伪证案立案，应当以辩护律师有明确的犯罪事实为依据，如法院最终认定证人作伪证。①

3. 完善程序性制裁机制

程序性违法是指刑事诉讼过程中，警察、检察官及法官违反法定诉讼程序的行为，相应地，程序性制裁就是指在刑事诉讼程序的范围内，针对程序性违法而确立的程序性法律后果。②

有论者研究认为，程序性制裁的含义主要有以下几个方面：其一，程序性制裁针对的是警察、检察官及法官在刑事诉讼的过程中违反法定诉讼程序的行为；其二，被制裁者承担的是程序上的不利后果，即违反法定程序的行为直接影响的证据、起诉、判决等不再具有法律效力，不得产生预期的法律后果；其三，程序性制裁是诉讼法特有的制裁方式，即针对行为有瑕疵的不同程度，采取轻重不同的制裁方式；其四，程序性制裁是通过一种独立的司法审查程序来实施的。该论者指出，程序性制裁具有十分重要的意义，它可以维护程序法的独立价值，充分发挥司法权维护公民权益和司法的作用，并且能够促使警察、检察官及法官切

---

① 参见汪海燕《律师伪证刑事责任问题研究》，载《中国法学》2011 年第 6 期。

② 参见程滔《辩护律师的诉讼权利研究》，中国人民公安大学出版社 2006 年版，第 318 页。

实遵守法定诉讼程序。①

有论者提出，中国现行的刑事诉讼制度有两种典型的程序性制裁，一是非法证据排除；二是上级法院对下级法院的审判监督，即第二审法院对于第一审法院所实施的严重违反法律程序，影响公正审判的审判行为，也可以作出撤销原判、发回重审的裁定。我国司法解释确立的"非法证据排除规则"，使被告人在审判阶段获得了将部分侦查行为及控方证据诉诸法院加以审查的机会，这种旨在审查侦查程序合法性的程序性裁判机制，在 2012 年《刑事诉讼法》中得到了确立。

另有论者指出，我国目前的程序性制裁机制存在程序性制裁的范围较为狭窄，制裁手段单一，配套制度缺乏等问题。针对这些问题，该论者提出了完善我国程序性制裁机制的建议：其一，扩大我国程序性制裁的范围，以涵盖所有严重违反法定诉讼程序的行为，并增强程序性制裁的威慑性；其二，增加程序性制裁的方式，如终止诉讼、诉讼行为绝对无效和相对无效、从轻量刑等；其三，构建相应的配套措施，如审前程序的司法审查制度，给予被告人对侦查行为的合法性诉诸法院加以审查的权利，使法院有权介入审前程序，有权对侦查或起诉机关涉嫌违法的行为进行审查；还应完善程序性制裁的申请、审查程序，正确分配举证责任、合理确定证明标准等。②

4. 建立审前司法审查制度

1996 年《刑事诉讼法》修改后，律师可以介入到侦查程序中，2012 年《刑事诉讼法》赋予了律师在侦查阶段辩护人的地位，这表明审前辩护程序在我国得到越来越多的重视。有论者认为，我国目前的审前程序并没有形成由中立的裁判者参与、控辩平等交涉的司法格局，当辩护律师的审前辩护权受到侵害时，无法向中立的裁判者寻求救济。正如有论者指出的那样，"审前程序中的辩护因侦查程序的高度封闭和警察、检察官与案件结局的明显利害关系以及缺乏中立第三方的裁判机制等原因而失去存在的空间"，因此，刑事诉讼法立法修改增加辩护权利的外延和规模，并不是辩护律师权利保障的出路，辩护律师权利保障应更加关注在审前程序中

---

① 参见陈瑞华《程序性制裁制度的法理学分析》，载《中国法学》2005 年第 6 期。

② 参见陈永生《刑事诉讼的程序性制裁》，载《现代法学》2004 年第 1 期。

确立基本的权利救济机制问题。①

针对律师审前辩护权利的保障问题，很多学者都主张，在我国刑事审前程序中，设立类似西方国家"预审法官"或"侦查法官"的司法裁判官员。具体来讲，就是通过审前程序中立司法官员的参与，在那些涉及限制、剥夺公民基本权利的事项上，比如拘留、逮捕、羁押延长、搜查、扣押、监听等强制性侦查措施，确立一种司法令状主义的审批机制；同时，遇有侦查人员、检察官剥夺律师诉讼权利的场合，律师可以向这种司法官员申请司法救济，由该司法官员发布有关的司法令状，以便做出强制性的命令。②

5. 完善证据展示制度

"证据展示指在刑事诉讼中的控辩双方在开庭审判前或审判过程中，按照一定的程序和方式相互披露各自掌握或控制的诉讼证据和有关材料的活动。"③ 有论者认为，证据展示制度一方面能平衡控辩双方在获取证据方面的不平等地位，提高辩护方的对抗能力，保障被追诉人的合法权益；另一方面也能促进案件真实的发现和司法效率的提高。

1996 年《刑事诉讼法》在庭审中增加了对抗因素，要求控辩双方平等对抗，但是控辩双方在侦查阶段获取证据能力存在很大悬殊，这对辩护律师而言无疑是十分不公平的，有很多学者主张，应在我国建立独立的证据展示制度。2012 年《刑事诉讼法》虽然没有对证据展示制度作出规定，但是完善了辩护律师的调查取证权、阅卷权等，这为我国建立证据展示制度奠定了一定的基础。

有论者提出了构建我国证据展示制度的基本构想：证据展示的时间应当是在开庭之前，且双方都负有展示的义务；控方展示的范围包括：侦查、起诉过程中获得的与案件有关的证据材料，控方所有准备在法庭上出示的证据，对于其不准备出示的证据，如经辩方要求也应当展示，对于涉及国家秘密或可能造成其他严重危害的证据材料，控方可以不出示；辩方

---

① 参见陈瑞华《增列权利还是加强救济——简论刑事审判前程序中的辩护问题》，载《环球法律评论》2006 年第 5 期。

② 参见陈瑞华《刑事辩护的几个理论问题》，载《当代法学》2012 年第 1 期。

③ 程滔：《辩护律师的诉讼权利研究》，中国人民公安大学出版社 2006 年版，第 309 页。

展示的范围是其准备在法庭上出示的证据；法院应当对证据展示进行审查和监督，对于控辩双方在证据展示方面的争议进行裁决，并有权对违反证据展示义务的行为采取一定的制裁措施。①

第五节　刑事辩护未来发展

2012 年《刑事诉讼法》修改的幅度很大，不仅更新了司法理念还对具体司法制度进行了改革，既加强了权力制约又重视了权利保障，新刑事诉讼法对中国刑事辩护制度的发展是毋庸置疑的；但是，这并不意味着中国的刑事辩护制度就已经完善了，中国的刑事辩护制度还有很大的完善空间。

一　从刑事辩护立法看我国刑事辩护制度的未来发展

（一）审前程序

随着社会文明的进步和人权保障意识的增强，各国的辩护活动都经历了一个由审判阶段向审前程序延伸的过程。2012 年《刑事诉讼法》明确了律师在侦查阶段的辩护人地位和权利，对辩护律师会见权、阅卷权、调查取证权等规定进行了完善，但是却没有建构起审前程序中辩护权的救济机制，因此可以说，我国目前还不具有基本的审前辩护诉讼形态。很多论者认为，在未来对刑事诉讼法再做修改时，应当建构起合理的审前程序辩护权利救济机制；另外，侦查阶段律师的讯问在场制度和对侦查、强制措施的司法审查机制，也将是未来我国审前程序立法所关注的重点问题。

（二）程序性辩护

辩护内容从传统上的实体辩护转变为实体辩护与程序辩护并重，是现代刑事辩护制度的一个发展趋势。目前我国存在"非法证据排除"和"二审法院的审判监督"这两种程序性制裁，2012 年《刑事诉讼法》肯定了辩护人维护被追诉人诉讼权利的程序性辩护权利。虽然有论者认为，程序性辩护在我国是一种略显超前的辩护形态，但亦有很多论者提出，随着我国司法观念和司法体制的发展进步，未来的刑事诉讼法修改将会更为明确地对辩护人程序性辩护权利进行确认，并会对相应的程序性制裁机制

---

① 参见程滔《辩护律师的诉讼权利研究》，中国人民公安大学出版社 2006 年版，第 312—313 页。

进行完善。

（三）量刑辩护

2010 年《人民法院量刑指导意见》和《关于规范量刑程序若干问题的意见》两部司法文件先后发布试行，量刑制度尤其是量刑程序的改革成为我国目前刑事司法改革的热点问题，法院纷纷在法庭审理中试行独立的量刑程序，检察院也开始推行量刑意见制度。量刑辩护在我国是一种新型的辩护形态，是我国量刑制度改革的产物，其意义和独立性还并未得到充分的重视。有许多论者预测，随着未来我国量刑制度改革的不断深入，法庭审理程序中将会构建起相对独立的量刑程序，检察机关的量刑建议制度也会更加完善，与此同时，量刑辩护也将得到越来越多的关注，并最终作为一种独立的辩护形态在有关立法中得到确立。

（四）有效辩护

在对抗制诉讼模式下，辩护人在诉讼程序中占有重要地位，被追诉人不仅有获得辩护的权利，更有获得有效辩护的权利，有效辩护是未来刑事辩护发展的必然趋势。目前，我国刑事辩护面临刑事辩护率、刑事辩护质量低，刑事辩护有效性不足的困境，造成这种的原因有很多，其中包括司法不公，辩护律师的权利缺乏保障，缺乏对无效辩护的制裁，辩护律师自身素质和能力不高等。首先，有论者认为，2012 年《刑事诉讼法》针对辩护人的权利进行了较大的修改，但有关规定仍不完善，有关辩护人的权利保障和执业环境的优化，仍旧是未来刑事辩护发展亟须面对和解决的问题；其次，有论者提出，有效辩护的实现有赖于对无效辩护的制裁，在我国确立并完善无效辩护制裁体系，将成为未来我国刑事辩护制度改革的重要问题；最后，还有论者认为，刑事辩护业的行业建设，主要是提高辩护律师自身业务素质和职业道德素质的问题，也会越来越受重视。

（五）刑事辩护准入制度

有学者认为，刑事辩护准入制度能够保证辩护律师的辩护质量，促进辩护律师更好地履行职责，从而有利于我国有效辩护的实现、刑事辩护率和刑事辩护质量的提高；刑事辩护准入制度还是提高辩护律师地位，适应刑事辩护专业化发展要求的重要途径。[1] 虽然有学者对刑事辩护准入制度

---

[1]　关于该问题的专论，详见冀祥德《建立中国刑事辩护准入制度理论与实证研究》，中国社会科学出版社 2010 年 10 月第 1 版。

构建的可行性提出质疑，但是，由于刑事辩护准入制度对于解决我国刑事辩护困境具有重要意义，未来对刑事辩护准入制度的进一步探索，也将会成为我国未来刑事辩护制度改革的重要方向。

二 从刑事辩护理论看我国刑事辩护制度的未来发展

刑事辩护制度一直是刑事诉讼理论研究的热点，学者们在刑事辩护制度的研究过程中，提出了很多先进的、有价值的理论观点。比如，有论者提出，应通过在审前程序中设立司法裁判官员的方式，为律师审前辩护权提供基本的救济；有论者主张加强对程序性辩护权的保护，并提出设立审查侦查程序合法性的程序性裁判机制的观点；有论者提出，为实现有效辩护，需在我国设立刑事辩护准入制度；有学者提出了"平等保护"和"平等合作"的新观念，赋予了"控辩平等"以新的含义；主张扩大辩护权的学者，提出了在我国设立辩护律师的讯问在场权、犯罪嫌疑人的沉默权以及未决羁押的司法听证程序等设想；另外，还有一些论者呼吁取消关于律师伪证罪的规定，主张加强对律师权利的救济与保障，建立完善的律师刑事责任豁免制度。

理论研究同立法相比，更为前沿，也更为深入，理论研究要永远走在立法的前面。学者们提出的这些理论观点，虽然没有完全被立法者所接受，但仍然会对刑事辩护立法的进一步完善有着重要的指导和借鉴意义。随着社会的发展进步，中国刑事辩护制度的理论会更加成熟，中国刑事辩护制度的进一步改革，也必将体现这些理论研究的先进成果。

三 从刑事辩护现实看我国刑事辩护制度的未来发展

2013 年 1 月 1 日起，2012 年《刑事诉讼法》开始实施，立法的争议暂时告一段落，下一步应关注的重点问题，就是《刑事诉讼法》在司法实践中的贯彻实施问题。修改后的刑事辩护制度的不同内容在实践中贯彻执行的情况可能会不尽相同，有论者指出，有些内容在执行中可能不会存在大的问题，譬如关于审查批捕、侦查终结、审查起诉以及死刑复核程序中，办案人员依法听取辩护律师意见的规定，关于辩护律师阅卷权的规定以及关于刑事法律援助的规定等。但有些内容则不然，有论者指出以下几个问题最值得关注：其一，侦查阶段辩护律师与犯罪嫌疑人的会见问题，如公安机关能否贯彻执行修改后的规定，有关机关是否会扩大对三类特殊案件的解释等；其二，检察院与法院能否严格执行非法证据排除和证人出庭作证的规则；其三，检察机关能否严格执法，保障犯罪嫌疑人、被告人以及辩护人的申诉控告权。①

　　中国的刑事辩护制度一直面临着不能很好地在司法实践中贯彻实施的难题，实践难题的产生，除立法本身的问题外，还是其他多种因素影响的结果，比如思想观念问题，实践中相当一部分侦查人员、司法人员的法律观念陈旧，轻视程序正义，习惯于"有罪推定"，对惩治犯罪与执法实效的追求高于保障人权；再比如司法体制的问题，实践中检察机关对公安机关的监督制约力度不够，公安机关在侦查阶段滥用职权问题严重等。

　　"立法的生命在于实践"，立法的目的也是更好地在实践中施行，2012 年《刑事诉讼法》在我国司法实践中的贯彻实施仍然任重道远，辩护制度的发展不仅仅体现为立法的进步与完善，还体现为实践中执法的进步与发展。当然任何制度的改革都不是一蹴而就的，刑事辩护制度也是如此，正如有论者所说："刑事辩护制度在中国，依然是一个新生事物，其成长与发展注定是一个曲折前进、螺旋上升的过程。"②

小　结

　　管理学上有一个原理，叫木桶理论，也称短板效应。其基本含义是一个水桶无论有多高，其盛水的高度取决于最低的那块木板。根据这一原理，笔者在数年前提出了"刑事辩护的木桶理论"。笔者认为，在目前中国的社会制度这一"木桶"中，法治是最短的那块"木板"，而在法治这一"木桶"中，刑事辩护则是最短的那块"木板"。由于木桶的容量取决于最短的那块木板，因此，刑事辩护的质量和数量，以及辩护律师的职业道德、执业环境等，直接关系到一个国家法治化的程度和进程。我国刑事辩护制度起步较晚，但是近几十年来却发展迅速，2012 年对《刑事诉讼

---

　　① 参见顾永忠《我国刑事辩护制度的回顾与展望》，载《法学家》2012 年第 3 期。

　　② 冀祥德：《"达标"还是"倒退"：直面中国刑事辩护制度 30 年》，载中国法学网，http://www.iolaw.org.cn/showArticle.asp? id = 2958，最后访问时间：2013 年 3 月 8 日。

法》的修改更是将我国的刑事辩护制度推向了一个新的发展高度。新《刑事诉讼法》在解决"刑事辩护三难问题"、扩大法律援助范围、完善辩护律师执业保障权、完善辩护人责任和伪证刑事责任的有关规定等方面做了修订，充分体现了"尊重和保障人权"的理念，对于犯罪嫌疑人、被告人权益的维护和辩护人权利的保障，具有极大的意义。然而，我们还应该清醒地认识到，虽然立法的进步能起到引导和保障我国刑事辩护制度进一步发展的作用，但却不能彻底解决我们在刑事辩护领域面临的所有难题。如何在司法实践中有效地落实立法的有关规定，以及如何在司法实践中更好地保障辩护律师的执业权利和优化其执业环境，是当前我们需要面对和解决的最关键的问题。尽管我国当前的刑事辩护制度还存在诸多问题，但我们相信，随着我国社会的进步和法治社会的进一步发展，我国的刑事辩护制度也会一步步走向完善。

第 八 章

律师职业道德与执业纪律研究

　　律师是一个以维护委托人利益和社会公平、正义为己任的特殊职业群体，其职业的特殊性对其提出了较高的职业道德要求。随着律师行业的发展，其自治性和商业性的特征逐渐显著，但是"对于法制而言，最根本的价值不是效率而是公正，不是利益而是信赖。因此，律师职业必须与一般以营利为目的的商业活动划清界限"，① 谨防利欲熏心。为了达到这一目的，国家司法行政机关及律师行业协会为律师执业制定了严格的纪律规范，要求律师恪守职业道德，遵守执业纪律，维护当事人合法权益，维护法律正确实施，维护社会公平和正义。

　　律师职业道德与律师执业纪律之间是相互融合、相互渗透的关系，执业纪律可以从职业道德中寻得渊源，而职业道德也多以各种形式体现于执业纪律之中。不过，职业道德具有较强的原则性和概括性，不易实施；执业纪律则更为具体、详细，具有更强的强制力和约束力。律师在执业过程中，一旦违反执业纪律，将承担相应的行政责任、民事责任或刑事责任。

第一节　律师职业道德

　　恩格斯曾指出："实际上，每一个阶级，甚至每一个行业，都各有各的道德。"② 职业道德准则系在行业发展过程中逐渐形成的，以平衡

---

　　① 季卫东：《法律秩序的建构》，中国政法大学出版社 1999 年 7 月第 1 版，第 246 页。

　　② 《马克思恩格斯全集》第 46 卷（下），人民出版社 1979 年版，第 197 页。

行业的发展与社会利益。实际上，职业道德本质上是社会一般道德在某一特定行业的具体化，但由于不同职业的经济基础、历史轨迹和社会使命不尽相同，因而导致不同职业道德的产生。职业道德不具有法的强制力，而是依靠人们内心的观念和社会舆论来保证行业成员的遵守，违反者将承受内心压力和舆论谴责。律师职业道德作为职业道德的一种，也具有上述特征。

一 律师职业道德的概念与特征

(一) 律师职业道德的概念

对于律师职业道德的概念，理论界有不同的定义。有论者认为，律师职业道德，是指律师在从事律师业务，为社会提供法律服务时，所应当遵守的行为规范的总称。[1] 有论者认为，律师职业道德，是指从事律师职业的人在执行职务、履行职责时，所应恪守的道德准则，是律师职业活动的缩影。[2] 还有论者认为，律师的职业道德，是指律师在执行职务、履行职责时，应当遵守的道德规范和行为规范。[3]

总结来看，上述三种定义形式可分别称为行为规范说、道德准则说和综合说。我国其他学者对律师职业道德的定义，大多可以归入上述三种类别之中。律师职业道德是律师政治素质、理想信念、思想品质、纪律作风、情操气质和风度的综合体现，从这个角度来看，它是一种道德准则；同时，律师职业道德还承担着纯洁律师队伍、维护律师职业声誉、推动律师为社会提供优质法律服务的重要任务，[4] 从这一方面来看，它是一种行为规范。因此，单纯将律师职业道德界定为道德准则或者是行为规范，均不是这一概念的完全概括，比较观之，综合说更为准确。

(二) 律师职业道德的特征

长期以来，人们在谈到律师的职业素养和伦理道德时，都认为律师是

---

[1] 参见关今华、林鸿主编《律师与公证》，厦门大学出版社 2012 年 9 月第 3 版，第 148 页。

[2] 参见王俊民主编《律师与公证制度教程》，北京大学出版社 2009 年 1 月第 1 版，第 114 页。

[3] 参见陈卫东主编《中国律师学》，中国人民大学出版社 2008 年 3 月第 3 版，第 119 页。

[4] 同上。

"手握正义之剑而来，以客观事实为最高境界"，律师应当"推诚而不欺、守信而不疑"，是"扶正守道、仗义执言"的实践者，是"诚信本位主义者"，是"高尚道德的弘扬者"。因此，律师应当怀有一种"宠辱不惊，闲看庭前花开花落；去留无意，漫步天外云卷云舒"的素养和品质。似乎律师就是天使的化身，圣人的下凡，完人的再现。① 也有人认为律师是"唯恐天下不乱""得人钱财，为人消灾"的人。② 公众对律师职业道德的这些误解并非空穴来风，律师职业道德是一般社会道德观念在律师执业活动过程中的具体化，两者联系密切，加上律师从事的是维护公平和正义的法律职业，与公众的权益保护直接相关，因此公众对律师予以高要求也是可以理解的。不过，律师职业道德毕竟不是社会公共道德，它有着自身的特征。

对于律师职业道德的特征，理论界存在不同的观点。有论者认为，律师职业道德具有以下特征：第一，律师职业道德与律师的执业行为相联系。律师的执业行为会对第三人的合法权益、法律的正确实施和社会的公平正义产生重要的影响，这使得律师职业具有一定程度上的社会性，律师的执业行为具有个体性和社会性的双重属性。与律师职业的特点相联系，律师职业道德是一般道德观念在法律职业领域的具体体现和要求，其约束的主体是律师这一特殊的社会群体，只在律师职业群体内部具有约束力。第二，律师职业道德具有广泛性和抽象性。律师职业道德的内容涵盖了律师职业活动的各个方面，其为律师的执业行为提出了总的要求，为人们评价律师的执业行为提供了标准。同时，由于其原则性的规定，无法给律师的行为提供确定性的指引，对律师职业道德的理解会因人而异。第三，律师职业道德具有社会约束力。违反职业道德的律师，不但会受到当事人的批评、社会舆论的谴责，甚至会受到律师协会的处分。第四，律师职业道德具有具体性和明确性。从形式上来看，律师职业道德明确规定在《律师职业道德和执业纪律规范》以及其他与律师执业相关的规章、行业纪

---

① 黄长江：《律师文化建设的道德误区——以律师职业的"伦理底线"为研究视角》，载《法治研究》2007年第9期。

② 陈历代：《从李庄案浅谈实践律师职业道德的困境》，载《当代法学论坛》2010年第2辑。

律规程中。①

　　有论者认为，律师职业道德的特征为：第一，主体特定性。律师是律师职业道德的规范主体，包括在律师事务所的社会执业律师、在国家机关中任职的公职律师、在企业中任职的公司律师等。此外，还包括实习律师和律师助理。根据《律师执业行为规范（试行）》第20、27条规定，律师职业道德规范也适用于律师事务所。第二，调整对象和社会影响的广泛性。律师职业道德规范的对象不仅限于律师的执业行为，也包括一些与律师职业形象相关的执业以外的活动。同时，律师为社会提供法律服务，与社会各界人士有广泛的接触甚至是建立委托关系，因此律师职业道德的优劣对社会有广泛的影响。第三，对实现律师职能具有重要性。律师的职能是维护当事人合法权益、维护法律的正确实施、实现社会正义，这些职能的实现都需要良好的职业道德做后盾。第四，具有较大的强制性。不同于一般社会道德通常仅仅依靠内心信念和社会舆论来发挥效用，律师职业道德多为法律、行政法规、行业规章明文规定，并且其中一部分最主要的道德规范上升为具有法律性质的规范，如有违反将产生法律责任。因此，律师职业道德不同于一般道德，具有更强的强制性。②

　　还有论者参考世界其他国家有关律师职业道德的规定，认为律师职业道德具有三方面特征：第一，律师职业道德与社会道德之间具有统一性。社会道德是律师职业道德形成的基础和依据，律师职业道德属于社会道德的一部分，是对社会道德的补充，二者的基本精神和宗旨是一致的。除此之外，律师职业道德还是社会公众评价律师的客观标准。第二，律师职业道德一般是由律师行业的自治性组织——律师协会制定，并反映绝大多数律师的意愿。律师是以其掌握的知识和技能独立向当事人提供法律服务的专业人员，而非国家公务员，律师的行为亦非国家职权行为，因而其依法履行职务时不应受国家职权的干预，当今世界绝大多数国家，都通过律师自律组织制定了律师道德规范。第三，律师职业道德具有一定的约束力和强制性，违反职业道德的律师应受到两方面的制裁。律师职业道德是社会评价律师形象和声誉的标准，一旦违反，必然导致律师本身甚至是律师职

---

① 参见何悦主编《律师法学》，法律出版社2011年第1版，第102—103页。
② 参见关今华、林鸿主编《律师与公证》，厦门大学出版社2012年9月第3版，第148页。

业的整体形象受损、声誉下降，危及律师职业的前途，因此对于违反律师职业道德的律师，除了受到舆论的批评之外，有关律师组织也会对其采取必要的惩戒措施。

综观上述三种观点，可以发现，它们基本都围绕律师职业道德与一般社会道德的关系展开，从内容上看可分为两大类：律师职业道德与一般社会道德的相同点；律师职业道德与一般社会道德的不同点。

其中，相同点主要有：第一，律师职业道德发轫于一般社会道德，系一般社会道德在律师执业活动过程中的具体体现和要求；第二，与一般社会道德相同，律师职业道德也具有广泛性和抽象性，是律师执业行为的一般标准，但是其内容过于原则，难以具体实施；第三，律师职业道德具有社会影响力，律师的执业活动涉及社会各个领域，与社会公众交往密切，因此，律师职业道德成为公众评价律师的客观标准；第四，律师职业道德与一般社会道德意义，都可以通过成员的内心观念和舆论压力发挥效用。

其不同点主要有：第一，律师职业道德规范的主体系参与律师执业活动的主体，主要是各种律师和律师事务所，对于社会一般公众并无拘束力；第二，律师职业道德通常系由律师协会制定，并不受国家职权的干预；第三，律师职业道德通常有成文的规定，不同于通常仅存在于观念之中的一般社会道德；第四，与一般社会道德相比，律师职业道德具有更强的强制力，律师职业道德中最主要的一部分上升为具有法律约束力的规范，越界者将受到律师协会的惩戒，甚至承担法律责任。

二　律师职业道德的内容与作用

（一）律师职业道德的内容

律师职业道德不同于一般社会道德，它们通常体现在成文的法律、行政法规、部门规章和行业规范之中。我国律师职业道德的主要渊源有：《律师法》《律师职业道德和执业纪律规范》《律师执业行为规范》《律师办理刑事案件规范》《关于反对律师行业不正当竞争行为的若干规定》和《关于规范法官和律师相互关系维护司法公正的若干规定》等。其中，最直接的渊源是中华全国律师协会制定的《律师职业道德和执业纪律规范》。①

《律师职业道德和执业纪律规范》第二章（第4—12条）对律师职业道德进行了专门规定，共有九个方面：第一，律师应当忠于宪法和法律，坚持以事实为根据，以法律为准绳，严格依法执业。律师应当忠于职守，坚持原则，维护国家法律与社会正义。第二，律师应当诚实守信，勤勉尽责，尽职尽责地维护委托人的合法利益。第三，律师应当敬业勤业，努力钻研业务，掌握执业所应具备的法律知识和服务技能，不断提高执业水平。第四，律师应当珍视和维护律师职业声誉，模范遵守社会公德，注重陶冶品行和职业道德修养。第五，律师应当严守国家机密，保守委托人的商业秘密及委托人的隐私。第六，律师应当尊重同行，同业互助，公平竞争，共同提高执业水平。第七，律师应当自觉履行法律援助义务，为受援人提供法律帮助。第八，律师应当遵守律师协会章程，切实履行会员义务。第九，律师应当积极参加社会公益活动。

我国多数学者都认为，《律师职业道德和执业纪律规范》中对律师职业道德的规定就是律师职业道德的内容。② 还有学者在提出观点时，对上述九点内容进行了详细的解释和分析，但并未改变实质内容。③

当然，也有论者不拘于条文的内容和体例，对律师职业道德的内容进行了重新归纳总结。

有论者认为，律师职业道德应包含以下内容：第一，遵守宪法、法律和法规。在全部业务活动中坚持"以事实为依据，以法律为准绳"，严格依法执行职务。第二，诚实信用、勤勉尽责。热情、尽职地为当事人提供法律服务，努力满足当事人的正当要求，维护当事人的合法权益。第三，尊重同行、同业互助、公平竞争。律师之间以及其他法律服务工作者之间应当互相尊重，共同提高执业水平。第四，律师应当诚实信用、严密审

---

① 2011年全国律协修订发布的《律师执业行为规范》第5—10条也有相似规定，但是内容与《律师职业道德和执业纪律规范》相比，《律师职业道德和执业纪律规范》第4—12条更为简略，因此学者多以《律师职业道德和执业纪律规范》为准进行研究和分析。

② 参见关今华、林鸿主编《律师与公证》，厦门大学出版社2012年9月第3版，第149页。

③ 参见何悦主编《律师法学》，法律出版社2011年1月第1版，第103—106页。

慎、尽职尽责地为当事人提供法律帮助。第五，律师应当保守在执业活动中知悉的国家秘密、当事人的商业秘密和当事人的隐私。①

有论者结合《律师法》的相关规定认为，律师职业道德的基本内容可归纳为以下几个具体方面：第一，律师在执业过程中必须始终以服务为中心。律师是专门为社会提供法律服务的执业人员，提供法律服务时设立律师制度的首要目的，也是律师的根本职责和执业的基本准则。第二，律师在执业过程中应当以事实为依据，以法律为准绳。这是《律师法》和《律师职业道德和执业纪律规范》对律师的共同要求，也是律师开展业务活动的出发点。律师只有坚持以事实为依据，以法律为准绳，才能保证案件质量，树立起律师的社会威信，得到人民群众的尊重和信赖。第三，律师应当忠于职守，维护国家法律和社会正义。这是我国宪法、法律和《律师职业道德和执业纪律规范》对律师职业道德的基本要求。具体到司法实践中，要求律师在执业过程中，敢于维护法律原则，不畏权势，明辨是非善恶，毫不犹豫地站在正义一边。第四，律师应当道德高尚，廉洁自律，维护职业形象。廉洁自律、道德高尚，是司法传统，也是律师道德发展史上的积极因素。同时，律师的职业特点要求律师必须具备良好的内在修养和外在素质，这对维护律师形象具有至关重要的作用。第五，律师应当诚实信用、严密审慎、尽职尽责地为当事人提供法律服务。通常情况下，人们只有在遇到法律纠纷时，才会请律师提供法律上的帮助。如果律师不能急人之所急，想人之所想，工作态度严密细致、一丝不苟，则必然损害当事人的利益。第六，律师在执业过程中，应当保守案件秘密和委托人的隐私。律师享有比普通诉讼参与人更加广泛的诉讼权利，可能了解到与案件有关的多种秘密，因此律师工作必须谨慎；此外，律师是委托人最信任的人，要求律师保守秘密，是为了保护委托人的利益，更是为了维护律师与委托人之间最基本的信赖关系。②

有论者将律师职业道德的内容，划分为强制性规范和非强制性规范两个部分。强制性规范是指一些具体的、具有可操作性的规范，通常具有

---

① 参见徐家力、王文书、赵金一编著《律师实务》，法律出版社 2011 年 9 月第 5 版，第 20—21 页。

② 参见陈卫东主编《中国律师学》，中国人民大学出版社 2008 年 3 月第 3 版，第 121—123 页。

"构成要件＋法律后果"的形式，主要涉及以下几个方面：第一，律师在受理案件和业务收费方面的规范，包括律师不得越过律师事务所私自接受当事人的委托，私自收取报酬和费用等；第二，律师在代理参与诉讼和仲裁活动中的规范，包括不得损害司法机关和仲裁机关的威信，不得违反审判庭和仲裁庭的纪律等；第三，律师在处理与委托人和对方当事人的关系方面的规范，包括不得泄露当事人的秘密及当事人不愿公开的事实和材料等；第四，在处理与其他律师之间关系方面的规范，包括律师不得从事不正当竞争行为等。非强制性规范是指一些原则性的规范，这些规范一般比较抽象，没有清晰的外在标准衡量，不适合采取外在惩戒的方式来保障实施，其实现主要取决于律师个人的认识与努力。非强制性规范包括：第一，律师应遵守一般职业道德，忠实勤勉尽责地为当事人服务。勤于学习，提高业务水平和能力。独立执行职务，勇于承担责任等。第二，律师还要遵守自己职业的特殊职业道德。如积极探求案件真实情况，维护法律的正确实施；严守执业秘密；与同行公平竞争、互相尊重；注重自身修养，珍惜职业声誉和社会形象。此外，还有关于律师的保密、律师业务的广告以及律师收费等方面的要求等。①

还有论者认为，律师职业道德包括基本准则和执业职责。基本准则的内容与《律师职业道德和执业纪律规范》第二章的规定相同。执业职责的内容则与《律师执业行为规范》第5—14条的规定基本相同，包括：第一，律师不得在两个或者两个以上律师事务所执业。第二，律师提供法律服务时，应当进行独立的职业思考与判断，做到认真、负责。第三，律师不得向委托人就某一案件的判决结果做出承诺。第四，律师提供法律服务时，不仅应当考虑法律，还可以以适当方式考虑道德、经济、社会、政治以及其他与委托人的状况相关的因素。第五，律师提供法律服务时，应当庄重、耐心、有礼貌地对待委托人、证人、司法人员和相关人员。第六，律师不得有以下行为：①产生不良社会影响，有损律师行业声誉的行为。②妨碍国家司法、行政机关依法行使职权的行为。③参加法律所禁止的机构、组织或者社会团体。④其他违反法律、法规、律师协会行业规范及职业道德的行为。⑤其他违反社会公德，严重损害律师职业形象的行

---

① 参见何华明《我国律师职业道德问题分析和建设研究》，西南财经大学硕士学位论文，2008年12月，第一部分第3页。

为。第七，律师不得私自接受委托承办法律事务，不得私自向委托人收取费用、额外报酬、财务或可能产生的其他利益。第八，曾任法官、检察官的律师，离任未满两年，不得担任诉讼代理人或者辩护人。第九，律师事务所不得指派非律师人员以律师身份或以其他变相方式提供法律服务。①

上文所列的四种观点都包含了《律师职业道德和执业纪律规范》第二章的规定，但是又有所延伸。观点一是将《律师职业道德和执业纪律规范》的九点规定总结为五点，只是体例有所不同。观点二在《律师职业道德和执业纪律规范》的基础上综合了《律师法》的相关规定，内容上比较全面。观点三和观点四对律师职业道德的内容进行了分类，都系以内容上的抽象或者具体为分类标准。实际上，观点三和观点四是将律师职业道德中上升为具有法律性质的规范的部分单独提取出来，成为独立的一部分，与前两种观点及《律师职业道德和执业纪律规范》的规定相比，实质上并未扩张律师职业道德的内容。不过，这并不意味着这些观点并无新意，《律师职业道德和执业纪律规范》中的规定经过学者抛光打磨，更容易为人们所理解和消化，而将律师职业道德中的具有法律性质的规范提取出来，具有强调的作用，可以警示其他从业律师。

（二）律师职业道德的作用

律师职业道德的内容覆盖了律师执业的方方面面，这些规范究竟有何具体功能和作用呢？对此，理论界也有不同的观点。

有论者认为，律师职业道德的作用主要表现在以下四个方面：第一，加强律师职业自律和独立，以免律师成为强权的附庸或金钱的奴隶；第二，共同遵守统一的律师职业道德，可以缓和甚至解决同行之间在竞争中的对立和冲突，从而起到团结律师职业的作用；第三，律师在执业活动中只要遵循律师职业道德，其利益就会得到保护，律师职业道德可以维护律师职业权益；第四，促进律师职业发展，维护社会公平正义，这是律师职业道德的根本目的。②

有论者认为，律师职业道德有三种作用：第一，律师职业道德可以削

---

① 参见王俊民主编《律师与公证制度教程》，北京大学出版社 2009 年 1 月第 1 版，第 116—118 页。

② 参见何华明《我国律师职业道德问题分析和建设研究》，西南财经大学硕士学位论文，2008 年 12 月，第一部分第 3—5 页。

弱律师之间、大众与律师之间的矛盾冲突,维护律师职业的权益;第二,律师职业道德有助于加强律师行业自律,促进律师职业发展;第三,律师职业道德有利于树立律师形象,提高律师的社会地位。①

有论者结合我国构建社会主义和谐社会的目标,认为律师职业道德对构建和谐社会意义深远,这是因为,律师这一特殊职业具有维护社会主体权益、提高社会经济效益、维护社会稳定、实现辅佐管理和文化促进的社会作用,律师职业道德约束律师的行为,从而对和谐社会的构建具有重要意义。②

总体来看,理论界对律师职业道德的作用认识相对一致,只是表述不同。我们认为,观点一的表述形式和内容更为全面、客观。

三　我国律师职业道德的现状与发展

(一)我国律师职业道德的现状

《律师法》《律师职业道德和执业纪律规范》和《律师执业行为规范》对律师职业道德的内容进行了明确的规定,我国学者也从各个角度对律师职业道德的内容和作用进行了阐释和分析,那么实践中,律师职业道德的规范作用是否得到了发挥呢? 2006 年 9 月,四川省司法厅委托省统计局社情民意调查中心,在全省范围内开展了律师法律服务满意度问卷调查。结果表明:群众对该省律师法律服务的总体评价是比较满意的,总体满意度为 82.4%。③ 总体上来说,律师职业道德的约束力在实践中是发挥了效用的,但是也有部分律师无视职业道德,做出"越界"行为。

从现有的学术观点之内容来看,理论界普遍认为,我国部分律师在职业道德方面有如下违规表现:第一,部分律师对当事人不讲诚信,不能勤勉尽责;第二,部分律师对法官行贿,影响审判公正;第三,部分律师为获得胜诉而毁灭、伪造证据,妨害作证,知法犯法;第四,部分律师成为

---

① 参见石梦希《律师职业道德探析》,湘潭大学硕士学位论文,2009 年 5 月,第 4—6 页。

② 参见王梅生《和谐社会中律师职业道德研究》,哈尔滨工程大学硕士学位论文,2008 年 6 月,第 21—31 页。

③ 参见《四川律师法律服务满意度调查报告》,网址:http://www.sc.gov.cn/scszfxxgkml_ 2/sbgt_ 53/gzdt/zwdt/200807/t20080718_ 298351. shtml,发布日期:2006 年 10 月 26 日。

当事人同政府官员勾结的桥梁，影响司法公正；第五，律师同行相轻，不正当竞争现象时有发生；第六，部分律师私自收费，漫天要价，片面追求经济利益，刁难当事人。①

针对上述现象，论者们经过分析，提出了各自的分析和解释。

有论者认为，我国律师出现上述职业道德问题的原因是：第一，没有正确处理律师职业道德与社会道德的关系。律师追求的应当是程序正义，而非社会大众所追求的实质正义。律师职业道德有其独特之处，并不等同于社会道德。部分律师对此理解不够深刻，而在执业活动中出现偏差。第二，没有正确处理律师的职业性与商业性之间的关系。这是律师职业道德的中心问题。部分律师利欲熏心，片面追求律师的商业性，以致不择手段。第三，律师职业道德建设滞后，《律师职业道德和执业纪律规范》与《律师执业行为规范》的内容虽然比较完善，但还是存在诸多不足，不能完全规范律师的执业活动，且部分规范执行力差，造成部分律师的职业道德滑坡。第四，我国对律师活动的管理仍然是政府起主导作用，对律师自治基本上没有放开，这使得律师不具有与司法部门甚至政府机关对抗的力量，导致了律师办案不得不依附于法官、检察官、政府机关工作人员，引发职业道德问题。②

有论者认为，具体原因是：第一，思想观念上缺少职业荣誉感，没有了对荣誉的追求，道德沦丧也成了必然；第二，价值取向上利益重于责任，导致对金钱的追求大于对道德的坚守，因此出现不正当竞争现象以及为了胜诉不择手段的现象；第三，法律制度漏洞给律师违法提供了可能；第四，对违法办案的律师惩罚力度不够；第五，律师执业规范体系不完备不健全，对于一些律师执业的必要内容，如办理非诉业务的职业道德问题规定不清。③

---

① 参见何华明《我国律师职业道德问题分析和建设研究》，西南财经大学硕士学位论文，2008 年 12 月，第 2—6 页。相似表述参见石梦希《律师职业道德探析》，湘潭大学硕士学位论文，2009 年 5 月，第 7—9 页。

② 参见黄嫣然《试论律师职业道德的认知和建设》，载《观察与思考》2012 年第 12 期；参见何华明《我国律师职业道德问题分析和建设研究》，西南财经大学硕士学位论文，2008 年 12 月，第 7—18 页。

③ 参见王梅生《和谐社会中律师职业道德研究》，哈尔滨工程大学硕士学位论文，2008 年 6 月，第 36—40 页。

有论者认为，律师职业道德缺失的原因有：第一，律师队伍从业主体混乱，律师资源分布不均；第二，律师行业两极分化严重，律师收入严重不均；第三，司法环境不良，少数人对公正司法规则的破坏演变为多数人的"潜规则"；第四，律师职业内部管理松散，忽视律师职业道德教育；第五，律师职业商业化影响严重；第六，部分律师缺乏职业认同感与职业荣誉感。①

上述观点并不完全相同，但都提及了几个主要原因：第一，律师职业道德教育重视不足，使得部分律师对职业道德的内容和特点认识不够深刻，以至于发生了违规行为；第二，律师执业活动的管理并未独立，虽然进行了"去行政化"改革，但是改革并不彻底，导致律师难以作为一个独立的群体与行政司法机关对抗，反而需要依附；第三，律师职业化与商业化的平衡点并未找到，使得律师商业化严重，"部分律师堕落成浑身散发着铜臭气的奸商或者趋炎附势的政治掮客"；② 第四，我国律师职业道德的内容并不完善，需要改进。

（二）我国律师职业道德的发展

针对我国律师职业道德的现状以及存在的问题，学者们各抒己见，提出了我国律师职业道德的建设方案。

有论者认为，加强律师职业道德建设的途径有以下五点：第一，明确律师身份定位。律师的定位始终不可偏离"维护当事人合法权益，维护法律的正确实施，维护社会公平和正义"这一目的，这样才能成为律师职业道德建设的主力军。第二，加强律师行业自治管理。完善律师职业道德，必须以律师执业的独立性为前提，律师在依法履行职务时，不应受国家职权的直接干预。完善律师行业自治管理，可以从完善律师事务所自律管理机制和提高律师协会的自律能力着手，积极适应律师行业管理的需要，进一步完善各项规章制度，提高自治管理的效能。第三，完善律师职业道德和执业纪律规范。制定律师职业道德规范应当根据新的实际情况，制定符合当下实际的规范性文件。在以往的规范性文件的基础上，与时俱

---

① 参见石梦希《律师职业道德探析》，湘潭大学硕士学位论文，2009 年 5 月，第 9—16 页。

② 参见季卫东《律师的重新定位与职业伦理》，载《中国律师》2008 年第 1 期。

进地对律师职业道德规范进行完善修订，实现律师执业纪律的具体化，全面地调整律师各种业务活动。第四，建立律师职业道德情况的披露机制。对律师职业道德情况进行披露，是律师职业道德监管建设的重要内容，是实现社会监督的主要手段。披露机制的建立会让律师更加顾忌自己的违规行为可能带来的不利影响而愈发注重自律，自觉遵守律师职业道德规范。建立以律师协会为主体的披露机制，对律师在执业中的行为予以约束，对其中的严重违法行为加以披露。第五，提高律师社会地位，完善律师保障机制。在我国执业律师已经具有一个相当规模的现状下，非常有必要通过扩大律师成为各级人大代表的比例等措施提高律师社会地位，提升律师与公、检、法相抗衡的能力。与此同时还要完善律师保障机制，优化律师执业环境，以维护律师合法权益，弱化律师违反职业道德的动因。①

有论者认为，我国律师职业道德的建设应当从以下五个方面展开：第一，注重教育，夯实律师职业道德建设基础，做到"三要"。首先要提高律师从业人员的政治理论水平，其次要抓好执业律师的业务培训，还要深入开展职业道德教育。第二，强化自律，培育律师职业道德建设内在机制。一方面激发执业律师强化道德修养的自觉性，另一方面引导执业律师形成自主高尚人格。第三，优化环境，营造律师职业道德建设适宜氛围。一方面规范执业律师与当事人、法官、同行之间的关系。另一方面建立有效的监督机制，加强外部监督，尤其是社会各界对律师执业行为的监督。第四，完善法律，构建律师职业道德建设制度保障。其一，明晰律师行业管理职责，合理调整司法行政机关和律师协会的管理权限。其二，重新界定律师权利，强化律师调查取证权，确保被调查对象能充分配合律师调查取证；建立证据展示制度，确保律师阅卷权能够得到有效保障，从而提高法律服务效率。第五，深化改革，理顺律师职业道德建设管理体制。其一，转变行政管理职能，扭转行政机关过分干预律师执业过程的局面，为律师依法独立执业奠定基础。其二，规范行业管理，拓展充实律师协会的管理职能，规范律师协会管理程序，建立有效的协商机制和信息交流机制，改进律师协会与行政管理机关及律师事务所的协调性，切实提高行业管理效率和管理水平。其三，强化自律性管理。行政管理机关和律师协会

———————————

① 参见黄嫣然《试论律师职业道德的认知和建设》，载《观察与思考》2012 年第 12 期。

要引导律师事务所不断完善各项内部管理制度，改变当前相对松散的管理模式，有效落实律师事务所领导层的管理与监督责任，重点抓好对本所执业律师的道德教育和执业行为监督。①

分析上述观点可以发现，论者们提出的律师职业道德建设方案，都是与我国目前律师职业道德部分缺失的原因相对应的，但内容并不相同。综合起来，律师职业道德的建设方案应当包括：第一，律师应当明确自己职业的性质和定位，以便在执业活动中把握前进的方向，防止被"糖衣炮弹"击溃；第二，加强律师职业道德的教育工作，使律师职业道德的内容不再挂在嘴上，而是深入每个律师心里；第三，完善与律师职业道德相关的法律、行政法规、部门规章和行业规范，完善律师职业道德规范体系；第四，整顿司法环境，为律师遵守职业道德创造良好的外部条件；第五，建立律师职业道德外部监督和披露机制，以社会监督为律师职业道德实施的监督手段，促使律师自律；第六，深化律师管理体制改革，加强律师行业的自治，发挥行业自治的作用，提升律师的社会地位，形成律师职业共同体，以增强律师的话语权，同时培养职业荣誉感和自觉性。

第二节　律师执业纪律

律师是专门为社会提供法律服务的专业群体，负担着维护当事人合法权益以及保证国家法律正确实施的职责。律师职责的双重性使得律师成为当事人最信赖的人，同时律师的法律意见对司法机关的执法活动也有很大影响。可见，律师执业活动的规范性直接关系到公众的权益保护以及司法的公平公正，需要严格的纪律规范来约束、规范律师执业，并对违反者进行惩戒。

律师执业纪律与律师职业道德是一个问题的两个方面，二者相辅相成，缺一不可。上文探讨了律师职业道德的相关内容，可以发现，加强律师职业道德建设，是律师执业人员的共同愿望和社会大众对律师职业的普遍要求。作为一种职业道德，律师职业道德形成于社会公共道德的基础上，具有社会公共道德"原则性"和"抽象性"的特点，虽然较社会公

---

① 参见刘金凌《浅议律师职业道德建设》，载《辽宁师专学报》2012年第4期。

共道德而言，律师职业道德具有更强的强制性和约束力，但终究还是主要依靠律师协会和社会大众的外在舆论监督。律师执业纪律系律师职业道德中的核心内容，并且通过司法机关和律师协会的"立法"活动，成为具有法律性质的成文规范。实际上，律师执业纪律属于律师职业道德，只是因为其规定更为明确具体，并且具有严格的惩戒措施作为后盾，使得这部分规范具有更强的强制性和约束力。

一　律师执业纪律的概念、特征与作用

（一）律师执业纪律的概念

纪律，一般是指机关、团体、企事业单位和行业制定的要求其工作人员或成员共同遵守的内部规则。那么律师执业纪律应当如何界定呢？

有论者认为，律师执业纪律，是指律师在执业过程中所应该遵守的行为规则。[1] 有论者认为，律师执业纪律，是指从事律师职业的人在执业活动中必须遵守的行为准则，是律师职业道德的具体化。[2] 有论者认为，律师执业纪律是指作为法律工作者，律师行业自律性组织——中华全国律师协会的会员在工作中所必须遵守的行业纪律。[3] 还有论者认为，律师执业纪律，是指律师在接受当事人委托或者人民法院指定以后为当事人提供法律服务活动的过程中，所必须遵守的行为准则。[4]

上述观点可以分为狭义说和广义说两种类型。狭义说又可分为行为范围狭义说和主体范围狭义说。前者认为，律师执业纪律仅指律师进行法律服务时应当遵守的行为规则，文义上似不包括律师进行其他职业活动时的行为规则；后者认为，律师执业纪律仅指律师协会会员在工作中必须遵守的行为准则，对于未取得律师执业证书的律师助理、实习律师等人员，似不适用律师执业纪律规范。广义说则认为，律师在执业活动中所应遵守的

---

① 参见陈卫东主编《中国律师学》，中国人民大学出版社 2008 年第 3 版，第 123 页。相同界定参见王俊民主编《律师与公证制度教程》，北京大学出版社 2009 年第 1 版，第 119 页。

② 参见关今华、林鸿主编《律师与公证》，厦门大学出版社 2012 年第 3 版，第 150 页。

③ 参见徐家力、王文书、赵金一编著《律师实务》，法律出版社 2011 年第 5 版，第 21 页。

④ 参见何悦主编《律师法学》，法律出版社 2011 年第 1 版，第 106 页。

行为规则都系律师执业纪律，在主体范围和行为范围上涵盖了各种相关的情况，值得赞同。

(二) 律师执业纪律的特征与作用

关于律师执业纪律的特征，我国学者研究不多，通说认为，律师执业纪律属于律师职业道德，因此，在特征上具有一致性。但是也有论者经过研究提出了自己的观点。

有论者认为，律师执业纪律虽然与律师职业道德联系密切，但又相互区别，具有其自有的特征：第一，在表现形式上，律师执业纪律相对具体和明确，具有极强的可操作性；第二，在强制力方面，律师执业纪律以律师协会的行业协会处分和司法行政机关的行政处罚为强制力保证实施，能够保证律师切实遵守；第三，在指引功能方面，律师执业纪律不同于律师职业道德那种宣言性和纲领性的要求，而是主要依照职业道德的要求为律师的执业行为划定"红线"，以禁止性的规定来规范律师的执业行为。①

有论者认为，律师执业纪律具有以下特征：第一，律师执业纪律不仅以律师最高行业自律组织——中华全国律师协会制定的行业规则形式出现，而且还以最高律师行政管理部门——国家司法部制定的行业规章形式出现；第二，律师执业纪律规定一般明确具体，具有很强的操作性，是律师执业时必须遵守的法定义务；第三，任何律师如有违反律师执业纪律的行为，不仅会受到律师协会实施的律师惩戒，还可能被追究行政、民事或刑事责任；第四，律师执业纪律约束的是与律师执业行为有关的活动，律师的其他活动不受其约束。②

上述两种观点敏锐地把握住了律师执业纪律相对于律师职业道德的特别之处：律师执业纪律规定得更为清晰明确，具有更强的操作性，更大的强制力。也正是由于这些特别之处的存在，使得律师执业纪律规范更加能够规范律师的行为，保护律师的权益，促进律师行业的发展，提高律师职业的社会地位。当然，除了这些特别之处，律师执业纪律作为律师职业道德的重要组成部分，具有律师职业道德的一般特点，也自然能够发挥律师职业道德的功能和作用，相关内容请参见本章第一节第一部分，此处不再

---

① 参见何悦主编《律师法学》，法律出版社 2011 年第 1 版，第 106 页。
② 参见王俊民主编《律师与公证制度教程》，北京大学出版社 2009 年第 1 版，第 119 页。

赘述。

二　律师执业纪律的基本内容

前文已经明晰了律师执业纪律与律师职业道德之间的包含关系，因而我国律师执业纪律的主要渊源与律师职业道德的主要渊源具有一致性，包括：《律师法》（第四章）、《律师职业道德和执业纪律规范》（第三至第六章）、《律师执业行为规范》（第二章和第四至第八章）、《律师办理刑事案件规范》、《关于反对律师行业不正当竞争行为的若干规定》和《关于规范法官和律师相互关系维护司法公正的若干规定》等。

综合上述法律、行政法规、行业规范的相关内容，我国学者总结出了律师执业纪律的基本内容。

有论者认为，律师执业纪律主要分为四个大方面：第一，律师在其工作机构的纪律。包括：①律师不得私自接受委托承办法律事务，不得私自向委托人收取费用、额外报酬或财物；②律师不得拒绝或怠于履行指派承担的法律援助义务；③律师不得违反律师事务所收费制度和财务纪律，挪用、私分、侵占业务收费；④律师不得同时在两个以上的律师事务所执业。第二，律师在诉讼与仲裁活动中的纪律。包括：①律师不得以影响案件和裁决为目的，在非办公场所与审判人员、检察人员、仲裁人员接触，更不能向上述人员馈赠钱物，实施非法交易活动；②律师在代理案件之前或在代理案件过程中，不得向当事人宣传自己与有管辖权的执法机关及有关的执法人员有亲朋关系，也不得利用这种关系；③律师不得伪造证据，不得威胁、利诱他人提供虚假证据；④律师应当遵守法庭、仲裁庭纪律，尊重法官和仲裁员，严格遵守相关的程序性规定；⑤律师不得违反规定会见犯罪嫌疑人、被告人，或者借职务之便违反规定为犯罪嫌疑人、被告人传递信件、钱物或与案情有关的信息。第三，律师与委托人、对方当事人关系的纪律。包括：①律师不得利用提供法律服务的便利牟取尚与当事人存在争议的权益；②律师不得在明知的情况下为委托人非法的、不道德的或具有欺诈性的要求或行为提供服务和帮助；③律师在接受当事人委托后无正当理由，不得拒绝辩护或代理；④律师不得超越委托权限，不得利用委托关系从事与委托代理的法律事务无关的活动；⑤律师不得在同一案件中为双方当事人担任代理人；⑥律师不得在与委托人依法解除委托关系后在同一案件中担任有利益冲突的他方当事人的代理人；⑦律师不得非法阻止和干预对方当事人及其代理人进行活动；⑧律师在未征得委托人同意的情况下，不得接受对方当事人办理其他法律事务的委托，但办理结束委托事项后的除外。第四，律师同行之间关系的纪律。包括：①律师不得损害其他律师的威信和名誉；②律师不得阻挠或者拒绝委托人再委托其他律师参与法律服务，共同提供法律服务的律师之间应明确分工，密切协作，意见不一致时应当及时通报委托人决定；③律师在执业过程中，不应当采取不正当的手段与同行之间进行竞争，如不得以贬低同行的专业能力和水平等方式，招揽业务；不得以提供或承诺提供回扣等方式承揽业务；不得利用新闻媒介或其他手段向其提供虚假信息或夸大自己的专业能力；不得在名片上印有各种学术、学历、非律师业职称、社会职务以及所获荣誉等；不得以明显低于同业的收费水平竞争某项法律事务。①

无独有偶，也有论者认为，律师执业纪律的内容可以分为四个方面，但是具体内容上略有不同：第一，律师在执业机构中的纪律：①律师不得以个人身份执业；②律师不得同时在两个或两个以上律师事务所执业；③律师不得以个人名义私自接受委托，不得私自收取费用。第二，律师在诉讼、仲裁活动中的纪律：①律师应当遵守法庭和仲裁庭的纪律，尊重法官、仲裁员，按时提交法律文件、按时出庭。律师出庭时应当按规定着装，举止文明礼貌，不得使用侮辱、谩骂或诽谤性语言。②律师不得向委托人宣传自己与有管辖权的执法人员及有关人员有亲朋关系，更不能利用这种关系招揽业务。律师不得以影响案件的审理和裁决为目的，与案件的审判人员、检察人员、仲裁员在非办公场所接触，不得向上述人员馈赠钱物，也不得以许诺、回报或提供其他便利等方式与承办案件的执法人员进行交易。③律师应依法取证，不得伪造证据，不得怂恿委托人伪造证据、提供虚假证词，不得暗示、诱导、威胁他人提供虚假证据。律师不得违规会见在押犯罪嫌疑人、被告人。第三，律师与委托人、对方当事人的纪律：①律师应当充分运用自己的专业知识和技能，尽心尽力地根据法律的规定完成委托事项，最大限度地维护委托人的合法利益；②律师应当在接受委托的范围内从事代理活动，如需特别授权，应当事先取得委托人的书面确认；③律师应当恪守独立履行职责的原则，不得因迎合委托人或满足

---

① 参见陈卫东主编《中国律师学》，中国人民大学出版社 2008 年第 3 版，第 124—129 页。

委托人的不当要求，丧失客观、公正的立场，不得协助委托人实施非法的或具有欺诈性的行为；④律师对委托事项有关的保密信息，在委托代理关系结束后仍承担保密义务；⑤律师应当谨慎保管委托人提供的证据和其他法律文件，保证不丢失或损毁。律师不得挪用或侵占代委托人保管的财务。第四，律师与同行之间的纪律：①律师应当尊重同行，互相学习，互相帮助，共同提高执业水平；②律师不得以《规范》第44条所列的方式进行不正当竞争。①

还有论者对律师执业纪律的内容作了更细致的总结和分类，虽然也分为四类，却与前两种观点并不完全相同。第一，规范律师与其他法律职业主体之间关系的执业纪律。包括：①律师不得为有利于自己承办的案件而与其他法律执业主体进行非正常接触；②律师不得向当事人宣传自己与执法人员及有关人员的特殊关系，亦不能以此招揽业务；③律师不得伪造证据，不得威胁、利诱他人提供虚假证据；④律师应遵守法庭、仲裁庭纪律，尊重法官和仲裁员；⑤律师必须遵守会见在押犯罪嫌疑人、被告人的规定。第二，规范律师与执业机构之间关系的执业纪律。包括：①律师不得同时在两个或两个以上的律师事务所执业；②律师不得拒绝或怠于履行指派承担的法律援助义务和其他公益性法律服务；③律师不得私自接受当事人的委托，不得私自向委托人收取报酬或者其他费用；④律师不得违反律师事务所收费制度和财务纪律，不得挪用、私分、侵占业务收费；⑤律师变更执业机构的，应当按规定办理转所手续，并遵守相应规定。第三，规范律师与同行之间关系的执业纪律。包括：①律师应当遵守行业竞争规范，自觉维护执业秩序，维护律师行业的荣誉和社会形象；②律师不得阻挠或者拒绝委托人再委托其他律师参与法律服务；③禁止律师进行不正当竞争。具体分为六点：其一，律师不得有《规范》第44条所列的不正当竞争行为。其二，律师在与行政机关或行业管理部门接触中，不得借助行政机关或行业管理部门的权力，以垄断的方式争揽业务，亦不能限制其他律师正当的业务竞争。其三，律师与司法机关及司法人员接触中，不得利用律师兼有的其他身份影响所承办业务正常处理和审理，不得在司法机关内及附近200米范围内设立律师广告牌和其他宣传媒介，不得向司法机关

---

① 参见何悦主编《律师法学》，法律出版社2011年第1版，第106—110页。

和司法人员散发附带律师广告内容的物品。其四，律师不得限制委托人接受经过法定机构认可的其他律师事务所提供的法律服务，也不能强制委托人接受某特定律师的法律服务，更不能对抵制上述行为的当事人采取报复措施。其五，律师相互之间不得串通抬高或者压低收费，违规泄露收费报价等法律服务条件，非法窃取其他律师事务所的相关服务条件和报价，损害社会公共利益。其六，律师不得非法使用社会特有名称或知名度较高的名称以及代表其名称的标志、图形文字、代号，以误导委托人。第四，规范律师与当事人之间关系的执业纪律。具体分为合法接受委托的纪律以及合法履行委托职责的纪律两类。前者包括：①律师不应接受自己不能办理的法律事务；②律师不得在同一案件中为双方当事人担任代理人；③律师不得为牟取代理或辩护业务而作虚假承诺；④律师在未征得委托人同意的情况下，不得接受对方当事人办理其他法律事务的委托，但办结委托事项后除外；⑤律师不得在与委托人依法解除委托关系后，在同一案件中担任有利益冲突的他方当事人的代理人。后者包括：①律师应当充分运用专业知识和技能，尽职尽责地依法完成委托事项，最大限度地维护当事人的合法权益；②律师不得利用提供法律服务的便利牟取当事人争议的权益；不得从对方当事人处接受利益或向其要求或约定利益，更不得与对方当事人或者第三人恶意串通，侵害委托人的权益；③律师应当为当事人保守秘密；④律师不得在明知的情况下为当事人非法的、不道德的或具有欺诈性的要求或行为提供服务和帮助；⑤律师接受当事人委托后，不得擅自转委托他人代理；无正当理由，不得拒绝辩护或代理；⑥律师不得超越委托权限，不得利用委托关系从事与委托代理的法律事务无关的活动；⑦律师不得非法阻止和干预对方当事人及其委托人进行的活动；⑧律师应当合理开支办案费用，减少当事人的经济负担。①

上述三种观点基本上涵盖了理论界的对律师执业纪律内容的各种阐释，个别论者仅在分类名称上进行变动，并未变更实质内容。② 比较这三

---

① 参见王俊民主编《律师与公证制度教程》，北京大学出版社 2009 年第 1 版，第 120—127 页。

② 参见关今华、林鸿主编《律师与公证》，厦门大学出版社 2012 年第 3 版，第 150—155 页。还可参见徐家力、王文书、赵金一编著《律师实务》，法律出版社 2011 年第 5 版，第 21—28 页。

种观点，可以发现，前两种观点基本上都是在《律师职业道德和执业纪律规范》第三到第六章规定内容的基础上进行分析、分类和展开，第三种观点则囊括了《律师执业行为规范》第二章和第四至第八章的规范，内容上更加全面。不过，由于《律师执业行为规范》在条文体例安排上并未采取律师职业道德和律师执业纪律的两分法，故在该规范的各章规定中穿插着不少抽象的职业道德规范，观点三不免存在这样的问题，如"律师不应接受自己不能办理的法律事务"便是一条仅具宣示性作用的规定，并不完全符合律师执业纪律的特征。因此，在探讨律师执业纪律的基本内容这一问题时，应当综合上述三种观点，以它们重合之处为重点，其他内容为补充，并要谨慎地排除那些不符合律师执业纪律特征的内容。

三　违反律师执业纪律的责任

律师执业纪律系具有法律性质的规范，从其基本内容来看，这些规范中的很多内容直接指向我国相关的法律法规，如《律师法》《刑法》《民法通则》《合同法》《侵权责任法》等。这就意味着，如果律师在执业活动中违反律师执业纪律，则可能同时违反了我国法律、法规的规定，而必须承担法律责任。

关于律师违反执业纪律的责任，我国学者有三种观点。有论者认为，违反律师执业纪律的责任可分为：纪律处分、行政责任、民事责任、刑事责任。[1] 有论者认为，违反律师执业纪律的责任由律师的行政责任、民事责任和刑事责任构成。[2] 还有论者认为，律师执业的法律责任，依照承担主体的不同，可以分为律师的法律责任和律师事务所的法律责任；依照法律责任的性质不同，可以分为律师执业民事责任、律师执业行政责任和律师执业刑事责任三种。[3]

采行政、民事、刑事责任三分法的论者似乎认为，律师协会的纪律处分应当归属于律师的行政责任，这种认识是不准确的。观点一的四分法较

---

[1]　参见王进喜主编《律师与公证制度》，中国人民大学出版社 2009 年第 1 版，第 120 页。

[2]　参见陈卫东主编《中国律师学》，中国人民大学出版社 2008 年第 3 版，第 135 页。相同内容参见王俊民主编《律师与公证制度教程》，北京大学出版社 2009 年第 1 版，第 128 页。

[3]　参见何悦主编《律师法学》，法律出版社 2011 年第 1 版，第 110 页。

为全面。

(一) 律师的纪律处分

律师的纪律处分，是律师协会对律师和律师事务所违反律师执业规范行为作出的行业处分。律师协会对会员的纪律处分，是两结合管理体制中律师协会管理职能的重要组成部分，对维护律师执业秩序，保障律师依法执业的权利，具有重要的作用。① 中华全国律师协会设立纪律委员会，负责律师行业处分相关规则的制定及对各级律师协会处分工作的指导与监督。各省、自治区、直辖市律师协会及设区的市律师协会设立惩戒委员会，负责对违规会员进行处分。

根据《律师协会会员违规行为处分规则（试行）》第 9 条的规定，对律师的纪律处分方式有四种：第一，训诫。适用于违反律师执业纪律，情节显著轻微，且没有造成严重后果的情况。第二，通报批评。适用于违反律师执业纪律，情节轻微的情况。第三，公开谴责。适用于违反律师执业纪律，情节严重，给委托人或律师事务所造成一定损失的情况。第四，取消会员资格。适用于违反律师执业纪律，情节特别严重，给委托人或律师事务所造成重大损失的情况。这四种处罚方式也适用于律师事务所违反律师执业纪律的情形。

会员有下列情形之一的，可以从轻、减轻或免予处分：①初次违规并且情节显著轻微或轻微的；②承认违规并作出诚恳书面反省的；③自觉改正不规范执业行为的；④及时采取有效措施，防止不良后果发生或减轻不良后果的。会员有下列情形之一的，应当从重处分：①违规行为造成严重后果的；②逃避、抵制和阻挠调查的；③对投诉人、证人和有关人员打击报复的；④曾因违规行为受过行业处分或受过司法行政机关行政处罚的。

《律师协会会员违规行为处分规则（试行）》第 11—15 条详细规定了纪律处分的适用范围和条件，其内容与律师执业纪律的内容基本一致，此处不再赘述。

关于纪律处分的救济途径，《律师协会会员违规行为处分规则（试行）》第七章进行了规定，各省、自治区、直辖市律师协会应设立会员处分复查机构，负责受理复查申请和作出复查决定。会员对惩戒委员会作出

---

① 参见王进喜主编《律师与公证制度》，中国人民大学出版社 2009 年第 1 版，第 124 页。

的决定不服的，可在接到决定书的 30 个工作日内，向律师协会复查机构申请复查。

不过，我国多数论者认为，律师纪律处分的救济途径非常不完善，按照条文的意思，复查机构作出的复查决定即为最终决定。这就意味着，即使被惩戒律师认为复查决定不可信服，他也没有其他的救济途径。这是因为，律师协会行使纪律处分权与司法行政机关行使行政处罚权是两个独立的体系，两者之间没有制度衔接，处于断裂状态，纪律处分无法通过行政处罚得到救济。并且，在司法实践中，法院认为律师协会的纪律处分属于律师协会的内部管理权，不应当接受法院的司法监督，因此放弃了对纪律处分权的司法监督。①

（二）律师的行政责任

律师的行政责任，是指律师（或律师事务所）违反有关法律、行政法规、部门规章的规定应当承担的不利的行政法律后果，具体表现为司法行政机关所作出的行政处罚。②

根据《律师法》第47—52条的规定，司法行政机关有权对律师作出的行政处罚，包括警告、罚款、停止执业、没收违法所得和吊销律师执业证书五种；对律师事务所的行政处罚，包括警告、罚款、停业整顿、没收违法所得和吊销律师事务所执业证书五种。

有论者将律师（或律师事务所）行政责任的种类分为三类：第一，财产罚，指特定的行政机关或者法定的其他组织强迫违法者缴纳一定数额的金钱或者一定数量的物品，或者限制、剥夺其某种财产权的处罚。包括罚款和没收违法所得两种具体形式。第二，行为罚，是限制或者剥夺行政违法者某些特定行为能力和资格的处罚。停止执业、停业整顿、吊销律师执业证书和吊销律师事务所执业证书都属于该类别。第三，精神罚，是行政机关向违法者发出警诫，申明其有违法行为，通过对其名誉、荣誉、信誉等施加影响，引起其精神上的警惕，使其不再违法的一种行政处罚。警

---

① 参见李若莹《对律师惩戒制度的思考——以行政处罚和纪律处分为视角》，载《山西省政法管理干部学院学报》2011 年第 3 期。相似观点参见陈静《浅析我国律师协会惩戒权及其制度完善》，载《公民与法》2012 年第 12 期。

② 参见周章金《论律师执业的行政法律责任》，载《福建师范大学学报》（哲学社会科学版）2010 年第 2 期。

告就是其表现形式之一。①

在这几种处罚措施中，警告是最轻微的行政处罚。罚款是一种附加适用的行政处罚，对律师分为"五千元以下""一万元以下"和"五万元以下"三个档次，对律师事务所分为二万元以下和十万元以下两个档次。没收违法所得是司法行政机关将律师或者律师事务所的违法收入予以收缴并上缴国库的行政处罚措施，属于较重的处罚。停止执业、停业整顿是司法行政机关责令律师或者律师事务所在法定期间内不得以律师身份执业或者提供法律服务的行政处罚措施，前者包括"三个月以下""三个月以上六个月以下"和"六个月以上一年以下"三个档次，后者只有"一个月以上六个月以下"一个档次。这几种处罚均由设区的市级或者直辖市的区人民政府司法行政部门作出。吊销律师执业证书、吊销律师事务所执业证书是司法行政机关取消存在违法行为的律师或者律师事务所职业资格的行政处罚措施，最为严厉。因此，其处罚的决定只能由省、自治区、直辖市人民政府司法行政部门作出。在司法实践中，司法行政机关会根据律师或者律师事务所违法行为的情节严重性，施以不同级别的处罚措施。

《律师法》第47—51条明确规定了每种行政处罚措施的适用情形和条件，多数内容与律师执业纪律的内容重复，此处不再赘述。

《律师法》并没有就律师或律师事务所承担行政责任的救济程序作出规定，对此，我国学者普遍认为，对处罚决定不服的律师或律师事务所可以依照我国《行政处罚法》《行政复议法》和《行政诉讼法》的相关规定，通过提起行政复议或提起行政诉讼的形式谋求法律的保护。②

（三）律师的民事责任

按照我国通行的民法理论，律师的民事责任属于专家责任的一种，有论者称其为"律师专家责任"，指专家在执业中因其过错，违反约定或法定义务，致其服务对象或相关第三人损害而由专家个人或其所属执业机构依法承担的民事法律责任。③ 关于律师民事责任概念的界定，有论者认

---

① 参见周章金《论律师执业的行政法律责任》，载《福建师范大学学报》（哲学社会科学版）2010年第2期。

② 参见何悦主编《律师法学》，法律出版社2011年1月第1版，第116页。

③ 参见唐先锋、赵春兰、工洪宇《我国专家民事责任制度研究》，法律出版社2005年第1版，第199页。

为，律师民事责任是律师或律师事务所在执业过程中，因违反民事义务导致他人遭受损害而应该承担的民事责任。① 有论者认为，律师的民事责任是指律师或律师事务所在执业活动中，因为违法执业或者过错给当事人造成损失，所应当承担的民事责任。② 比较来看，后者的定义更加符合专家责任的要素，可兹采纳。

关于律师民事责任的性质，学界存在不同的观点。

有论者认为，律师执业过程中承担的民事责任，性质属于违约责任。因为该民事责任系基于律师违反委托代理合同应当承担的赔偿责任。③ 有论者认为，律师的民事责任符合侵权责任的特征，尤其是在"过错"要件上非常符合，因此应为侵权责任。④ 有论者认为，律师民事责任既具有违约责任和侵权责任的性质，同时也出现很多叠合和交叉的复杂现象。不论单纯适用违约责任或者侵权责任，还是将二者结合起来，都不能全面准确地包容律师民事责任的性质。因此，应该将律师民事责任定义为一种特殊民事责任。⑤ 还有论者总结上述观点认为，将律师的民事法律责任简单地归于侵权责任或者违约责任均不合适。律师执业民事责任具有双重的属性，当事人可以依照相关的民事法律选择相应的权利主张。⑥

采上述四种观点的论者在对律师民事责任性质作出界定的同时，也都分别提出了该责任的构成要件。不过从民法理论上来看，笼统地将律师承担的民事责任归结于违约责任或者侵权责任是武断的。律师的民事责任既有可能因为律师违反委托合同的规定而产生，也有可能系律师故意或者过失侵害他人权益而产生。不同的法律关系适用的法律规范是不同的，其构成要件也是不同的。因而在司法实践中并不能对律师的民事责任采取

---

① 参见张光磊《论律师民事责任》，中国政法大学硕士学位论文，2008 年 10 月。

② 参见王进喜主编《律师与公证制度》，中国人民大学出版社 2009 年第 1 版，第 120—121 页。

③ 参见章武生《中国律师制度研究》，中国法制出版社 1999 年第 1 版，第 226 页。

④ 参见麻昌华《侵权行为法地位研究》，中国政法大学出版社 2004 年第 1 版，第 313—314 页。

⑤ 参见李桂英《律师执业赔偿制度的几个问题》，载《中国法学》2000 年第 2 期。

⑥ 参见何悦主编《律师法学》，法律出版社 2011 年第 1 版，第 111 页。

"一刀切"的处理方式，而应当具体问题具体分析，对于违约责任适用《合同法》的相关规定，对于侵权责任适用《侵权责任法》的相关规定，如果当事人的请求权发生竞合，则应当选择更有利于权利实现的请求权进行主张。

此外，《律师法》第 54 条的规定，律师违法执业或者因过错给当事人造成损失的，由其所在的律师事务所承担赔偿责任。律师事务所赔偿后，可以向有故意或者重大过失行为的律师追偿。由该规定的内容可知，律师民事责任的赔偿范围限于"违法执业或者因过错给当事人造成损失的"情况。民事责任的承担主体系律师事务所。律师仅在主观上存在故意或者重大过失的情形下，才会经由追偿程序间接承担民事责任。这种制度设计，更有利于当事人合法权益的保护。

(四) 律师的刑事责任

对于律师刑事责任的概念，我国学者有不同的界定。有论者认为，律师的刑事责任是指律师在执业过程中实施触犯刑律的行为，依照刑法规定对其进行的刑事处罚。[①] 有论者认为，律师的刑事责任是指律师在执业的过程中，因违反《刑法》的规定而承担的刑事法律上的不利后果。[②] 还有论者认为，律师刑事法律责任是指律师或者律师事务所在执业过程中，违反刑事法律规范的规定构成犯罪所应承担的法律后果。[③] 总结而言，上述各个观点的内容基本一致，可归纳为：律师的刑事责任，是指律师或律师事务所在执业的过程中，实施触犯《刑法》的行为而承担的刑事处罚。

对于律师和律师事务所在执业活动中可能实施的犯罪行为，学界有不同的观点。有论者认为，律师、律师事务所因违法行为所承担的刑事责任涉及以下几种罪名：泄露国家秘密罪；辩护人、诉讼代理人毁灭证据、伪造证据、妨害作证罪；行贿罪；单位行贿罪；介绍贿赂罪。[④] 有论者认为，律师或律师事务所在执业过程中可能触犯的罪名有：泄露国家秘密

---

① 参见陈卫东主编《中国律师学》，中国人民大学出版社 2008 年第 3 版，第 149 页。

② 参见何悦主编《律师法学》，法律出版社 2011 年第 1 版，第 116 页。

③ 参见王俊民主编《律师与公证制度教程》，北京大学出版社 2009 年第 1 版，第 135 页。

④ 同上书，第 135—136 页。

罪、行贿罪、侵犯商业秘密罪、伪证罪、单位行贿罪、介绍贿赂罪等。①
还有论者认为，律师或律师事务所在执业活动中可能构成的犯罪主要有以
下几种：泄露国家秘密罪；行贿罪；单位行贿罪；介绍贿赂罪；毁灭、伪
造证据罪；故意或过失提供虚假证明文件罪；偷税罪；诈骗罪；合同诈骗
罪；包庇罪等。②

2012 年《律师法》第 49 条规定，律师有下列行为之一构成犯罪的，
依法追究刑事责任：违反规定会见法官、检察官、仲裁员以及其他有关工
作人员，或者以其他不正当方式影响依法办理案件的；向法官、检察官、
仲裁员以及其他有关工作人员行贿，介绍贿赂或者指使、诱导当事人行贿
的；向司法行政部门提供虚假材料或者有其他弄虚作假行为的；故意提供
虚假证据或者威胁、利诱他人提供虚假证据，妨碍对方当事人合法取得证
据的；接受对方当事人财物或者其他利益，与对方当事人或者第三人恶意
串通，侵害委托人权益的；扰乱法庭、仲裁庭秩序，干扰诉讼、仲裁活动
正常进行的；煽动、教唆当事人采取扰乱公共秩序、危害公共安全等非法
手段解决争议的；发表危害国家安全、恶意诽谤他人、严重扰乱法庭秩序
的言论的；泄露国家秘密的。

从该条的规定可以得出，律师或律师事务所的刑事责任涉及以下罪
名：行贿罪（《刑法》第 389、390 条）；单位行贿罪（《刑法》第 393
条）；介绍贿赂罪（《刑法》第 392 条）；辩护人、诉讼代理人毁灭证据、
伪造证据、妨害作证罪（《刑法》第 306 条）；妨害作证罪（《刑法》第
307 条第 1 款）；帮助毁灭、伪造证据罪（《刑法》第 307 条第 2 款）；扰
乱法庭秩序罪（《刑法》第 309 条）；煽动暴力抗拒法律实施罪（《刑法》
第 278 条）；泄露国家秘密罪（《刑法》第 398 条）；提供虚假证明文件罪
（《刑法》第 229 条第 1、2 款）。此外，律师在执业活动中还可能构成窝
藏、包庇罪（《刑法》第 380 条）、侵占罪（《刑法》第 338 条）等，③ 律
师或律师事务所的执业行为如果符合了上述罪名的构成要件，则应当按照

---

① 参见陈卫东主编《中国律师学》，中国人民大学出版社 2008 年第 3 版，第
149—150 页。

② 参见关今华、林鸿主编《律师与公证》，厦门大学出版社 2012 年第 3 版，第
159 页。

③ 关于具体罪名的构成要件和刑罚，请参阅《刑法》的相关条文规定，由于内
容过于繁杂且这部分内容并非本书重点，故予以省略。

条文的规定承担相应的刑事法律责任。但是需要提醒的是，律师刑事责任构成的前提是律师实施的犯罪行为必须是在律师执业过程中，与执业活动相关，如果是律师以普通公民身份所为的犯罪行为，则不涉及律师刑事责任问题。

此外，有论者通过比较世界其他国家的立法例，提出了律师刑事责任豁免的论题，提出我国应当为律师提供刑事责任豁免，至少包括三个方面：第一，提供失实证据的刑事责任豁免；第二，不提供当事人犯罪证据的刑事责任豁免；第三，诉讼言论的刑事责任豁免。并给出了豁免的条件，认为在律师业务正当行为中，尽管产生社会危害性，但在一定条件下不承担法律责任。[①] 也有论者提出，从《律师法》第37条第1、2款"律师在执业活动中的人身权利不受侵犯""律师在法庭上发表的代理、辩护意见不受法律追究。但是，发表危害国家安全、恶意诽谤他人、严重扰乱法庭秩序的言论除外"的规定中，似乎可以解释出我国律师享有了部分的刑事责任豁免权，但实际上，如果仔细分析和体会《律师法》第49条的规定，就可以发现，律师在执业活动中一时不小心，便有被送入监狱的危险，刑事责任豁免的问题更是天方夜谭了。[②]

小　结

乔治·沙司伍德在1854年发表的名著《律师道德论》中曾经写道："在障碍四伏的黑夜里，能照亮前程的火把就是律师道德，这是唯一可以信赖的安全路标。它就像护卫乐园的天使手里的标枪。"这段话用感性语言描述律师职业道德的重要意义，实值赞同。

律师是现代社会中的一种特殊职业，其执业活动遍布国家政治、经济、社会、文化等诸多领域。律师作用的有效发挥直接关系到一国文明的发展水平和法治的发达程度。而律师职业道德与律师执业纪律是约束律师执业活动的金科玉律，自然也是一国法治发展的基石之一。

---

① 参见杭正亚《试论律师业务正当行为及刑事责任豁免》，载《中国司法》2005年第5期。

② 参见关今华、林鸿主编《律师与公证》，厦门大学出版社2012年第3版，第160页。

　　本部分内容通过对国内近年的学术成果进行检索、分析和总结，明确了律师职业道德与律师执业纪律的概念、特征、内容与作用，发现了我国目前律师职业道德的缺失问题，并提出了建设完善的律师职业道德和律师执业纪律规范体系的方案。总结而言，律师职业道德与律师执业纪律对于律师行业的发展、社会公共利益乃至社会主义和谐社会的建设有着深远的意义。我国的律师职业道德和执业纪律规范体系虽然还存在一些不足之处，但是已经初步形成体系，并将进一步完善。

第 九 章

律师发展研究

伴随"实行社会主义市场经济""实行依法治国，建设社会主义法治国家""推动物质文明、政治文明和精神文明协调发展"等依次写入宪法，我国社会生活的方方面面发生了翻天覆地的变化。市场经济就是法治经济。市场经济从稚嫩不断走向成熟，内在地呼唤着符合市场经济发展规律的法律规则的相继问世。在市场经济发展过程中，不可避免发生的各种经济纠纷，给法律规则的掌握者和法律服务的提供者——律师提出了一个又一个崭新的课题。在建设社会主义法治国家的过程中，公民迅速提高甚至略显膨胀的权利保护意识，给律师的发展提供了一个千载难逢的机遇，同时也提出许多意想不到的挑战。尤其是党的十八大以来，我国已行驶在发扬人民民主、维护社会公平正义、推进依法治国、制约和监督权力运行等的快车道上。此情此势，中国的律师及关注律师发展的专家、学者对律师的未来发展、律师法再修改的基本方向、律师法学的发展趋势等方面进行了不懈的探索，呈现出异彩纷呈的观点。

第一节　中国律师的未来发展

中国律师未来朝什么方向发展？对此问题，中共中央出台了相关文件，对律师的未来发展加以指导。作为全国律师自己的协会，中华全国律师协会对律师的未来发展做出了近期的规划。同时，理论界和实务界更是对此问题进行了深层次的思考。

一 规范性文件中有关律师未来发展的主要内容

（一）中共中央相关文件有关律师未来发展的主要内容

2010 年 9 月 17 日，中央办公厅、国务院办公厅转发了《司法部关于进一步加强和改进律师工作的意见》（中办发〔2010〕30 号）①（以下简称《意见》）。《意见》对加强律师队伍教育管理主要提出了五个方面的措施，同时从四个方面对进一步健全完善律师工作体制机制作出了具体规定，并强调从五个方面加大律师行业发展的政策扶持和保障力度，更加从三个方面强调要大力加强律师行业党的建设。

1. 我国律师现状的总体评价

《意见》指出，党中央、国务院高度重视律师工作和律师队伍建设。近年来，在中央的正确领导下，我国律师工作坚持以邓小平理论和"三个代表"重要思想为指导，深入贯彻落实科学发展观，围绕中心、服务大局，取得了显著成绩。律师制度日益完善，律师队伍日益壮大，律师工作职能作用日益凸显。广大律师秉持良好职业道德，依法开展法律服务，为服务经济社会发展、保障人民群众合法权益、维护社会公平正义、化解社会矛盾纠纷、促进社会和谐稳定做出了积极贡献。实践证明，我国律师队伍的主流是好的，是落实依法治国基本方略、建设社会主义法治国家的重要力量，是一支党和人民可以信赖的队伍。

2. 我国律师目前面临的问题

《意见》指出，当前，我国律师事业进入改革发展的新阶段。随着经济社会加快发展和社会主义民主法制建设不断推进，整个社会和广大人民群众对法律上服务的需求日益增长；全面落实依法治国基本方略，加快建设社会主义法治国家，对律师的政治思想素质、职业道德水平和业务能力提出了更高要求。同时，我国律师工作还存在一些问题，主要表现为：有的律师理想信念动摇，对中国特色社会主义缺乏深刻认识；有的律师职业道德水平不高，诚信观念不强，个别律师在诉讼活动中贿赂司法人员，妨碍司法公正；律师管理制度不完善，司法行政机关特别是市（地、州、盟）和县（市、区、旗）律师管理力量严重不足；律师行业发展的保障机制和

① 纵横法律网 http：//law. m148. com/468167，最后访问时间：2013 年 3 月 23 日。

律师执业环境有待进一步完善，等等。这些问题严重制约了我国律师事业的发展和律师工作职能作用的发挥，必须采取有效措施切实加以解决。

3. 我国律师发展的主要措施

《意见》指出，我国律师制度是中国特色社会主义司法制度的重要组成部分，律师是中国特色社会主义法律工作者。进一步加强和改进律师工作，必须高举中国特色社会主义伟大旗帜，以邓小平理论和"三个代表"重要思想为指导，深入贯彻落实科学发展观，全面贯彻实施律师法，贯彻落实中央关于深化司法体制和工作机制改革的部署，坚持和完善中国特色社会主义律师制度，大力加强律师队伍建设和律师行业党的建设，努力建设一支政治坚定、法律精通、维护正义、恪守诚信的律师队伍。第一，始终坚持律师工作的社会主义方向。要始终坚持高举中国特色社会主义伟大旗帜，始终坚持以科学发展观统领律师工作，始终坚持律师是中国特色社会主义法律工作者的本质属性，始终坚持党对律师工作的领导。第二，坚持不懈地加强律师队伍教育管理。要加强律师思想政治建设，加强律师职业道德建设，加强律师业务素质建设，加强对律师执业活动的指导监督，加强律师事务所建设和管理。第三，进一步健全完善律师工作体制机制。要健全律师执业准入机制，健全律师执业状况评价机制，完善律师执业奖惩机制，完善律师管理体制。第四，加大律师行业发展的政策扶持和保障力度。要加强律师执业权益保障，完善律师工作经费保障政策，完善律师行业财税、劳动用工和社会保障政策，建立健全律师人才培养选用机制，加强律师管理工作力量和经费保障。第五，大力加强律师行业党的建设。要加强和改进党对律师工作的领导，进一步加强律师行业党的建设，进一步健全律师党员的培养使用制度。

（二）中华全国律师协会相关文件有关律师未来发展的主要内容

为了认真贯彻落实中央领导同志对律师工作一系列重要指示精神，贯彻落实中办发〔2010〕30 号文件精神，中华全国律师协会制定了《第八届中华全国律师协会工作规划（2012—2015 年）》① （以下简称《工作规划》）。

---

① 中国律师网 http://www.acla.org.cn/industry/726.jhtml，最后访问时间：2013 年 3 月 6 日。

1. 我国律师现状的总体评价

《工作规划》指出，近年来，我国的律师事业取得显著成绩。律师队伍不断壮大，律师事业全面发展，律师行业的影响力进一步提升，律师工作在国家政治、经济和社会各个领域的积极作用日益彰显，我国律师的国际地位和影响力日益提高；广大律师的执业理念进一步明确，做中国特色社会主义法律工作者形成共识，律师队伍已经成为党和人民值得信赖的重要力量；行业管理水平进一步提高，律师执业规范体系、继续教育体系、实习管理工作体系、维权工作体系，律师事务所和律师评价制度体系等律师行业管理体系日益完善；律师行业党建工作全面加强，实现党的组织和党的工作对律师行业的全覆盖，党建工作成效日益凸显。

2. 我国律师目前面临的问题

在肯定律师工作的同时，《工作规划》也指出了许多存在的问题。例如：目前律师行业管理工作与我国经济社会发展和民主法制建设的推进相比还存在一些不适应的地方，律师队伍的思想政治素质和业务素质需要进一步提高；律师职业道德水平和诚信观念需要进一步增强；市场经济一些领域和涉外法律业务律师人才、基层和欠发达地区律师人才短缺，业务能力亟待提高；律师执业环境有待进一步改善；律师协会自身建设与律师事业发展的要求不相适应，等等。

3. 我国律师发展的主要措施

《工作规划》提出，要大力拓展律师服务领域。围绕加强和改善宏观调控，转变经济发展方式，深化改革开放，巩固诉讼、调解、政府及企事业单位法律顾问、金融、证券、公司、房地产等传统律师业务，积极向知识产权、医疗、教育、海外并购重组、反倾销、反垄断、金融衍生品等领域拓展业务，推动律师业务转型升级。细化律师服务经济社会发展业务类型，制定《律师业务指导目录》，指导律师开拓服务领域。认真研究律师服务经济、社会、文化各个领域的发展状况和法律服务需求，分层级、分领域、分门别类制定和完善业务规范和业务指引，对律师开展业务活动进行有针对性的指导。协调有关部门，逐步推进保险、税法、金融衍生产品等律师业务的法定化，探索推进律师业务标准化、规范化。积极搭建律师服务经济社会发展的平台。积极服务扩大对外开放，着力增强我国律师的国际竞争力。服务我国企业"走出去"战略的实施，切实加强和拓展涉外法律服务领域，提升涉外服务水平。会同有关部门研究制定相关政策，从财税、金融、外汇、出入境签证等方面扶持中国律师"走出去"。加强对律师服务"走出去"业务领域的研究和指导，鼓励和支持律师事务所在国外设立分支机构。积极推进律师参与社会管理创新。竭力服务保障和改善民生。创新公益法律服务活动形式。大力提升服务政府法制建设水平。拓展、深化政府法律顾问工作，引导律师参与政府立法与重大决策，服务政府依法行政。推进公职律师试点工作。拓展深化律师参政议政工作。制定指导律师参政议政工作意见，引导律师更好地参政议政。配合有关部门，研究推动从优秀律师中选任法官、检察官工作的常态化、机制化。促进西部律师和县域律师业发展。进一步加强律师文化建设。进一步加强律师事务所建设。建立完善中国特色律师诚信体系。大力加强以"严格依法、恪守诚信、勤勉尽责、维护正义"为核心内容的律师职业道德建设。积极推进律师对外交流工作。学习借鉴国外律师行业管理和服务的经验。加大参与国际律师组织活动的力度，鼓励和组织优秀涉外律师积极参加国际律师组织，积极参与国际律师组织各项活动，发挥更大作用，展示我国律师行业发展成就，提高全国律协及我国律师的国际影响力。逐步推动我国律师走上国际舞台。

二　理论界和实务界对中国律师未来发展的思考

中国律师的未来发展涉及诸多方面，许多专家、学者、律师等从多个视角，对此问题进行了深入的思考，可谓仁者见仁、智者见智，现将其中的一些主要观点进行述评。

（一）中国的律师要走向政治之路

有论者认为，新的世纪，中国律师被赋予了一个新的历史使命，就是要走向政治。律师不仅仅是一个谋取职业的机会，也不仅仅是为当事人服务，它更具有更深层次的东西，那就是律师应当关系到国家的命运和兴衰。律师业本身既包含着一个服务之道，也包含着一个治国之道。法律不仅是作为服务的工具，同时又是治国的工具。不要把政治家当一个贬义词，一个好的政治家，所起的作用比任何一个好的职业都要好，对国家、对社会、对人类、对自己、对民族的贡献都要大得多。美国宪法制定的过程中，法学家所起的作用远远比我们今天所设想的还要多得多。西方很多国家的总统都是学法律的。因此，该论者号召律师们应该有这么一个雄心壮志，21世纪应该有法律家来更多地参与政治，更多地参与领导的决策层，甚至就是成为国家的领导人。

该论者分析了律师成为政治家或者政治家式的人物所具有的条件。第一，律师所掌握的知识是法律，而法律现在是治国之道，已经起码从宪法上上升为治国之道了。第二，律师本身是服务之道，而这个服务又更多是保护人的权利。所以应该说律师心中最懂得人的权利的重要性。第三，律师本身是一个中介机构，他介于各个当事人之间。这个当事人可以是自然人、法人，也可以是政府机构之间的当事人，或者政府机构和自然人、法人之间的中介机构，甚至可以是法院和当事人之间的中介机构。在这个意义上说，律师所接触的社会面最广，最清楚其中的腐败现象，运作领域里面的黑暗现象。第四，律师本身是一个民主的机制不可或缺的一部分，所能接触的是社会更全面、更完整的一个景象，并且具有洞察力和分析力，真正知晓社会经济、政治、生活里面的冷暖、是非。

该论者还进一步指出了律师如何走向政治之路。第一，律师要想走向政治之路，特别注意要研究政治和社会的问题，要敢于思考和研究目前在工作中出现的一些令人深思的现象，发表一些意见。第二，律师要走向政治之路，必须要服务社会，做政治家要得到社会的认可，必须要服务社会，服务社区，更多地参与社会关注的问题，提高社会知名度，参加立法活动。第三，律师要走向政治之路，必须能够参与监督。律师不要只作为一般的司法活动的参与者，而且是要作为一个真正的监督者。该论者特别指出，不一定要求每一个律师当政治家，但是要求律师成为政治家式的律师。关心政治，关心社会，关心经济，关心人民群众。①

有论者持有与上述内容相似的观点。该论者认为，在当今世界，凡是法治发达国家，律师们的用武之地都不仅仅限于司法领域；他们在更广泛的社会事务管理方面发挥着重大的作用。美国历任总统中曾担任过律师职务者占一半以上。美国是一个典型但并非一个特例，英国、德国、俄罗斯、加拿大、阿根廷等国家也近乎如此。该论者指出，分析律师的政治参与或社会角色，或许应当从观察法律教育入手。法律教育培养了律师以及法官和检察官思考问题、解决问题的独特方式。律师的工作方式是政府的决策过程与方式的翻版。律师参与政治生活的最后但也许是最根本的理由

① 江平：《新世纪中国律师的使命》，载《中国律师》2001年第1期。

是法治或依法治国本身。通过修宪，依法治国已经成为我国的基本治国方略。但是，法并不仅仅包括立法机关制定的法律条文，它还包括一整套丰富的法律专业知识、法律家分析解决问题的方法以及法治的意识。由法官、检察官以及律师所构成的法律家群体，正是这种知识、方法和意识的载体。在这个意义上说，律师对国家政治生活的参与程度，乃是一国法治实现程度的标尺。①

有论者认为，律师参与政治具有深刻社会基础和优越的条件。中国律师参与政治的制度应从以下几个方面进行设定：第一，吸收优秀律师进入人大、政协，使律师成为法律和政策制定的直接参与者；第二，高度重视律师这一政治力量和后备资源，不断吸收德才兼备的律师进入各级党政领导机构，使其成为法律和政策的执行者；第三，逐步建立法律职业共同体，使律师成为司法者；第四，培养律师的社会责任感和政治热情，使广大律师成为政治家型的律师；第五，要创造一个中国律师走向政治、参与政治的社会大环境。②

（二）中国律师要进一步向专业化发展

有论者预测，中国律师业要向专业化发展。该论者认为，一般来讲，专业化主要是指个人的专业化和部门的专业化及领域的专业化。这些都是业务的专业化，除此以外，还有管理的专业化。所有的律师事务所，都要面临一个分配问题。业务越做越好，来源于专业越来越精。一个律师的专业化或者一个律师事务所的专业化，都要考虑专业特长的问题、市场需要的问题，还有人才结构的问题，乃至地域特色的问题，这个就是考虑怎么做专业化。专业化开始要小题大做，要选小的，比如说选一个医疗纠纷专业，不能什么都做。该论者进一步指出，一名律师要实现专业化，除了自己的专业知识、专业特长、领域特色、本所发展的目标以及人才的知识结构，还有一个更重要的任务就是，如何通过跟区域以外的律师们的交流和沟通来实现你的专业化，比如说像专业委员会的交流、沟通等。现在地方律协和全国律协的各大专业委员会，实际上已经为实现律师专业化提供了

① 贺卫方：《律师的政治参与》，载《中国律师》2001 年第 3 期。
② 艾展刚：《律师参与政治：法治的和谐音》，载《广东教育学院学报》2006 年 4 月第 26 卷第 2 期。

一个非常好的平台。①

有论者认为,对我国律师业发展来说,规模化是必然导向、专业化是必然趋势、品牌化是必然选择、规范化是必由之路。这一切的基础在于明确专业定位,打造专业品牌。对律师事务所、对律师个人,都是如此。依据市场规则,律师事务所应有自己的专业定位和发展方向。如金融、证券、知识产权、电子商务、房地产、反倾销、诉讼、仲裁、公司、婚姻家庭等等。这样既有利于事务所的成长与发展,也可以确立各自的市场范围,既明确了发展目标,又促进了竞争的有序。有序的竞争应是同一层次的竞争,是专业化的竞争,是服务及信用的竞争。而律师个人的专业定位,则应根据其知识结构、业务素质和专长兴趣与律师事务所开拓的业务领域相结合,做到发挥律师的专长与律师事务所的业务范围融为一体,同时在广博的知识面上专攻一个至两个专业,做一个专家型的律师,从而使律师事务所的专业化分工成为一个有机的、有实力的、有竞争的整体。对于发达地区的律师事务所、规模化大所,专业化是业务发展的要求,是律师事业发展的趋势。对于中西部地区的中、小律师事务所,也可以因地制宜,有步骤分阶段地进行专业化分工。总而言之,专业化在律师业具有普遍性。可以说,有了清晰而有效的专业定位,自然会产生优秀的专业品牌。明确专业定位是创造专业品牌的基础和前提,专业品牌则是专业定位的必然结果。两者的自然融合则是专业化的重要表现形式。法律博大精深,"万金油"的律师,"大而全"的律师从长远眼光看是不现实的,专家型律师是有生命力,是可持续发展的。

该论者指出,从国际环境上来说,在国际经济日益发达,交易规则日趋复杂的今天,无法想象一个作坊式的律师事务所能胜任纷繁复杂的、技术性极强的法律服务工作。欧美发达国家有国际影响的律师事务所无一不是规模庞大、分工精细。中国律师要参与国际竞争,在国际竞争中争取更大份额,为中国政府和企业提供高水准的法律服务,不走专业化发展之路是不行的。从国内环境而言,市场经济使社会关系趋于复杂,社会分工越来越细,很多领域需要具备专业知识和丰富经验的律师提供专项服务。而

① 刘桂明:《中国律师业发展的九大趋势——在贵州省律师协会培训班上的漫谈》(2006 年 4 月 3 日,贵州)http://blog.sina.com.cn/s/blog_4a47cd200102dvop.html,最后访问时间:2013 年 3 月 6 日。

很多律师事务所还是沿袭计划经济条件下的业务管理方式，律师揽到什么业务做什么业务。结果导致每一项业务都不"专"，长此以往，最终导致与客观需要脱节。解决这一问题就需要在律师事务所内部进行专业化分工。该论者建议，可以从追求理念、客观环境、制度设计、地域实情、管理艺术这几个方面，进行专业分工的统筹兼顾、综合衡量。①

有论者进一步提出了律师专业化的进路。该论者认为，律师业务专业化是指，某个律师或者律师事务所根据自己的特长、优势或者志向专门或者偏重从事某一项或者某几项法律事务的一种现象，比如专门从事证券法律事务、金融投资法律事务、保险法律事务、知识产权法律事务、海事海商法律事务等，以有限的精力将自己所从事专业的法律规定、法理精髓吃准吃透，向专业纵深方面发展，积累娴熟的办案技巧。该论者提出，第一，专业教育培训是当前实现律师专业化分工的前提。在严把律师入口关的同时，应当加强对已经执业律师的专项业务知识、业务技能和业务水平的半年以上的强化教育与培训。在此方面，律师协会、律师事务所、律师个人都要做出相应的努力。第二，在已有的证券律师从业资格考试等专业律师资格准入的基础上，司法部可进一步考虑按照专项法律事务的更高要求，设置更多的专业律师资格准入制度，如可设置知识产权律师从业资格、涉外律师从业资格、企业并购律师从业资格、融资租赁律师从业资格、WTO争端解决律师从业资格、反倾销律师从业资格等考试，引导和督促律师向高层次、专业化发展。第三，我国目前高等院校设置的法律专业的课程跟不上法律服务市场的需要，因此应尽快成立国家律师学院，为中国律师业培养专业化的高层次后备人才。第四，有计划地选派优秀骨干律师到国外律师机构短期工作，聘请外国律师进行专业培训，聘用外国律师到国内律师机构工作，在相互交流与合作中广泛汲取营养，取长补短，提高国内律师业国际业务中的知识水准、办案技巧等竞争能力。②

（三）中国律师业要进一步向规模化发展

有论者认为，规模化就是要做大，它具有以下几个含义：第一，我

---

① 段正坤副部长在第二届中国律师论坛上的讲话：《走专业化道路 做专家型律师》，载《中国律师》2002年第12期。

② 李惠民、袁斌、王新民：《律师事务所规模化和律师业务专业化》，载《中国律师》2001年第4期。

们整个中国律师业的规模化。如果照着目前这种发展态势，我们国家到新中国成立 100 年的时候应该能达到 50 万名律师。第二，律师事务所的规模化。关于律师事务所规模化做大的方式有三种，一种是"自然做大"，一种是"合并做大"，一种是"加盟做大"。第三，中国律师业的专业规模化。作为一个行业，律师业的发展不能完全依赖于诉讼业务，还要靠非诉讼业务。从一个所的实力来讲，首先看它的诉讼业务，但更重要的是看它的非诉讼业务，非诉讼业务越多这个所的综合实力就越强。只有人数的规模化和专业的规模化相结合，才能促成律师业综合实力的提高和发展。[①]

有论者分析，我国目前的律师事务所普遍存在的问题是规模小、人员散、管理水平低、综合能力弱，要想适应 WTO 需要，律师事务所的发展必须站在跨世纪、全球化的历史高度，将效益、规模、信誉融为一体，走规模化、专业化、集团化的道路。该论者主张，司法行政部门应积极引导境内律师事务所根据市场需求，广招人才，实现各类资源的优化组合。首先，在直辖市、省会、特区及沿海开放城市具有的较大规模的律师事务所中，选择业绩最优秀的、最有国际竞争潜力的律师事务所，作为国际化服务的龙头。然后，由龙头律师事务所以公司化的模式选择其他优秀律师事务所，实施联合或重组，允许"跨省联合""国外设所""国内外联营办所"。其次，我国政府应当积极调动社会各方面力量，在基本建设资金、税收、管理和宣传等方面对龙头律师事务所给予优惠和扶持。再次，司法行政管理机关应逐步取消管理费，减轻律师事务所过重的费用负担，使律师事务所能积累资金，有利于长期发展。最后，可以采取多选派年轻律师出国培训、以优惠待遇引进外国留学人员和高学历人才等倾斜性政策，发展一定数量的涉外型律师。[②]

有论者针对律师事务所发展的规模化提出了自己的看法。该论者通过分析认为，无论从加入 WTO 后我国经济形势发展的需要、律师业面临国

---

① 刘桂明：《中国律师业发展的九大趋势——在贵州省律师协会培训班上的漫谈》（2006 年 4 月 3 日，贵州）http://blog.sina.com.cn/s/blog_ 4a47cd200102dvop.html，最后访问时间：2013 年 3 月 6 日。

② 乔金茹：《中国律师业迎接国际化竞争的对策构想》，载《郑州大学学报》（哲学社会科学版）2002 年第 3 期。

际竞争的挑战方面来看，还是从我国律师业自身发展的内在要求来看，走规模化发展之路是势在必行的，需要强调的是，加入 WTO 已使得这种进程显得非常迫切。该论者提出了组建规模化律师事务所的几个原则。第一，符合本地经济发展要求的原则。第二，符合专业化分工的原则。第三，符合自愿组合的原则。第四，符合强强联合为主的原则。该论者认为，要实现规模化律师事务所的顺利组建，并保障其组建后的有效运作，必须注意和排除两种障碍。一是主观方面的障碍。主要是存在于一些律师中的"拜金主义"和"个人主义"思想。其具体表现就是"一切向钱看"、害怕"失面子"等的心理。二是客观方面的障碍。主要表现在组建规模化律师事务所方面所需的人力、物力、财力和目前律师事务所的现状存在较大差距的矛盾上。①

（四）中国律师业要进一步向产业化发展

有论者认为，产业化发展是中国律师业的必由之路。该论者认为，中国律师业产业化，是指律师业适应市场经济的要求，以法律服务市场为导向，以利润驱动为核心，以产权清晰、管理科学的律师事务所法人制度为载体，通过不断扩大法律服务市场和提高法律服务水平，不断完善中国律师业的规模化、专业化、社会化和市场化的经营机制，强化律师业直接促进市场经济和生产力发展的经济功能，逐步使律师业向着规模庞大、分工明细、管理科学、服务优化的优质高效产业系统前进的发展过程和发展趋向。该论者指出，律师业产业化过程中必须引入市场机制，遵循市场经济规律，即中国律师业必须坚定不移地走市场化的道路。首先，需要引入市场需求机制，要在不断扩大和规范法律服务市场的同时，通过市场需求来引导律师的业务开展，让律师事务所自主地根据市场需求，调整自己的业务方向和业务范围。要打破目前法律服务市场上的种种壁垒，逐步实现整个法律服务市场向所有律师开放。其次，律师业需要引入市场竞争机制，并建立起一种完全依靠市场竞争的淘汰机制。通过市场竞争和淘汰机制，扩大律师业的经营规模，不断提高律师业的法律服务水平。同时，律师业还需要引入市场价格机制，使律师业的服务价格走市场化的道路。该论者还就中国律师业产业化发展的途径发表了自己的观点。第一，解放思想、

---

① 张立平、彭焱生：《关于律师事务所规模化发展的思考》，载《河北法学》2001 年第 6 期。

转变观念、重新构建中国的律师制度；第二，提高律师队伍的数量和质量，为实现律师业产业化发展提供规模保障；第三，加强律师业专业化分工，为中国律师业产业化发展提供专业化保障；第四，积极培育和开拓律师服务市场；第五，国家有关部门要尽快研究和制定积极扶持律师业产业化发展的产业政策。①

有论者认为，律师业产业化，是指在市场经济条件下，围绕律师法律服务的市场和需求，组织包括律师管理机构、律师事务所、律师等在内的众多主体参与进行的一体化活动，并在发展过程中，逐渐形成一个与社会主义市场经济相适应的律师产业体系的过程。律师业作为一种特殊产业，具有以下特征：一是生产性。二是专业性。三是低投入性。四是可持续性。五是松散性。六是多效性。该论者分析了我国律师业产业化发展的必要性和可能性。首先，推进律师业产业化发展，有利于进一步明确律师业的战略地位和作用。其次，推进律师业产业化发展，可以最大限度地满足人民群众日益增长的对法律服务的需求。再次，推进律师业产业化发展，可以为我们深化当前的律师业改革提供理论依据。最后，该论者提出了我国律师业产业化发展的基本思路。一是以制定科学合理的产业政策为依托，构建清晰的律师业产业发展规划。二是创造律师业产业化发展所必需的市场条件。三是营造有利于律师业产业化发展和发挥作用的社会环境。四是解放思想，引进产业经营机制。五是消除误区，处理好数量、规模、速度与结构、质量、效益的关系，处理好律师业发展规律与产业规律的关系，处理好社会效益与经济效益的关系，处理好外延扩张与内涵提高的关系。②

有论者认为，中国律师不仅要走产业化道路，更要将产业化做强。他提出，要想实现经济的产业化，主要有以下几个标准：第一，国家把律师视为一个产业。第二，律师在法律服务上能够有效地弥补市场机制的不足。第三，科学进行资源分配。资源分配在几个方面，一是我们有一个明确、科学的市场准入机制，同时在我们律师业发展当中，我们律

---

① 曲伶俐：《"入世"后中国律师业的发展方向》，载《理论学习》2002 年第5 期。

② 田传平：《产业化：关于我国律师业发展的思考》，载《中国司法》2006 年第5 期。

师的进出口机制也能得到完善；二是我们有一套完备的市场竞争规则。比如说人的准入、业务的准入。业务的准入将来能不能做到业务的法定化，将来能不能完全做到律师垄断所有诉讼业务。所以说业务的法定化也是律师产业化的一个标准。第四，中国律师能有效地参与国际竞争。将来在参与国际竞争方面，应该有我国律师的身影，有我国律师的声音。①

（五）中国律师要进一步向国际化发展

中国在 2001 年加入 WTO 的时候，对法律服务的开放作出了承诺，当然要逐步兑现自己的承诺。另一方面，伴随经济全球化的进一步发展，中国已经融入了经济全球化的进程，客观上要求中国律师要向国际化发展。

有论者通过中国律师现状与律师服务国际化的客观需求进行了比较分析，认为中国律师业与发达国家相比存在很大差距，表现为：第一，律师队伍综合素质偏低，致使一些领域的业务难以深入。第二，管理体制上存在的问题。律师事务所大多规模较小、积累少、竞争力不强，并且管理水平不高。律师的税制较为苛刻。第三，律师职业在整个制度建构中的应有地位尚未完全解决。我国律师在国家政治生活中所处的地位较低。律师在与司法机构、政府行政机构的交往中，往往得不到应有的尊重，歧视律师、限制律师正常执业活动，甚至打击迫害律师的情况屡屡发生。第四，法律法规滞后。第五，法律服务市场的对外开放程度不深。在此基础上，该论者提出了中国律师业迎接国际化竞争的对策构想。第一，逐步完善法律、法规制度，与国际惯例接轨；第二，加强自我教育，强化自我约束，提高中国律师的整体素质；第三，着眼国际市场和国际竞争，选择优势龙头，实行联合重组；第四，改善律师参与诉讼的环境和条件，更好地发挥律师的诉讼功能，作为律师的传统业务，即使在 21 世纪，诉讼仍将是中国律师展示自己才干、体现专业技能的基本空间；第五，理顺和改革律师管理体制，突出律师行业自治组织在律师管理中的主导作用；第六，运用 WTO "不对称原则" 和 "保障条款"，在一定时期内保持国内法律服务领域相对稳定的条件下，逐步开放法律服务市场；第七，加强律师的政治参

---

① 刘桂明：《中国律师业发展的九大趋势——在贵州省律师协会培训班上的漫谈》(2006 年 4 月 3 日，贵州) http://blog.sina.com.cn/s/blog_ 4a47cd200102dvop.html，最后访问时间：2013 年 3 月 6 日。

与，提升律师在国家政治生活中的地位。①

有论者认为，中国律师的国际化应该包含以下四个方面的含义：第一，服务对象的国际化，也就是我们的客户的国际化。随着我国经济的发展，现在世界 500 强企业到中国投资的越来越多，现在中国成了世界的一个大市场。所以，服务对象的国际化肯定会带来我们法律服务的国际化。将来服务对象不仅仅是现在的传统工业，将来还有更多的网络、媒体、出版企业涌入中国，对象也会越来越多。第二，服务地域的国际化，比如我们这里的客户要到国外去。第三，服务人员的国际化。即外国的律师以中国律师的名义执业，或者作为中国律师的辅助人员执业。第四，最主要的也最现实的、最实际的国际化就是业务合作的国际化。他指出，现在我们这个时代最大的特点就是全球化，全球化就是我们要用全球化的眼光、全球化的思维，进行全球化的合作。当我们实现规模化、实现专业化、实现品牌化、实现规范化以后，我们就面临一个国际化。我们一定要有国际化的眼光，全球化的视野，占有更多的法律服务市场，这是接下来二十年我们要面临、要研究的问题。②

有论者认为，中国律师业开放具有必然性。伴随中国在经济全球化的道路上越走越快，要求中国律师业不断提高开放水平，在更大的范围和更高的层次上参与国际合作和国际竞争。无论是外国企业到中国投资和经营，还是中国企业到外国发展，都需要有相应的法律服务作为支撑和保障。通过进一步开放中国法律服务市场，推动中外律师的密切合作，可以满足外国投资者的法律服务需要，增强中国法律制度的可信赖度，提高中国市场对外国资本的吸引力，促进中国对外经济交往的深入发展。同时，中国国内企业向国外拓展，也需要国际化的法律服务提供法律帮助和保障，通过进一步开放法律服务市场，将外国律师服务本土化，有利于中国企业就近获得高效优质的国际律师服务。通过进一步开放中国的律师业，能够使中国律师及时了解国际律师服务业的最新发展动态，学习和借鉴国

---

① 乔金茹：《中国律师业迎接国际化竞争的对策构想》，载《郑州大学学报》（哲学社会科学版）2002 年第 3 期。

② 刘桂明：《中国律师业发展的九大趋势——在贵州省律师协会培训班上的漫谈》（2006 年 4 月 3 日，贵州）http://blog.sina.com.cn/s/blog_ 4a47cd200102dvop.html，最后访问时间：2013 年 3 月 6 日。

际律师业先进的内部营运和外部监管机制，加强中国律师和律师事务所与境外律师和律师事务所的交流和合作，培育和扶持中国律师业的规范化和规模化建设，提高中国律师的服务水平和市场竞争力，加速中国律师的国际化进程。该论者提出了进一步开放中国法律服务市场的原则。第一，继续维持对外国律师的合理限制，为中国律师业提供必要的保护。第二，利用 GATS 逐步自由化的规定，坚持分阶段开放的逐步自由化原则。第三，利用 GATS 区域经济一体化的规定，对自由贸易区的成员实行更优惠的开放措施，增强法律服务自由化的程度，积累对境外律师进行有效监管的经验。第四，完善法律服务贸易的法律体系，加强对国外律师的国内监管。①

（六）中国律师业在地域上要均衡发展

有论者指出，我国律师业发展存在严重的地域不平衡。律师职业在东部和西部、沿海和内地、城市和农村存在严重的不平衡。优秀的律师，大的律师事务所，主要集中在北京、上海、深圳等政治经济文化中心或沿海发达地区。在西部地区，尤其在广大的农村地区，人们得不到很好的法律服务。例如，青海省一个省所有律师事务所的年创收，还不如北京一个律师事务所一年的收入。这种收入上的不平衡导致了一种恶性循环，就是经济不发达地区的律师不断地向北京、上海、深圳等这些经济比较发达地区倒流。本来那些地方最需要律师，但是律师们恰恰不能在那些地方安心执业而到北京、上海来。我国现在的律师制度打破了执业的地域限制，带来了很多效益和作用。但这种地域的不平衡如何来打破，也是一个很大的问题。在我国的西部、在我国农村，人们甚至可能得不到律师的法律服务，可能得到的是司法所、司法助理员提供的比较低等次的法律服务，其实业务上没有质的区别，仅仅是地域上的区别。这个问题怎样解决，是律师发展面临的很大的问题。我们国家正处于城市化的进程当中，越来越多的农村人口流入城市。那么，在这个进程当中法律服务业的范围可能会越来越扩大，对法律服务的需求越来越多，对律师的社会需求也会持续增长。我国正走向城市化，农村在变革，在这样的过程当中，社会的法律体系就会持续发展，因此我们律师业务的发展，律师队伍的壮大是社会发展的必

---

① 陈承帼：《论中国律师业的进一步开放》，载《中国司法》2012 年第 1 期。

然。现在的问题是，怎么来配置好这些资源，以解决律师分布极为不均衡的问题。①

为了解决我国律师发展地域分布不平衡的问题，司法部新《律师事务所管理办法》对与此相关的内容进行了必要的修改。考虑到我国各地经济社会发展和律师业发展不平衡，为促进律师业的区域均衡、协调发展，新《律师事务所管理办法》规定，适当控制分所过度向律师业相对发达的大中城市汇聚的现象，引导鼓励有条件的律师事务所到律师业欠发达的地方设立分所。律师事务所的设立和发展，应当根据国家和地方经济社会发展的需要，实现合理分布、均衡发展。律师事务所到经济欠发达的市、县设立分所的，派驻律师条件可以降至1—2名；资产条件可以降至10万元。具体适用地区由省、自治区、直辖市司法行政机关确定。另外，在目前众多农民生活还不是十分富裕的情况下，可以由政府来担任经济方面的帮扶和救助主体，而发动广大的律师从业人员，参加和组织"志愿者队伍"，并由这个"志愿者队伍"来提供专业法律服务。通过具体的法律帮助，实现一个个体的权益保护。建立农村法律援助基金，基金可以是全国性的，可以是地区性的，发动全社会的力量参与到解决律师业城乡差距问题中来。

（七）中国律师要锻造诚信品牌

有论者指出，律师工作的本质和律师服务的特点，决定了必须以诚信作为安身立命之本和拓展业务之源。加强律师诚信制度建设是加快社会信用制度建设的重要组成部分，也是社会信用制度在律师业的具体体现。应该说，律师既是诚信制度的维护者，又是诚信制度的实践者。所以，每一个律师、每一家律师事务所在明确专业定位、打造专业品牌时，必须坚持以服务与诚信为主题，努力塑造诚信形象，着力打造诚信品牌。没有诚信，再好的专业定位，也无法打造靠得住、叫得响的专业品牌；没有诚信，整个律师业的社会公信度也将完全丧失。希望更多的律师积极投入到勇创诚信品牌律师的行列中来。②

① 陈兴良：《七个不平衡：中国律师业的现状与困境》，载《中国司法》2005年第3期。

② 段正坤副部长在第二届中国律师论坛上的讲话：《走专业化道路　做专家型律师》，载《中国律师》2002年第12期。

有论者认为，律师遵守诚实信用原则不仅有利于维护当事人的合法权益，有利于促进整个律师行业的健康发展，也有利于创造一个公平公正的社会秩序。律师的职业特征决定了律师必须讲诚信。律师是有特殊职业要求的公民，律师是否诚信直接影响到人们对律师职业更严重的是对法律秩序所采取的态度。因此，律师应模范地遵守诚信原则，律师与当事人的关系要求律师必须诚信。律师与当事人之间引起法律关系的基础是相互信任，律师如果丧失诚实信用，就会失去当事人，就失去了提供法律服务的前提，必定会损害律师自身的长期利益。律师与有关部门的关系也客观地要求律师必须诚信。律师在执业中要与法院、检察院等相关部门产生法律关系。在这些法律关系中，律师必须以事实、法律为依据，提供代理、辩护意见。如果律师违反诚信原则，必然会妨害诉讼、非诉讼活动的进行，进而损害了律师的整体形象，不利于律师业的发展。另外，法治社会本质上是一种诚信秩序，律师应是依法治国进程中的重要实践者。掌握丰富法律知识的律师，通过自己的执业活动，诚实地运用法律服务社会的行为，正是在实现良好法律秩序、创建诚信秩序的活动中。①

有论者认为，诚信是对律师基本的道德和法律要求，是律师执业活动的生命线。加强律师诚信建设，必须依靠健全的规章制度规范律师执业活动中的信用行为，把加强律师、律师事务所和律师协会的行业自律，与完善各级司法行政机关以及全社会对律师执业活动的监管、监督、保障相结合，有针对性地、全方位地加强律师诚信制度建设，用制度来保证守信者得益、失信者受损。该论者提出，律师提高个人修养，是律师诚信的前提和基础。律师应严格遵守律师职业道德和执业纪律规范。加强律师事务所的规范化、制度化建设，以防范和控制律师道德风险为目标，健全律师事务所的各项规章制度，为律师诚信执业奠定制度基础。切实完善行业管理，不断健全行业管理的体制、机制，丰富行业管理的内容、改进行业管理方式，是提高律协诚信管理水平的前提和基础。律师协会要进一步完善律师诚信评价标准，健全律师行业惩戒体系，加强律师职业道德教育和业务培训，完善律师诚信信息的归集披露制度和律师诚信档案管理制度，建立健全律师诚信执业的评价、监督、宣传机制。切实发挥司法行政机关在

---

① 汪红飞：《诚信是律师生存与发展之本》，载《律师世界》2003 年第 6 期。

维护法律服务市场秩序中的作用，为律师诚信执业创造良好的市场环境。司法行政机关要完善关于律师行业诚信的宏观发展政策，通过制定规章、规范性文件，推动律师诚信健康发展；要完善律师行业准入与退出机制，为律师诚信建设奠定良好基础；要规范、清理和整顿法律服务市场，优化律师执业环境，为律师诚信执业提供保障；要鼓励律师积极参与社会事务管理和服务工作，树立律师良好的社会形象。加强全社会对律师执业活动的监督和保障，健全律师行业监督和保障机制，为律师诚信执业创造良好条件，如完善司法监督和保障机制、完善社会公众对律师执业活动的监督保障机制等。[①]

（八）中国律师从事非诉讼业务的数量将逐年递增

有论者认为，随着经济的发展，社会对律师的法律服务需求开始超出传统的诉讼与仲裁等纠纷解决的范围，要求律师在纠纷发生之前介入委托人的各种活动，以防范和减少风险。于是，律师的法律服务开始超出传统的诉讼领域，越来越多地参与公民、法人及其他组织的活动，律师的非诉讼业务在不断地开拓着新领域。目前，律师的非诉讼业务已经成为律师的主要业务之一，尤其是在经济发达地区的大型律师事务所中，非诉讼业务几乎占其收入中的绝大部分比例。[②]

有论者也认为，随着社会主义市场经济的发展，非诉讼业务将会越来越多，律师介入经济生活将越来越频繁、越来越广泛。律师除了从事诉讼业务，将更多地投入到非诉讼业务中去。[③]

有论者认为，在新形势下，律师必须大力拓展非诉讼法律业务。该论者指出，在西方发达国家，人们寻求法律服务已经是一种习惯。况且，社会主义市场经济还是一种社会分工很细的经济形态，社会分工的专业化使得人们不可能对经济生活的各种法规了解得面面俱到，而通过法律专业人士的帮助可以防患于未然，减少出现"一场官司，一世仇，甚至几世仇"的尴尬，从而避免不必要的纠纷和损失。另外，公民、法人及其他法律关

---

① 黎玉：《律师诚信建设对策研究》，载《中国司法》2011 年第 10 期。

② 王进喜主编：《律师与公证制度》，中国人民大学出版社 2009 年第 1 版，第 158 页。

③ 陈卫东主编：《中国律师学》，中国人民大学出版社 2006 年第 2 版，第 358 页。

系主体的法律意识将随着市场的运作、经济的发展而不断增强。近年来，各地纷纷涌现的如购房代理、税务代理等诸如此类的"法律保姆""家庭法律顾问"就是最好的例证。该论者进一步指出，律师非诉讼法律业务的拓展方向除占领上述传统领域外，重点应放在这些领域，即律师证券、律师信用证、律师参与风险投资、律师参与工程承包、律师参与网络公司境外上市以及律师从事集体科技企业和国有资产产权界定等法律业务。其次，应把个人的服务和市场的需求紧密结合起来。大胆涉足民间调查业务（指有关个人或具有民间调查资格和行为能力的机构接受民事法律关系或刑事自诉当事人的委托，以有偿服务商业方式开展的专项调查活动）。①

（九）中国律师将逐步走向"准入"之路

随着社会的发展和技术的进步，社会分工将越来越细，"隔行如隔山"的现象将日趋明显。每位律师由于自己的专业知识所限，不可能对各项律师业务都能胜任。因此，为了律师业的健康、长远发展，为了更好地为当事人提供法律服务，需要逐步建立各专业的律师准入制度。这在刑事辩护、知识产权、金融、证券、电子商务、反倾销等领域，表现得尤为突出。

以刑事辩护律师准入为例，有论者认为，刑事辩护作为律师最基础的业务，历来受到各国律师制度的重视，并对律师担任刑事辩护人规定了特别严格的专业资格条件。该论者分析认为，建立我国的刑事辩护律师专业资格制度，是稳定辩护律师队伍、提高刑事辩护水平、全面实现刑事辩护社会价值的需要，是适应新刑事诉讼法的要求、确保辩护律师全面介入刑事诉讼过程、实现司法公正的需要，是适应现代社会专业化发展的需要。②

该论者对此问题经过长期而又深入的研究，进一步分析了刑事辩护准入制度及其合理性，厘清了刑事辩护准入制度与有效辩护、刑事辩护准入机制与普遍辩护之间的关系，进而提出了我国刑事辩护准入机制的建构设想。该论者认为，一套完整的准入机制是以资格取得为核心，辅之以监

---

① 张玉萍：《新形势下律师应大力拓展非诉讼法律业务》，载《党史博采》2006年第 12 期。

② 冀祥德、赵元英：《建立刑事辩护律师专业资格制度的法律思考》，载《法学论坛》2001 年第 1 期。

管——惩戒机制和退出机制。这套机制包括五个方面的内容。第一，刑事辩护的准入资格。鉴于刑事案件的千差万别，该论者的建议是，修改2012年《刑事诉讼法》第32条，规定辩护人必须由律师担任；分层次设立基层法院出庭律师、中级以上法院出庭律师以及死刑案件辩护律师的准入条件。从考试的形式上看，宜将考试分为笔试和面试两个环节。此外还要建立辩护律师数据库。第二，刑事辩护退出机制。该论者认为，一个良性发展的职业必然是一个有进有出的开放型系统。在对刑事辩护设置了一个严格的入口之后，尚需相应地设置一个合理的出口，以形成进出有序的科学运转机制。刑事辩护的退出机制，包括自愿性退出机制和强迫性退出机制两种。第三，刑事辩护管理监督机制。管理监督制度应当立足中国辩护律师队伍建设现状，与刑事辩护准入机制的构建同时进行，主要内容包括辩护律师的政治表现、业务活动开展、职业道德与执业纪律和个人品行等。第四，刑事辩护惩戒机制。惩戒机制应当包括对辩护律师的惩戒、对不具有刑事辩护资格而从事刑事辩护的人的惩戒以及相应救济机制等内容。第五，刑事辩护环境建设机制。要清醒认识辩护律师的社会地位及其作用，赋予并保障辩护律师在刑事诉讼中应当享有的执业权利，完善辩护律师会见制度、调查取证制度、阅卷制度等。注意对辩护律师的正面宣传。进一步规范刑事辩护市场，有效抑制恶意分割市场和恶性竞争的行为。加强律师内部环境建设，即加强辩护律师道德规范建设。[1]

有论者认为，刑事辩护制度的改革已经成为我国刑事司法改革的当务之急。建立我国的刑事辩护准入制度，不仅是稳定辩护律师队伍、提高刑事辩护质量、全面实现刑事辩护社会价值的需要，还是实现司法公正，适应现代社会专业化发展的需要。该论者认为，刑事辩护制度的建立应该从死刑案件开始，分步骤、分阶段地设立刑事辩护的准入门槛；同时设置相应的监督、惩戒以及退出机制，为刑事辩护准入制度的实施营造良好的制度环境。该论者提出，实施刑事辩护准入制度需要配套完善的制度。这包括，第一，律师的调查取证权需要进一步得到法律的保障；第二，赋予律师执业豁免权，加强保障律师的人身安全；第三，确立证据开示制度。[2]

---

[1]　冀祥德：《刑事辩护准入制度与有效辩护及普遍辩护》，载《清华法学》2012年第4期。

[2]　常洁琨：《刑事辩护准入制度探析》，载《西部法学评论》2009年第6期。

第二节 律师法再修改的基本方向

我国 1996 年制定的《中华人民共和国律师法》，经过 2007 年、2012 年两次修订，进一步确定和完善了司法行政机关管理与律师协会行业管理相结合的体制，消除了立法本身存在的一些技术性瑕疵，在进一步完善律师事务所的组织形式、强化对委托人与律师关系的维护、加强对律师执业权利的保护、促进律师积极参与国家政治生活、促进法律职业合理流动等方面都有重要突破。但是，每一次法律的修订，总有其历史局限性，再次进行修订是历史的必然。2012 年《律师法》实施以来，许多论者撰文为其喝彩，同时也有许多论者针对律师执业权利的扩展和保障、律师行业自治、律师法与刑事诉讼法的衔接等问题，以发展的眼光又对 2012 年《律师法》提出了这样那样的观点，对其再次修订寄予了诸多期许。

我们认为，修改一部法律，不能仅仅局限于从微观层面上对原有法律的具体制度进行简单的修修补补，更为重要的是要在宏观层面上确立指导法律修改的基本理念和价值取向。只有这样，才能构建更为科学的立法体系，进行更为合理的制度设计，制定更为切实可行的法律条文。使修改后的法律既能尊重客观现实，又能反映未来发展；既能尊重法律实践，又能体现法律理想；既能发挥法律的评价作用，又能实现法律的指引功能。我国律师法的修改在宏观层面上，应该做到如下五个方面：

一 价值取向：从律师管理法转向律师权利法

法律由义务本位转向权利本位是社会走向法治的必然方向。一方面，律师的本质、执业活动规律要求作为律师制度核心的律师法，必须为律师执业活动提供有力的法律保障，为律师事业的发展提供良好的制度环境。宪法被视作公民权利的保障书，律师法理应成为律师权利的保障书。因此，在律师法修改的价值趋向方面，应该实现律师法从律师管理法向律师权利法的转变。把律师视为律师法的主体，而非仅仅是律师法所管理的对象。同时，强化政府和司法机关对律师的责任和义务，科学定位和正确处理律师与政府、律师与司法机关、律师与行业组织之间的关系。合理配置律师的权利与义务，努力实现律师利益与社会整体利益的一致性。另一方面，就目前我国现状而言，社会整体的法治水平尚不尽如人意，司法歧视依然存在，律师文化尚欠发达，律师地位还不够高。因此，对中国的律师及其行业，现实和理性的做法应该是更多地赋予其权利，积极对其保障和扶持，而不是强加责任和义务，甚至歧视、压制。因此，律师法的修改首先要明确律师法不应是一部仅仅定位于管理律师的法律，而应是一部定位于维护律师合法权益，规范律师执业行为的法律。根除传统的管理思维、权力思维所造成的不良影响，努力清除现行律师法的行政管理色彩，从而使我国的律师法具有律师权利保障法的应有属性，使以律师法为代表的律师制度名副其实地成为国家司法制度和政治文明的重要组成部分。

二　立法技术：从粗疏走向缜密

一方面，为扩大法律调整对象的广泛性和保持法律的相对稳定性，立法必然要对所调整的法律行为和社会关系进行抽象和概括。另一方面，为使法律具备确定性和可操作性，避免法律漏洞的出现，立法又必须使法律条文尽量做到明晰和具体。因此，恰当把握法律规范结构的粗疏与细密之间的关系，是现代立法技术的要求。修改律师法一定要运用现代立法技术，更新观念和思维，遵循立法科学性和民主性、规范性和灵活性、粗疏及细密相结合的要求，使律师法在结构上体系完整、在内容上疏密适当，做到概括性和针对性、具有可操作性的有机结合。对律师的合法行为进行确认、保护和激励，预防律师不良行为倾向的产生，禁止、制裁和矫正律师的违法行为。使律师法有效地引导律师的行为方向，成为律师行为的指南针。这不仅是对律师法修改技术方面的要求，也是促进社会主体知法、守法的需要，更是法律规范社会化的基本条件和有效保障。

三　立法内容：现实性和预见性相结合

"立法者应该把自己看作一个自然科学家。他不是在制造法律，不是在发明法律，而仅仅是在表达法律，他把精神关系的内在规律表现在有意识的现行法律之中。如果一个立法者用自己的臆想来代替事情的本质，那么我们就应该责备他极端任性。"[1] 法律是客观见之于主观的东西，客观现实是其基础和出发点。因此，修改律师法一定要遵循客观决定主观的规

_____

[1]　《马克思恩格斯全集》（第 1 卷），人民出版社 1956 年版，第 183 页。

律，务必从实际出发，实事求是，尊重中国的历史传统、社会发展阶段和现实的中国国情。无论从律师法的体系结构到其具体内容，还是从权利的赋予到义务的设定，都应力求真实反映现实生活，同时符合立法的一般规律。有效避免律师法和现实相脱节，以实现律师法与其调整对象的最大程度的吻合。使律师法既能解决带有普遍性、一般性的问题，又能应对特殊性、个别性的问题。顺应时代发展的方向，满足社会进步的需要。也只有如此，方能使律师法真正成为人们主动去理解、自觉地认同和遵守的行为规范。

但是，立法不仅要解决昨天已经发生的问题，面对今天正在发生的问题，而且要预见明天可能发生的问题。虑及法的指引性、预见性的特点，科学完善的立法必须带有一定的前瞻性。因此，律师法的修改的确要尊重中国目前的现实状况。同时，大幅度地超越实际生活同样也是有害无益的，它极容易造成纸面上的理想法律、现实中的法律虚空。科学理性的做法是，首先要把法律的超前、滞后与同步正确地予以估价，在此基础上进行必要的价值取舍，使三者有机地结合起来。以同步为主体，以超前为辅助，在不得已时甚至也可以给滞后留有一点空间，如不得不顾及现行三大诉讼法的相关规定以及我国现行司法体制所造成的种种障碍。用辩证唯物主义客观的、发展的观点和方法来看待社会现实生活，指导律师法的修改活动。从而通过律师法修改使其摆脱迟缓滞后的窘境，凸显锐意改革的创新精神，既展示其旺盛的社会生命力又为其未来的稳定性奠定坚实的基础。

四 立法体系：律师法和其他法律规范的衔接

律师制度在其表现形式上主要包括以下五部分：一是刑事诉讼法、民事诉讼法和行政诉讼法中涉及律师执业活动的法律规范；二是以律师法命名的专门性法律规范；三是律师行业组织所制定的律师自律性的职业道德和执业纪律规范；四是司法行政部门的管理性规则；五是各律师组织体内部的具体管理规范。

一方面，律师法与程序法、法官法、检察官法甚至与实体法的衔接成为一个重要的问题。律师法是规定律师权利义务的实体法律，而不是有关诉讼程序的法律。但是，律师作为法律的服务者，在诉讼案件中必然会涉及民事诉讼法、刑事诉讼法、行政诉讼法等程序法。律师法本身无法对律师执业的各个方面做出全面安排，如果其他法律不修改的话，律师法的修改也无法进行大的突破。而这些程序法在国家的法律体系中处于基本法地位。因此，对律师在诉讼程序中权利的确认和保障，单靠律师法远远不能使所有的问题得到有效的解决。只有律师法和程序法之间相互衔接、相互照应，才能使问题得到真正解决。律师与法官、检察官的互通制度又涉及法官法、检察官法。因此，律师法的修改往往会牵一发而动全身。例如：一旦明确规定律师的刑事辩护豁免权，就会牵扯到《刑法》第 306 条①和《刑事诉讼法》第 42 条②规定的立法变动。所以在立法中对这一问题需要进一步协调。

另一方面，不同层面的律师制度，在内容上要有明确分工，在功能上要各有侧重，避免简单重复。在内容方面，律师法作为专门性的律师法律规范，重点确定的应该是律师地位、权利、义务、执业范围、执业责任等基本内容，着重确认和维护律师的权利，强化政府、司法机关、律师协会和律师事务所对律师的责任与义务。在价值功能方面，律师法应侧重对律师权利的确认、对律师行为的引导和规范、对律师合法行为的激励、对律师依法执业活动的保障，仅以禁止、惩罚功能为辅助手段。而将主要的约束、限制、否定、惩戒功能，交由行业协会所制定的自律性法律规范来承担，通过律师职业道德、律师执业纪律进行必要、具体的体现。

五　立法文化：共同性、传统性和创新性相结合

律师文化是指一个国家在长期的法律实践中所形成的有关律师的法律意识形态，以及与该法律意识形态相适应的法律规范、法律制度及法律组织机构等方面的总和。它是一个国家政治文明中不可缺少的有机组成部分。律师文化主要表现为以下三种形态：第一，共同性律师文化。它基于

---

① 《刑法》第 306 条规定："在刑事诉讼中，辩护人、诉讼代理人毁灭、伪造证据，帮助当事人毁灭、伪造证据，威胁、引诱证人违背事实改变证言或者作伪证的，处三年以下有期徒刑或拘役；情节严重的，处三年以上七年以下有期徒刑。辩护人、诉讼代理人提供、出示、引用的证人证言或者其他证据失实，不是有意伪造的，不属于伪造证据。"

② 《刑事诉讼法》第 42 条规定："辩护人或者其他任何人，不得帮助犯罪嫌疑人、被告人隐匿、毁灭、伪造证据或者串供，不得威胁、引诱证人作伪证以及进行其他干扰司法机关诉讼活动的行为。违反前款规定的，应当依法追究法律责任……"

全球多元人类文化并存的格局，各个国家的律师文化借助各种形式、通过各种渠道不断进行交流，相互吸纳和交融，使一个国家的律师法文化不可避免地吸收了外来不同的文化内容，从而形成了各国律师法文化中相同或相似的部分。第二，传统性律师文化。它主要形成于一个国家的律师法文化的社会性遗传和历史沉淀，构成了一个国家的律师法文化中不同于他国的独具特色部分，体现了律师法文化的区域性和历史继承性。第三，创新性律师文化。它是一个国家在特定历史发展阶段，随着社会物质生活条件的不断变化，在客观上出现了与时俱进的改革要求，从而以社会现实为母体所孕育产生的崭新的律师法文化，它是一个国家的律师法文化发展性、创新性的集中体现。

律师法再修改要总结过去、立足现实、面向未来。它不仅仅是一项现实的法治建设工程，而且是我国整体律师法文化建设工程的重要组成部分，是一种意义深远的文化积淀。在这一过程中，共同性律师文化、传统性律师文化和创新性律师文化相互交织、彼此同构，组成了我国律师法文化的整体。在此意义上，律师法修改也是律师法文化的实践活动，它要求对待共同性的律师法文化既不能故步自封，更不能简单地照搬照抄，而要对它进行理性引进和科学驾驭。对传统性的律师法文化，要做到扬弃和进行必要和适度的超越。对创新性律师法文化，要做到大胆揭示和勇于推进。从而使我国律师法文化能汇聚三种律师法文化的精华，既独树一帜又不脱离整个世界的文明大道，使律师法的再修改取得既相对稳定又改革创新的良好社会效果。

第三节　律师法学的发展趋势

与其他法学学科相比，律师法学的确算得上是"年轻后生"。从我们现在掌握的资料来看，在浩浩荡荡的法学研究大军中，专门研究律师法学的专家学者为数不多。仅从数量有限的律师法学书籍来看，近些年来，从律师法学的研究对象、研究方法、研究任务以及律师法学的体系等方面，并没有较大的变化。但是，伴随着律师法的修改完善和律师业的飞速发展，审视律师在法律服务工作中所反映出来的问题，对照社会对律师业所给予的期待，梳理专家学者所讨论的热点问题，我国律师法学的研究重点可能会侧重于以下几个方面。

一　律师协会行业自治与"双结合"管理体制之争

根据现行律师法规定，我国律师行业实行的是"双结合"的管理体制，即司法行政部门与律师协会共同管理的管理体制。从它实施之日起，对于这种管理体制的争论就从来没有间断，并将继续持续下去。

有论者指出，目前我国律师管理体制"双结合"的现状是，司法行政机关处于绝对主导地位，律师协会仅仅发挥着微弱的辅助作用。像律师惩戒权、律师资格的授予权、律师管理法规制定权、律师事务所的管理权等"硬权力"，都掌握在司法行政部门手中。律师协会的职责主要包括依法保障律师执业，维护律师的合法权益；总结、交流律师工作经验；组织律师业务培训；进行律师职业道德和执业纪律的教育、检查和监督；组织律师开展对外交流；调解律师执业活动中发生的纠纷等。所以，目前我国律师管理体制的不足主要是行政管理过多，而行业自治管理不足，即"两结合"体制的管理目标尚未实现。[1]

该论者认为，完善我国律师管理体制的途径，在于细化、落实"两结合"管理体制的改革目标。鉴于目前我国律师自治程度较低，律师协会组织机构、内部管理等方面先天不足，律师自治机构难以承担律师管理的主要职责，因此完善的过程应当是渐进性的。当前改革的主要目标，应当是通过权力移交和参与管理程序两种途径，纠正行政管理权力过度化的弊端。[2]

此外，该论者还认为，为使律师协会充分地履行管理职能，律师管理体制的改革在增加律师协会自治管理权限的同时，必须辅以律师协会自身体制的完善，如增强代表律师的民主性、消除强烈的行政管理色彩等配套改革措施。由于我国律师协会成立时间较短，而且是在行政干预下从司法行政机关中分离出来的，因此其行政化色彩十分严重。推动律师协会的改革与完善是进行律师管理改革的基础性工作，应当与律师管理体制改革同步进行。关于律师协会的改革，首先，应当在立法上明确律师协会对全体律师的监督与行业管理职责，律师协会不仅仅是"自律性"机构，更是

---

[1]　陈卫东主编：《中国律师学》，中国人民大学出版社 2006 年第 2 版，第 176—178 页。

[2]　同上书，第 179—180 页。

"自治性"机构，以全面准确地反映律师协会应有的属性与职能；明确律师协会的行业规范制定权、惩戒权等具体的职权。其次，应加强律师协会的内部人事、组织建设，根据律师协会增加的职能完善相应的职责机构。最后，地方律师协会作为行使行业管理权的职能机构，在加强会费收缴的同时，应做到财政支出与预算必须更加严格化、科学化，力争保障律师协会开展必要工作的经济来源。①

有论者认为，修订后的律师法将进一步确认和完善司法行政机关行政管理与律师协会行业管理相结合的体制，消除立法本身存在的一些技术性瑕疵。在关于律师协会的具体条文上，2007 年《律师法》在对"律师协会是社会团体法人，是律师的自律性组织"的规定未行修改的情况下，扩大了律师协会的职权。其中 2007 年《律师法》第 46 条明确规定，律师协会应当履行的职责包括"制定行业规范和惩戒规则"，以及"对律师、律师事务所实施奖励和惩戒"、"受理对律师的投诉或者举报，调解律师执业活动中发生的纠纷，受理律师的申诉"，并且"律师协会制定的行业规范和惩戒规则，不得与有关法律、行政法规、规章相抵触"。然而，2007 年《律师法》明确授权律师协会制定的这些关于律师职业行为的规范效力究竟为何？如何执行？这都成为悬而未决的问题。2007 年《律师法》并没有对上述问题作出明确的规定，从这个意义上讲，司法行政机关行政管理与律师协会行业管理相结合的体制继续在逡巡徘徊。该论者指出，在律师协会职能和组织结构逐渐丰满的过程中，律师协会和司法行政机关之间的权限划分是模糊的，这集中体现在调整律师职业行为、体现律师行业自治性的律师职业行为法的规范主体泛化，既有司法行政机关，也有律师协会。然而，律师协会作为行业性行政机关，其宏旨的实现，需要以独立的行业规范和惩戒规则为载体，否则就难以改变其管理职能虚化的局面。为此，需要重塑律师职业行为法，赋予其行业组织性规章的法律地位。中国律师法的理想图景，就是形成律师行业组织法和律师职业行为法二者并驾齐驱的框架。律师行业组织法奠定中国律师行业的基本管理格局；律师职业行为法确立律师职业行为的界限，体现律师行业的独

---

① 陈卫东主编：《中国律师学》，中国人民大学出版社 2006 年第 2 版，第 185 页。

立与自治。①

有论者认为，从我国律师管理体制改革的历程可以看出，从单一的行政管理到以行政管理为主、行业管理为辅的"两结合"管理方式，再到以行业管理为主，司法行政机关的管理为辅的管理制度过渡，预示着律师行业自治的到来。律师行业管理为主体，意味着国家从具体事务的管理者变成监督者。从立法上讲，立法者只需就律师行业的主要事项加以规定或确认即可，不需要就律师行业的每一细节加以规定。对行政机关来说，有些权力需要逐步过渡给律师协会，让律师协会更多地承担行业管理的职能。该论者指出，要在既有的"两结合"的管理框架之内更好地避免既有制度的保守缺陷，并最大限度地增加其中的自治要素。首先，"两结合"管理体制的基础，就是承认律师协会将越来越多地承担过去由司法行政机关垄断的律师行业管理的权限。其次，划清"两结合"模式的内部权力边界。最后，明确对于律师管理权力的有效制约。②

二　律师执业权利的扩张与边界

有论者认为，2007 年《律师法》专门规定了一些新措施，进一步保障律师的会见权、阅卷权和调查取证权，首次明确规定了律师执业豁免权，对律师职业重新定位，并赋予了律师特殊使命等。这些新措施和新规定必将对我国律师业相关制度的建立和完善起到巨大的推动作用，从而促进整个律师业的健康发展。但不容忽视的是，2007 年《律师法》中有许多不足之处。主要表现有，2007 年《律师法》中对律师执业范围的限制不科学，对律师执业权利与义务的规定不对等，缺乏对律师执业责任保险的规定，律师的会见权、阅卷权、调查取证权和执业豁免权仍缺乏必要的保障措施。进而，该论者提出了完善我国律师执业权利的法律保障机制。第一，科学再修改律师法，切实保障律师的执业权利。第二，增加律师执业权利保障措施的相关条款。第三，应增加对律师执业责任保险的法律规定。第四，完善会见权、阅卷权、调查取证权及执业豁免权的保障措施。

---

①　王进喜：《中国律师法的演进及其未来》，载《西部法学评论》2008 年第 4 期。

②　程滔：《从自律走向自治——兼谈律师法对律师协会职责的修改》，载《政法论坛》2010 年第 4 期。

第五，修改相关的法律法规，为律师权利建立一个协调一致的制度环境。①

有论者认为，与2001年《律师法》相比，2007年《律师法》中辩护律师的权利得到了较大的发展，对律师的会见权、调查取证权、阅卷权和保密特权等进行了完善，增加了辩护律师的豁免权等。同时该论者也指出了2007年《律师法》的缺憾之处。分别表现为已规定的权利的实效性不够，权利的充足性欠缺等。该论者提出可从以下几个方面着手来弥补上述缺憾。第一，明确与充实阅卷权的权限内容。第二，增设程序性辩护权、在场权等。第三，加强权利保障性规定。包括明确职权机关的行为期限规定，增加法律后果的规定，增加权利救济的规定。②

三 公职律师的发展方向

有论者指出，进入21世纪，司法部进一步加大了对公职律师试点工作的指导力度。2002年1月，司法部发布《关于进一步推动律师工作改革的若干意见》，要求积极开展公职律师的试点，探索建立有中国特色的公职律师制度。在司法部的积极推动下，全国各地公职律师试点工作广泛开展起来。从试点的情况来看，我国的公职律师制度尚存在以下几个问题：一是公职律师制度的法律地位不明确；二是缺乏统一协调，各自为政现象突出；三是由于管理体制所限，制度优势难以体现。根据我国公职律师制度试点的情况，针对公职律师制度存在的问题，并借鉴其他国家和地区实行公职律师制度的成功经验，该论者认为，应当采取以下几项改革措施，以进一步完善我国的公职律师制度。第一，修订法律法规，明确公职律师的法律地位。第二，扩大适用范围，为建设法治国家奠定坚实基础。第三，理顺管理体制，保障公职律师应有的独立性。第四，进行统筹规划，做好公职律师制度的改革设计。③

有论者指出，司法部2002年起陆续在全国开展公职律师试点工作。

---

① 邓卫卫：《论完善我国律师执业权利的法律保障机制——关于新〈律师法〉的思考》，载《辽宁大学学报》（哲学社会科学版）2009年5月第37卷第3期。

② 彭海青：《辩护律师权利的发展与缺憾——基于新律师法的思考》，载《政法学刊》2008年2月第25卷第1期。

③ 谭世贵：《简论完善公职律师制度》，载《光明日报》2009年10月27日第10版。

在试点中，各地根据自身的情况，采用的模式不尽相同。广州模式设立了公职律师事务所，以公职律师事务所为载体，并在相关政府工作部门设立公职律师岗位，采取增岗增编的办法，由已取得律师资格的政府公务人员担任本单位的公职律师，由所在单位和同级司法行政机关实行双重管理。厦门模式在政府各职能部门内设公职律师，不增加人员编制和经费。管理上实行"双重管理"。扬州模式的公职律师作为政府高薪聘请的雇员，服务对象是市政府，不对社会提供有偿法律服务；同时他们并非公务员编制。不同的模式反映了不尽相同的理念和当地的实际情况。但对公职律师建立的律师法没有这方面的规定，国务院《全面推进依法行政实施纲要》对公职律师制度的建立也只字未提。只是要求各级人民政府和政府各部门要切实加强政府法制机构和队伍建设，充分发挥政府法制机构在依法行政方面的参谋、助手和法律顾问的作用，并为他们开展工作创造必要的条件。2007 年 6 月，在广州召开的"2007 全国公职律师理论与实践研讨会"，来自全国各地的公职律师代表总结交流公职律师试点以来各自做法、成功的经验以及实践中的困惑，寄希望于新律师法能就公职律师的问题作出明确规定，使公职律师的存在与发展具有法律的依据。新律师法并没有明确规定公职律师制度，只是有关律师定义的改变，为公职律师的存在留下了空间。该论者认为，公职律师的存在和发展，对于完善我国律师制度，促进依法行政有着不容忽视的意义。目前，为政府提供法律服务的队伍有常设机构政府的法制部门、政府组建的非常设机构政府法律顾问团、聘请律师担任法律顾问，这几种力量工作职责重合，管理体制各异。整合力量，理顺体制是公职律师最终的出路。①

小　结

对于律师的未来发展，中央政法委、司法部和中华全国律师协会等从国家和社会宏观层面，对律师的发展进行了指导和规划。理论界和实务界从不同角度，阐述了我国律师的未来发展趋势。在此，需要强调的是，我国依法治国方略呼唤着律师走上政治之路。在这种历史背景下，律师要勇

---

①　陈宜：《任重而道远——律师法修改的几点思考》，载《中国人大》2007 年第 22 期。

于承担社会责任，敢于社会担当，充分发挥自己的职业、专业优势，不断推进我国的法治化进程，充分体现自己的社会价值。随着市场经济的发展和全球经济一体化的到来，社会分工必然会越来越细，这就需要律师提供的法律服务日趋专业化，传统的"万金油式"的律师或者律师事务所不可能满足这种社会需求。因此，向专业化深入发展是中国律师的一种必然发展趋势。而既懂法律又懂外语、具有国际化视野和国际执业经验的国际化律师，必然会成为法律服务市场上的"紧俏人才"。对于律师法的再修改，我们认为，既要在微观层面上对原有的具体法律制度重新进行必要的科学设计，更要在宏观层面上确定好指导律师法修改的基本理念和价值取向。

对于律师法学的发展趋势，我们认为，随着我国经济社会的快速发展，国际交流的日益增多，律师业的进一步繁荣，以及作为律师业发展繁荣根本保障的律师法律制度的不断完善，我国律师法学的研究必将越来越深入，越来越广泛，越来越科学。

关键词索引

参考文献

著　作

1. 陈光中主编：《律师学》，中国法制出版社 2004 年版。

2. 陈卫东主编：《中国律师学》，中国人民大学出版社 2006 年第 2 版。

3. 陈卫东主编：《中国律师学》，中国人民大学出版社 2008 年第 3 版。

4. 陈卫东主编：《刑事诉讼法学研究》，中国人民大学出版社 2008 年版。

5. 陈卫东主编：《刑事诉讼法》，武汉大学出版社 2010 年版。

6. 程滔：《辩护律师的诉讼权利研究》，中国人民公安大学出版社 2006 年版。

7. 樊崇义主编：《刑事诉讼法实施问题与对策研究》，中国人民公安大学出版社 2001 年版。

8. 樊崇义主编：《刑事诉讼法学》，中国政法大学出版社 2002 年版。

9. 樊崇义、吕萍主编：《刑事诉讼法学》，中国人民公安大学出版社 2002 年版。

10. 宫晓冰主编：《外国法律援助制度简介》，中国检察出版社 2003 年版。

11. 关今华、林鸿主编：《律师与公证》（第三版），厦门大学出版社 2012 年版。

12. 何悦主编：《律师法学》，法律出版社 2011 年 1 月第 1 版。

13. 冀祥德：《建立中国刑事辩护准入制度理论与实证研究》，中国社会科学出版社 2010 年第 1 版。

14. 冀祥德主编：《最新刑事诉讼法释评》，中国政法大学出版社 2012 年版。

15. 贾海洋主编：《律师法学》，高等教育出版社 2007 年 11 月第 1 版。

16. 李本森：《中国律师业发展问题研究》，吉林人民出版社 2002 年版。

17. 李军、薛少锋、韩红俊编著：《中国司法制度》，中国政法大学出版社 2009 年第 1 版。

18. 麻昌华：《侵权行为法地位研究》，中国政法大学出版社 2004 年第 1 版。

19. 马宏俊主编：《律师法修改中的重大理论问题研究》，法律出版社 2006 年版。

20. 石峰：《律师法学》，上海大学出版社 2007 年第 1 版。

21. 石茂生：《律师法学》，郑州大学出版社 2004 年第 1 版。

22. 石毅：《中外律师制度纵观》，中国法制出版社 2002 年版。

23. 宋英辉：《刑事诉讼法原理》，法律出版社 2003 年版。

24. 谭世贵主编：《律师法学》，法律出版社 2008 年第 3 版。

25. 谭世贵主编：《刑事诉讼法学》，法律出版社 2009 年版。

26. 谭世贵、黄永锋、李建波：《律师权利保障与律师制度改革》，中国人民公安大学出版社 2010 年版。

27. 唐先锋、赵春兰、工洪宇著：《我国专家民事责任制度研究》，法律出版社 2005 年第 1 版。

28. 田文昌主编：《刑事辩护学》，群众出版社 2001 年版。

29. 田文昌主编：《律师制度》，中国政法大学出版社 2007 年第 1 版。

30. 汪建成：《刑事诉讼法学概论》，北京大学出版社 2001 年版。

31. 王俊民主编：《律师与公证制度教程》，北京大学出版社 2009 年版。

32. 王进喜：《美国律师职业行为规则理论与实践》，中国人民公安大学出版社 2005 年版。

33. 王进喜主编：《律师与公证制度》，中国人民大学出版社 2009 年版。

34. 王丽：《律师刑事责任比较研究》，法律出版社 2002 年版。

35. 王利明：《法改革研究》，法律出版社 2001 年版。

36. 王胜明、赵大程主编：《中华人民共和国律师法释义》，法律出版社 2007 年版。

37. 徐家力、王文书、赵金一编著：《律师实务》，法律出版社 2011 年第 5 版。

38. 岳悍惟主编：《刑事诉讼法教程》，对外经济贸易大学出版社 2007 年版。

39. 张军、陈卫东：《刑事诉讼法新制度讲义》，人民法院出版社 2012 年第 1 版。

40. 张善燚主编：《中国律师制度专题研究》，湖南人民出版社 2007 年版。

41. 张文显、信春鹰、孙谦主编：《司法改革报告：法律职业共同体研究》，法律出版社 2003 年第 1 版。

42. 周伟主编：《刑事诉讼法学》，北京大学出版社 2006 年版。

43. 章武生等：《司法现代化与民事诉讼制度的建构》，法律出版社 2000 年版。

论　文

1. 常洁琨：《刑事辩护准入制度探析》，载《西部法学评论》2009 年第 6 期。

2. 陈光中、汪海燕：《侦查阶段律师辩护问题研究——兼论修订后的〈律师法〉实施问题》，载《中国法学》2010 年第 1 期。

3. 陈光中：《我国侦查阶段律师辩护制度之完善》，载《中国司法》2012 年第 7 期。

4. 陈瑞华：《程序性制裁制度的法理学分析》，载《中国法学》2005 年第 6 期。

5. 陈瑞华：《论量刑辩护》，载《中国刑事法杂志》2010 年第 8 期。

6. 陈瑞华：《刑事辩护的几个理论问题》，载《当代法学》2012 年第 1 期。

7. 陈瑞华：《增列权利还是加强救济——简论刑事审判前程序中的辩护问题》，载《环球法律评论》2006 年第 5 期。

8. 陈卫东、李训虎：《关于〈律师法〉修改的几个问题》，载《中国司法》2005 年第 1 期。

9. 陈卫东：《我国现行律师考试资格中存在的问题》，载《中国律师》2000 年第 10 期。

10. 陈卫东：《刑事辩护律师权利体系的合理架构与立法规制》，载《国家检察官学院学报》2005 年第 3 期。

11. 陈兴良：《七个不平衡：中国律师业的现状与困境》，载《中国司法》2005 年第 3 期。

12. 陈兴良：《为辩护权辩护——刑事法治视野中的辩护权》，载《法学》

2004 年第 1 期。

13. 陈宜：《任重而道远——律师法修改的几点思考》，载《中国人大》 2007 年第 22 期。

14. 陈永生：《刑事诉讼的程序性制裁》，载《现代法学》2004 年第 1 期。

15. 程滔：《从自律走向自治——兼谈律师法对律师协会职责的修改》，载 《政法论坛》2010 年 7 月第 28 卷第 4 期。

16. 邓路遥：《律师学的理论范畴和学科构架探究》，载《广西民族大学学 报》2012 年第 4 期。

17. 邓卫卫：《论完善我国律师执业权利的法律保障机制——关于新〈律 师法〉的思考》，载《辽宁大学学报》（哲学社会科学版）2009 年 5 月第 37 卷第 3 期。

18. 范艳萍：《论我国律师责任制度建构》，载《河海大学学报》2005 年 12 月第 7 卷第 4 期。

19. 高一飞：《中美律师资格制度比较》，载《法治论丛》2006 年 1 月第 1 期。

20. 高卓见：《浅析我国律师管理体制》，载《山西省政法管理干部学院学 报》2012 年第 3 期。

21. 顾永忠：《浅析〈刑事诉讼法〉修改后律师调查取证权的变化与不 变》，载《中国司法》2012 年第 10 期。

22. 顾永忠：《我国刑事辩护制度的回顾与展望》，载《法学家》2012 年 第 3 期。

23. 顾永忠：《刑事辩护的现代法治涵义解读——兼谈我国刑事辩护制度 的完善》，载《中国法学》2009 年第 6 期。

24. 顾永忠：《刑事辩护制度的修改完善与解读》，载《甘肃政法学院学 报》2011 年第 6 期。

25. 管仁亮、付红梅、卢雪华：《传统与超越：律师管理机制创新探索》， 载《山西省政法管理干部学院学报》2012 年第 4 期。

26. 管宇：《刑事诉讼视角下辩护权界说》，载《政法论坛》2007 年第 6 期。

27. 韩荣营：《论律师及律师事务所的定位——兼驳律师事务所为中介机 构之定性》，载《广西政法管理干部学院学报》2005 年第 4 期。

28. 杭正亚：《试论律师业务正当行为及刑事责任豁免》，载《中国司法》

2005 年第 5 期。

29. 贺卫方:《律师的政治参与》,载《中国律师》2001 年第 3 期。

30. 黄胜超:《律师服务收费为何远近高低各不同》,载《中国律师》
2002 年第 12 期。

31. 黄长江:《律师文化建设的道德误区——以律师职业的"伦理底线"
为研究视角》,载《法治研究》2007 年第 9 期。

32. 季卫东:《律师的重新定位与职业伦理》,载《中国律师》2008 年第 1
期。

33. 季卫东:《律师收费——政府管制还是行业自律》,载《中国律师》
2006 年第 7 期。

34. 冀祥德、赵元英:《建立刑事辩护律师专业资格制度的法律思考》,载
《法学论坛》2001 年第 1 期。

35. 冀祥德:《公、检、法、律四轮缺一不可》,载《中国律师》2007 年
第 9 期。

36. 冀祥德:《和谐社会语境下的控辩平等——以构建平等合作诉讼模式
为中心的研究》,载《法学家》2008 年第 3 期。

37. 冀祥德:《我国控辩平等的检视与思考》,载《法学论坛》2007 年第 6
期。

38. 冀祥德:《刑事辩护准入制度与有效辩护及普遍辩护》,载《清华法
学》2012 年第 4 期。

39. 冀祥德:《刑事辩护"三难"问题与刑诉法修正案》,《中国社会科学
报》2011 年 9 月 27 日第 8 版。

40. 冀祥德:《再论刑事辩护准入制度在我国的建立》,载《法学杂志》
2008 年第 4 期。

41. 冀祥德:《中国刑事辩护本体省思》,载《中国司法》2005 年第 6 期。

42. 冀祥德:《中国刑事辩护的困境与出路》,载《政法论坛》2004 年第 2
期。

43. 江平:《新世纪中国律师的使命》,载《中国律师》2001 年第 1 期。

44. 黎玉:《律师诚信建设对策研究》,载《中国司法》2011 年第 10 期。

45. 李宝岳、陈学权:《辩护律师对法庭的真实义务》,载《中国司法》
2005 年第 9 期。

46. 李桂英:《律师执业赔偿制度的几个问题》,载《中国法学》2000 年

第 2 期。

47. 李汉昌、詹建红：《刑事法律援助制度论要》，载《法学评论》2000 年第 5 期。

48. 李汉昌：《刑事法律援助制度概要》，载《法学评论》2000 年第 5 期。

49. 李若莹：《对律师惩戒制度的思考——以行政处罚和纪律处分为视角》，载《山西省政法管理干部学院学报》2011 年 9 月第 3 期。

50. 李永成等：《关于律师政治素质与社会责任问题的思考》，载《政法论丛》2011 年 12 月第 6 期。

51. 刘彤海：《关于〈律师法〉的逻辑结构与部分内容的修改语境》，载《河北法学》2002 年第 2 期。

52. 欧卫安：《对刑事辩护制度理论基础的再认识》，载《广州大学学报》2002 年第 6 期。

53. 彭海清：《辩护律师权利的发展与缺憾——基于新律师法的思考》，载《政法学刊》2008 年第 1 期。

54. 乔金茹：《中国律师业迎接国际化竞争的对策构想》，载《郑州大学学报》（哲学社会科学版）2002 年第 3 期。

55. 申君贵：《论我国新律师法与刑事诉讼法的冲突及其衔接》，载《湘潭大学学报》（哲学社会科学版）2009 年第 2 期。

56. 沈红卫：《论我国律师资格考试制度》，载《河北法学》2000 年第 1 期。

57. 施文：《关于律师制度改革的几点设想》，载《中国司法》2010 年第 4 期。

58. 施鹏鹏：《法国律师制度述评》，载《当代法学》2010 年第 6 期。

59. 司莉：《中国律师行业管理体制研究》，载《河北法学》2004 年第 2 期总第 124 期。

60. 苏越、戴隆云：《从中西方律师社会角色比较中看中国律师定位》，载《理论与现代化》2010 年第 2 期。

61. 孙文胜：《论我国律师的角色定位》，载《河北法学》2005 年第 4 期。

62. 孙晓琳、罗书君：《浅议律师收费政府指导价制度》，载《法治研究》2008 年第 6 期。

63. 孙艳：《论我国法律援助制度的现状与完善》，载《黑龙江省政法管理干部学院学报》2005 年第 4 期。

64. 孙长永：《侦查阶段律师辩护制度立法的三大疑难问题管见》，载《法学》2008 年第 7 期。

65. 汪海燕：《律师伪证刑事责任问题研究》，载《中国法学》2011 年第 6 期。

66. 汴亚光、薛荣：《论取消"律师伪证罪"》，载《山西政法管理干部学院学报》2006 年第 2 期。

67. 王丽：《中国律师的走向》，载《中国司法》2005 年第 3 期。

68. 王公义：《律师是什么——新中国律师业 60 年五个发展阶段的理性思考》，载《中国司法》2009 年第 12 期。

69. 王宏翼：《我国法律援助制度实施中存在的问题及对策》，载《大理学院学报》2005 年第 2 期。

70. 王进喜：《〈律师法〉的迷途及其证据法进路》，载《中国司法》2010 年第 10 期。

71. 王进喜：《风险代理收费：制度理论与在中国的实践》，载《中国司法》2005 年第 11 期。

72. 王进喜：《中国律师法的演进及其未来》，载《西部法学评论》2008 年第 4 期。

73. 王刘章：《审查起诉阶段律师阅卷权保障之实证探析》，载《黑龙江政法管理干部学院学报》2012 年第 6 期。

74. 王敏远：《刑事辩护中的程序辩护》，载《法制日报》2001 年 12 月 23 日第 3 版。

75. 王永杰：《律师伪证罪的存废之争》，载《复旦学报》2011 年第 4 期。

76. 王昀、许刚、刘唯翔、陈斐轶：《对上海市现行法律援助制度的思考》，载《华东政法学院学报》2000 年第 2 期。

77. 韦群林、林莉华：《社会法律监督者——和谐社会构建中我国律师的基本定位》，载《法治研究》2007 年第 7 期。

78. 吴旭：《律师服务的非诉讼模式及其建构思路》，载《中国律师》2004 年第 8 期。

79. 吴纪奎：《对抗式刑事诉讼改革与有效辩护》，载《中国刑事法杂志》2011 年第 5 期。

80. 吴四江：《我国刑事法律援助制度的规范化》，载《江西社会科学》2002 年第 4 期。

81. 伍浩鹏：《论我国刑事法律援助制度的改革和完善》，载《甘肃政法学院学报》2005 年 3 月总第 79 期。

82. 谢佑平、闫自明：《律师角色的理论定位与实证分析》，载《中国司法》2004 年第 10 期。

83. 谢佑平：《论我国律师制度的改革与完善》，载《湖南省政法管理干部学院学报》2000 年第 1 期。

84. 谢增毅：《提高职业素质·完善法律制度——首届"法律职业高层论坛"综述》，载《中国社会科学院院报》2006 年 4 月 18 日第 2 版。

85. 杨怀甫：《论律师的义务》，载《广西政法管理干部学院学报》2004 年第 2 期。

86. 杨辉忠：《从新〈律师法〉的实施看我国律师执业权利的发展》，载《云南大学学报》2008 年第 5 期。

87. 游启义、杨扬琴：《WTO 后我国的律师行业自治管理》，载《湖北经济学院院报》2007 年 5 月版。

88. 张灵：《论新修订的〈律师法〉的科学精神》，载《中国司法》2009 年第 3 期。

89. 张立平、彭焱生：《关于律师事务所规模化发展的思考》，载《河北法学》2001 年第 6 期。

90. 张善燚、刘琪：《社会变迁与律师收费制度创新》，载《湖南工业大学学报》2007 年第 3 期。

91. 张曙、方方：《论我国刑事法律援助制度的完善》，载《法学杂志》2003 年第 2 期。

92. 张友明：《刑事非诉讼律师业务初探》，载《中国律师》2006 年第 10 期。

93. 赵兴宏：《弱势群体的权益保护与法律援助》，载《辽宁社会科学辑刊》2005 年第 4 期。

94. 钟志勇：《二十一世纪律师业务的六大发展趋势》，载《江西律师》2000 年第 1 期。

95. 周爱吾：《律师拓展法律服务的方向》，载《中国律师》2004 年第 1 期。

96. 周艳红：《论我国法律援助制度中亟待解决的问题》，载《河南省政法管理干部学院学报》2006 年第 4 期（总第 97 期）。

97. 周章金：《论律师执业的行政法律责任》，载《福建师范大学学报》（哲学社会科学版）2010 年第 2 期。

98. 朱海波：《和谐社会的社会法维度——以弱势群体法律援助制度为视角》，载《济南大学学报》2007 年第 17 卷第 5 期。

99. 朱力宇、訾磊：《法律援助制度的若干理论依据和特点》，载《法学杂志》2001 年第 3 期。

100. "检察过程中律师权利保障问题研究"课题组：《律师伪证罪应当存而慎用》，载《法学杂志》2009 年第 3 期。